Die Deutsche Nationalbibliothek verzeichnet diese Publikation in der Deutschen Nationalbibliografie; detaillierte bibliografische Daten sind im Internet über dnb.d-nb.de abrufbar.

Soziale Beziehungen, unter die Lupe genommen!

Herausgeber
© 2011 Daniel Kolb

"Herstellung und Verlag: Books on Demand GmbH, Norderstedt".

Alle rechte vorbehalten
Nachdruck, auch auszugsweise, vorbehaltlich der Rechte, die sich aus §§ 53,54 UrhG ergeben, nicht gestattet.

ISBN 9783842373730

Inhaltsverzeichnis

Vorwort	4
Danksagung	9

Kapitel 1
Die Natur der Beziehungen — *10*

- Was sind Beziehungen? — 14
- Intakte Beziehungen — 26
- Beziehungen im Leben — 46
- Verhaltensmuster — 62
- Besondere Belastungen in Beziehungen — 74

Kapitel 2
Elternschaft — *90*

- Verschiedene Erziehungsstile — 94
- Frühe Kindheit — 106
- Kleinkindalter — 114
- Kindheit — 122
- Pubertät — 136
- Wenn Kinder erwachsen werden — 152
- Schwierige Situationen — 160

Kapitel 3
Die Familiendynamik: — *180*

- Die moderne Familie — 184
- Geschwisterbeziehungen — 199
- Familien in Schwierigkeiten — 216

Kapitel 4
Freundschaft   *238*
- Das Wesen der Freundschaft   242
- Wenn Freundschaften scheitern   266

Kapitel 5
Beziehungen am Arbeitsplatz   *286*
- Berufliche Beziehungen   290
- Konflikte am Arbeitsplatz   306
- Liebespaare am Arbeitsplatz   320

Kapitel 6
Liebesbeziehungen   *328*
- Mögliche Partner kennen lernen   332
- Was ist Anziehung?   344
- Das Gefühl der Liebe   358
- Die Liebe aufrechterhalten   372

Kapitel 7
Scheitern von Liebesbeziehungen   *384*
- Beziehungsprobleme   388
- Untreue   400
- Misshandlungen in Beziehungen   408
- Mit Zurückweisung umgehen   416
- Wissen, wann man gehen muss   424
- Trennung und Scheidung   432
- Der Neubeginn   448

Literaturnachweis   460
SOS-Kinderdorf - Wer wir sind   465

Vorwort

Erfüllende Beziehungen sind für unsere emotionale Gesundheit außerordentlich wichtig. Sie geben uns ein Identitäts- und Zugehörigkeitsgefühl; sie steigern unser Selbstbewusstsein, da wir uns geliebt und geschätzt fühlen; sie schützen uns vor Stress und Belastungen des täglichen Lebens. Damit wir diese Vorteile genießen können, müssen wir jedoch an unseren Beziehungen arbeiten. Aus psychologischer Sicht sind für die Aufrechterhaltung glücklicher und gesunder Beziehungen besonders zwei Fähigkeiten von grundlegender Bedeutung: Einfühlungsvermögen und Kommunikation. Einfühlungsvermögen bedeutet, dass wir uns in die Lage eines anderen versetzen können, seine Gefühle verstehen und die Dinge aus seiner Sicht betrachten können. Ein gutes Einfühlungsvermögen lässt uns die komplexen Motive erkennen, die das Verhalten des Mitmenschen bestimmen. So ist es beispielsweise in einer Beziehung sehr hilfreich, wenn wir verstehen, dass Gefühle wie Ablehnung oder Angst die Ursache für Emotionen wie Wut und Aggression sein können. Unter einer funktionierenden Kommunikation versteht man, dass positive und negative Gefühle offen und ehrlich besprochen werden können, ohne bei dem anderen Schuldgefühle auszulösen oder Kritik zu üben. Nicht jeder Mensch ist von Natur aus besonders einfühlsam oder kommunikationsfreudig, aber beide Fertigkeiten können erlernt werden. Im vorliegenden Buch wird erklärt, wie wir Einfühlungsvermögen und Kommunikation erlangen und umsetzen können, sodass alle unsere Beziehungen davon profitieren: von der Ehe oder Partnerschaft über Beziehungen zu unseren Eltern und Kindern bis hin zu Freundschaften und unserem Verhältnis zu Kollegen.

EMOTIONALE INTELLIGENZ

In den letzten Jahrzehnten haben sich Psychologen eingehend der Frage gewidmet, auf welche Weise Kinder und Heranwachsende emotionale Fähigkeiten und Kenntnisse erlangen. Manche Experten behaupten, dass ein glückliches und erfolgreiches Leben im Erwachsenenalter im Wesentlichen auf die emotionale Intelligenz eines Menschen zurückzuführen ist. Sie glauben, dass diese wichtiger ist als akademisches Wissen oder Intelligenz im herkömmlichen Sinn. Den Begriff »emotionale Intelligenz« kann man grob definieren als die Fähigkeit, seine eigenen Emotionen zu verstehen und zu steuern, mit anderen mitzufühlen, sich selbst trotz Stress und Frustration stets aufs Neue zu motivieren, seine eigenen Launen und Impulse im Griff zu haben sowie auch bei Rückschlägen optimistisch und widerstandsfähig zu bleiben. Diese Fähigkeiten können Eltern ihren Kindern schon in den ersten Lebensjahren nahe bringen. Verschiedene Möglichkeiten, Kinder zu sozial und emotional kompetenten Menschen zu erziehen, werden hier vorgestellt.

Darüber hinaus werden unter Berücksichtigung der Veränderungen, die der Säugling, das Kleinkind, das Schulkind und der Teenager durchleben, alle wichtigen Themen angesprochen, die in diesen Jahren Eltern und Kinder gleichermaßen betreffen. Auch die Rolle der Familie wird hier untersucht. Es wird dargestellt, wie die Ankunft eines neuen Geschwisterchens die Beziehungen der Familienmitglieder untereinander verändern kann und welchen vielschichtigen inneren und äußeren Einflüssen die Familie ausgesetzt sein kann. Gleichzeitig werden Wege zur Erkennung und Lösung von Problemen vorgestellt, die man einschlagen kann, um zu verhindern, dass familiäre Beziehungen auseinander brechen.

SOZIALE BEZIEHUNGEN

Beziehungen außerhalb der Familie, etwa zu Freunden und Kollegen, ermöglichen eine breite Palette sozialer Interaktion. Freundschaften bereichern unser Leben, bieten uns Stimulation und Abwechslung. Freunde können gelegentlich sogar unerwartete Funktionen übernehmen: Manchmal lernen wir durch sie den Lebenspartner kennen oder schließen ähnlich wichtige Kontakte.

Freundschaften unterliegen oft weniger strengen ungeschriebenen Gesetzen als andere Beziehungen. Dadurch werden sie aber auch verletzlicher als andere Bindungen. So kommt es, dass manche Menschen weniger bereit sind, ernsthaft an einem Problem mit einem Freund zu arbeiten als an Schwierigkeiten mit dem Partner oder einem Elternteil. Im vorliegenden Buch werden die Fähigkeiten dargelegt, die das Aufrechterhalten von erfüllten, langfristigen Freundschaften erleichtern. Außerdem werden die häufigsten Probleme in Freundschaften angesprochen und Lösungsmöglichkeiten aufgezeigt.

In der Arbeitswelt können Kollegen eine ganz ähnliche Rolle spielen wie Freunde im Privatleben. Sie können uns Hilfe und Motivation geben und unsere Arbeit angenehmer gestalten, sodass wir gerne Zeit an unserem Arbeitsplatz verbringen. Ähnlich wie Freundschaften können kollegiale Beziehungen aber auch scheitern. Unbefriedigende Beziehungen zu Kollegen können sich extrem negativ auswirken. Sie sind unter Umständen nicht nur dafür verantwortlich, dass Menschen in der Ausübung ihrer beruflichen Tätigkeit beeinträchtigt sind, sondern können sich auch auf ihr Lebensglück und ihr Selbstbewusstsein auswirken. Die Fähigkeiten, in einem Team zu arbeiten und positive Beziehungen zu Vorgesetzten, Kollegen und Untergebenen zu unterhalten, sind ein ganz wesentlicher Vorteil im Arbeitsleben und können erlernt werden.

ERFÜLLTE PARTNERBEZIEHUNGEN

Für viele Menschen ist die Beziehung zum Lebenspartner die wichtigste und grundlegendste Beziehung überhaupt. Dabei sind die verschiedenen Phasen einer sexuellen Beziehung von ganz unterschiedlichen Merkmalen gekennzeichnet. Das Anfangsstadium der gegenseitigen Anziehung und Verliebtheit ist meist mit einem Rausch vergleichbar in dem Überschwang und Euphorie vorherrschen. Neu geknüpfte Beziehungen können aber auch extrem verletzlich sein. Erwidert der Partner die Sehnsucht und das Verlangen nicht, so kann dies Ablehnung, Unsicherheit und Trauer auslösen. Bei gegenseitiger Anziehung und erwiderter Zuneigung kann eine feste Beziehung entstehen und die dramatischen, chaotischen Gefühlsstürme einer neuen Liebe werden langsam von Stabilität, Sicherheit und einem gegenseitigen Abhängigkeitsgefühl abgelöst. Manche Menschen sind allerdings der Meinung, dass eine Beziehung langweilig und kalkulierbar wird, wenn sich nach den anfänglichen Turbulenzen ein eher regelmäßiges Muster herausbildet.

Manchmal ist es schwierig, sich in dem komplexen und

oft widersprüchlichen Gefühlswirrwarr einer romantischen und sexuellen Beziehung zurechtzufinden, insbesondere für sehr junge, unerfahrene oder durch vorausgegangene Enttäuschungen mutlos gewordene Menschen.

Beziehungen erfordern eine Menge Mühe und Zusammenarbeit, wenn sie funktionieren sollen. Langfristig gesehen sind daher Eigenschaften wie Geduld, Flexibilität, Ehrlichkeit und Kommunikationsfähigkeit für die Partnerschaft viel wichtiger als tiefe Leidenschaft und Romantik.

Der Autor: Daniel Kolb

Danksagung

Obwohl das Schreiben eines Buches häufig ein einsames Unterfangen darstellt, kommt dennoch kein Autor ohne Hilfe aus.

Ich möchte all denen danken, die mich bei diesem Buch unterstützt haben, einschließlich aller Personen, die mir meine unzähligen Fragen beantwortet und meine unfertigen Entwürfe gelesen haben. Darüber hinaus möchte ich Dem Team der Landesbibliothek Vorarlberg, der Stadtbibliothek Bregenz und dem Personal des LKH Rankweil mein Dank aus Aussprächen.

Danke auch an meine Familie, Freunde und Kollegen die mir steht's den Rücken Sterken und mir mit Rat und Tat zur Seite stehen.

Abschließend möchte ich mich bei Herrn Erich Feßler, für die Durchsicht und das Korrekturlesen des Buches Bedanken

(22.2.1929 – 23.1 2011)

Mit bestem Dank, Daniel Kolb

Kapitel 1

Die Natur der Beziehungen

Beziehungen entstehen spontan oder entwickeln sich nach und nach, ohne dass wir uns dabei viel Mühe geben müssen. Wir treffen jeden Tag mit vielen Menschen zusammen - mit Eltern, Kindern, Partnern, Freunden und Kollegen. Solange diese Beziehungen funktionieren, widmen wir ihnen im Allgemeinen nicht viel Aufmerksamkeit und Pflege.

Zahlreiche Forscher und Forscherinnen haben sich in den letzten beiden Jahrhunderten mit zwischenmenschlichen Kontakten beschäftigt und untersucht, welche Mechanismen und Wechselwirkungen verantwortlich sind, dass eine Beziehung funktioniert oder scheitert. Familienberater und Psychologen sind der Ansicht, dass bestimmte menschliche Eigenschaften eine

Partnerschaft angenehm und erfüllend gestalten können, andere Charakterzüge dagegen die Beziehungen immer wieder gefährden, indem sie eine feindselige, verletzende Atmosphäre schaffen.

So wie wir zu medizinischen Vorsorgeuntersuchungen gehen um unsere körperliche Gesundheit abchecken zu lassen, um so Krankheiten vorzubeugen, so sollten wir auch die Beziehungen zu wichtigen Menschen gelegentlich überprüfen und darüber nachdenken, auf welche Weise wir sie verbessern können. Wenn es uns gelingt, sie immer wieder zu stabilisieren, indem wir lernen, mit Stress und Belastungen umzugehen und gemeinsam Lösungen zu finden, werden diese Partnerschaften nicht nur in der Gegenwart befriedigend sein, sie werden auch zukünftige Krisen leichter überstehen.

Ein gut funktionierendes Netz tragfähiger Beziehungen ist der beste Schutz vor Depressionen und Angst. Zudem wachsen im Umgang mit anderen Menschen unsere sozialen Kompetenzen und das Identitätsgefühl wird gestärkt.

In der heutigen Zeit liegt eine große Verführung darin, beruflich erfolgreich zu sein. Karriere und materieller Wohlstand werden nicht nur von den Menschen um uns herum, sondern auch von der ganzen Gesellschaft extrem einseitig verstärkt. Die Folgen: Im Lauf der Zeit werden unsere Beziehungen dumpf und einfallslos und der berufliche Erfolg lässt uns immer weniger Zeit, kreativ und romantisch zu sein. Dieser Konflikt zwischen Arbeitsleben und privaten Beziehungen ist nur zu lösen, wenn sich die Aufmerksamkeit der Menschen vom einseitigen Materialismus ab- und zur Lebensqualität hinwendet. Wer sich fragt, was ihm wirklich wichtig und wertvoll ist, wird selbst schnell die richtige Antwort finden und seine Prioritäten setzen.

Die wichtigsten Voraussetzungen für erfolgreiche Beziehungen sind Ehrlichkeit und Einfühlungsvermögen. Entscheidend sind auch die Fähigkeiten, aufmerksam zuhören und kommunizieren zu können, und in der Lage zu sein, Zuneigung und Hilfe zu geben und anzunehmen.

Darüber hinaus ist es wichtig, Probleme positiv anzugehen, anstatt sie zu ignorieren oder bei Streitigkeiten manipulieren zu wollen und womöglich aggressiv zu werden. Jede Beziehung stößt irgendwann auf Probleme. Die Art, wie die Beteiligten mit den Schwierigkeiten umgehen, entscheidet darüber, ob sie überlebt oder zerbricht.

Was sind Beziehungen?

Menschen sind soziale Wesen und es liegt in ihrer Natur, Beziehungen zu anderen zu knüpfen. Für die Entwicklung einer reifen Persönlichkeit sind Beziehungen in jeder Form wichtig. Sie befriedigen emotionale und psychische Bedürfnisse, helfen, uns als Individuen zu definieren und geben unserem Leben einen tieferen Sinn. Allerdings sind nicht alle Beziehungen positiv; viele sind auch problematisch und führen zu Stress und Unzufriedenheit.

Menschen, die intensiven Kontakt pflegen und sich auch emotional verbunden fühlen, führen eine Beziehung. Starke Bindungen können sich aber auch zwischen Menschen und liebgewordenen Tieren, z.B. Hunden und Katzen, entwickeln.

Beziehungen, egal ob enge oder lose, entwickeln sich durch zwischenmenschliche, soziale Fähigkeiten und Bedürfnisse; Verantwortungsbewusstsein und moralische Vorstellungen halten sie aufrecht. Der Umgang mit anderen Menschen, die soziale Kompetenz, lässt sich durchaus verbessern, z.B. dadurch, dass das Wesen einer Beziehung erfasst wird, Schwierigkeiten erkannt und Lösungsansätze dafür gefunden werden, wie diese Probleme überwunden werden können. Auf diese Weise wird gewährleistet, dass die Beziehungen für den Einzelnen befriedigend verlaufen und er in ihnen Erfüllung finden kann. So gestaltete Beziehungen sind den Menschen in ihrem alltäglichen Leben eine klare Hilfe und effektive Unterstützung.

WAS FÜR BEZIEHUNGEN GIBT ES?

Die ersten Beziehungen knüpft man gewöhnlich zu den Eltern (oder der Hauptbezugsperson) und anderen Familienmitgliedern. Auf dem Weg ins Erwachsenenleben erhalten Beziehungen zu Spielkameraden, Schulfreunden, Kollegen und Liebespartnern allmählich eine immer größere Bedeutung für die Persönlichkeit.

Familienbeziehungen

Kinder knüpfen ihre engste Bindung zu ihrer Hauptbezugsperson, gewöhnlich der Mutter. Diese intensive Beziehung beginnt schon im Mutterleib und bleibt auch nach der Geburt noch lange Zeit bestimmend für das Kind. Diese Mutter-Kind-Bindung ist darüber hinaus prägend für alle weiteren Beziehungen. Bei Tieren nennt man diese Bindung »Prägung«. Sie wurde erstmals von dem Tierverhaltensforscher Konrad Lorenz entdeckt. Er fand bei seinen Experimenten mit Entenküken in den 30er Jahren heraus, dass die Prägung kurz nach dem Schlüpfen eintritt und nicht rückgängig gemacht werden kann. Das Junge folgt jedem beliebigen beweglichen Objekt, das es in dieser kritischen Phase sieht: einem Huhn, einem Ball, sogar einem Menschen. In jüngerer Zeit haben Psychologen jedoch Lorenz' Werk in Frage gestellt. Man findet zwar Spuren solcher Prägung bei Menschen; menschliche Beziehungen sind allerdings schon im ersten Lebensjahr viel komplexer, als es das Prägungsmodell darstellen könnte.

Das Bedürfnis sich zu binden ist im Kleinkind genetisch verankert. Neugeborene suchen automatisch nach charakteristischen Zügen im Gesicht und in der Stimme der Bezugsperson und stellen sich auf diese ein. Das führt dazu, dass sie früh lernen, den Klang und die Erscheinung ihrer Bezugsperson aus einer Gruppe von Erwachsenen zu unterscheiden. Diese Fähigkeit gilt bei weiblichen Babys als besonders ausgeprägt.

Kleinkinder bis zum Alter von etwa 14 Monaten haben Angst, von ihrer Mutter getrennt zu werden. Danach sind sie begierig darauf, auf Erkundung zu gehen und werden zunehmend unabhängiger. Allerdings kehren sie immer sofort zur Mutter zurück, wenn sie etwas erschreckt. Für die Kinder ist diese Zeit der Lösung von der Bezugsperson nicht nur ein lebenswichtiger Lernabschnitt, hier werden auch emotionale Verhaltensmuster festgelegt, die alle folgenden Beziehungen beeinflussen.

Nicht bei jeder Mutter verläuft das Bindungsverhalten instinktiv. Wenn sie selbst eine lieblose Erziehung hatte, ist sie manchmal nicht in der Lage, das Bedürfnis des Kindes nach Liebe und Beistand ganz zu stillen. Dann kann es passieren, dass sich die Mutter-Kind-Bindung nicht richtig entwickelt und in irgendeiner Form gestört ist. Kinder können Schwierigkeiten in allen späteren Beziehungen leichter überwinden, wenn die Mutter-Kind-Bindung stark ist. Ist diese Bindung jedoch schwach oder pathologisch, kann sie sich negativ auf spätere Beziehungen auswirken.

Auch andere familiäre Beziehungen sind von Bedeutung. Abgesehen von dem Rollenvorbild, das Mütter für ihre Töchter und Väter für ihre Söhne sind, legt die Beziehung zum jeweils anderen Elternteil häufig den Grundstein für künftige Liebesbeziehungen. Söhne suchen z. B. häufig nach einer Partnerin, die ihrer Mutter von der Persönlichkeit oder der Erscheinung her ähnelt, und Töchter suchen bei einem Lebenspartner oft nach den Eigenschaften ihres Vaters.

Durch Geschwisterbeziehungen können Kinder auf gleichberechtigte Weise lernen, zu teilen und sich um den anderen zu sorgen. Bei Kindern ohne Geschwister können andere Mitglieder aus dem weiteren Familienkreis, beispielsweise Vettern und Kusinen, Onkel und Tanten, diese Rolle ausfüllen. Fehlen weitere Familienmitglieder, kann sich die Entwicklung dieser Beziehungskompetenzen verzögern, bis das Kind selbst Freundschaften schließen kann.

Freundschaft
Freundschaften reichen von lockeren Verbindungen bis hin zu intensiven Beziehungen. Zur Freundschaft gehören seelischer Beistand, Kameradschaft und Intimität; es fehlen jedoch die institutionellen Bindungen, die helfen, Familien oder Ehepaare in schwierigen Zeiten zusammenzuhalten.

Ein wichtiger Faktor bei der Auswahl von Freunden und Liebespartnern ist die Ähnlichkeit von Interessen und Lebensauffassungen, welche die eigene Weltanschauung bestätigen. Deshalb sind Beziehungen größten Belastungen ausgesetzt, wenn die Ansichten der Beteiligten nicht mehr übereinstimmen und die erwartete Bestätigung nicht mehr erfolgt.

Freundschaften können daher zerbrechlicher sein und ein höheres Maß an Toleranz und Takt erfordern, um sie aufrechtzuerhalten. Eine funktionierende Freundschaft kann jedoch sehr erfüllend sein, da sie besonders in Zeiten starker emotionaler Belastungen, z.B. Trauerfällen,

Trennung oder Scheidung, großen seelischen Beistand bieten kann.

Berufliche Beziehungen

Beziehungen zu Kollegen gelten oft als oberflächlich; sie können jedoch genauso stark sein wie jede beliebige Beziehung, die außerhalb des Arbeitsplatzes geknüpft wird. Für Menschen ohne enge Freunde, die allein oder in einer unglücklichen Partnerschaft leben, sind dies oft die einzigen befriedigenden Beziehungen. Sie fühlen sich daher häufig isoliert, wenn sie ihren Arbeitsplatz verlieren oder in den Ruhestand gehen.

Allerdings werden die Beziehungen an der Arbeitsstelle meist durch feste Regeln bestimmt. So würden manche Arbeitnehmer vielleicht gern mehr Zeit mit lieb gewonnenen Kollegen verbringen, sind aber gezwungen, mit nicht so geschätzten Mitarbeitern eng zusammen zu arbeiten.

In vielen Fällen sind Unternehmen bestrebt, Beziehungen unter Arbeitskollegen auf der beruflichen Ebene zu halten, um so zu gewährleisten, dass weder Freundschaften noch Feindschaften den reibungslosen Arbeitsablauf behindern. Trotz dieser Einschränkungen sind die Chancen sehr groß, dass berufliche Beziehungen zu engen Freundschaften oder sogar Liebesbeziehungen werden.

Liebesbeziehungen

In Untersuchungen wird romantische Zuneigung als wichtigste Glücksquelle betrachtet und sie steht auf einer Stufe mit der Mutter-Kind-Bindung als stärkste Form der Beziehung. Das Ende einer Liebesbeziehung ist eine der wichtigsten Ursachen für Stress, Angstzustände und Depressionen.

Zu einer Liebesbeziehung gehört es, dass man für den anderen sorgt, mit ihm teilt, stets für ihn da ist, ihn aber umgekehrt auch für sein eigenes Wohlergehen braucht. Im Gegensatz zu anderen Beziehungen sind Liebesbeziehungen häufig ausschließlich.

Liebe gilt gemeinhin als unverzichtbar. Bei langjährigen Beziehungen äußert sich diese aber nicht mehr in der anfänglich leidenschaftlichen, verliebten Form. Meist macht sie einer kameradschaftlicheren Art der Zuneigung Platz. Wenn eine solche Beziehung jedoch weiterhin die Bedürfnisse beider Partner weitgehend befriedigt, bleiben diese sich gewöhnlich treu; ist das jedoch nicht mehr der Fall, gerät die Beziehung in eine tiefe Krise.

Beziehungen zu Tieren

Auch Haustiere können wichtige seelische Bedürfnisse befriedigen. Studien zeigen, dass Menschen mit Haustieren in der Regel weniger stressbedingte Krankheiten wie Depressionen, Bluthochdruck und Angstzustände haben als Menschen ohne Tiere. Sie freuen sich, dass sie sich um ihre Tiere kümmern können und diese ihnen scheinbar bedingungslos Zuneigung und Treue entgegenbringen. Haustiere können Menschen, die allein sind und sich isoliert fühlen, Trost und auch Wärme spenden. Den zwischenmenschlichen Kontakt können sie jedoch nicht vollständig ersetzen.

DIE VORTEILE VON BEZIEHUNGEN

Zahlreiche Studien haben gezeigt, dass das »Band« einer Beziehung Zufriedenheit und Sicherheit bietet, während die Trennung ein Gefühl des Verlusts hervorruft. Im Allgemeinen sind jene Menschen am glücklichsten und gesündesten, die starke Beziehungsgeflechte, z.B. zum Partner, zu Freunden und zur Familie haben. Für jeden Menschen sind Beziehungen eine große Unterstützung, sie fördern die Identitätsbildung und emotionale Entwicklung.

Identität

Für die Entwicklung der Identität spielen Beziehungen eine große Rolle. Zustimmung und Bestätigung, aber auch Kritik von anderen sind notwendig, um Identität zu bilden. Oft erscheinen uns persönliche Erfolge bedeutungslos, solange wir nicht die Zustimmung der Menschen erlangen, auf deren Meinung wir Wert legen.

Emotionale Prägung

Für unsere emotionale Entwicklung sind Beziehungen lebenswichtig. Positive Emotionen wie Vertrauen, Fürsorge, Teilen, Zuneigung und Liebe können sich nur durch zwischenmenschliche Kontakte entwickeln. Negative Emotionen wie Wut, Hass und Misstrauen können dagegen durch regelmäßigen Umgang mit anderen Menschen gemildert werden.

Die Fähigkeit, Abhängigkeit und Unabhängigkeit in Beziehungen auszubalancieren, ohne dass ein Partner dominiert, ist einer der Schlüssel zu emotionaler Sicherheit. Diese Balance kann durch die Erfahrung mit einer Vielzahl zwischenmenschlicher Beziehungen gefördert werden. So ist es beispielsweise hilfreich, zahlreiche Beziehungen aufzubauen und zu pflegen: zu Partnern, Familienmitgliedern, Freunden, Nachbarn, Bekannten und Kollegen.

Enge Beziehungen können die emotionale Entwicklung fördern, indem sie dem Einzelnen die Möglichkeit geben, intensive Gefühle von Liebe, Leidenschaft und Freundschaft zu teilen. Man kann auch daraus lernen, negative Emotionen, z.B. Mangel an Vertrauen, Besitzdenken und Gereiztheit, zu akzeptieren und zu überwinden.

Beziehungen zu Bekannten und Arbeitskollegen ermöglichen die Entwicklung sozialer Kompetenzen wie Kooperationsfähigkeit und Verhandlungsgeschick. Sogar Streitigkeiten oder Meinungsverschiedenheiten können produktiv sein, wenn der Betreffende lernt, auf wirksame Weise Spannungen und Feindseligkeiten abzubauen und auf gemeinsame Ziele hinzuarbeiten

Unterstützung

Praktischer und seelischer Beistand sind zwei der wichtigsten Vorteile von Beziehungen. Den umfangreichsten seelischen Beistand erhofft man sich gewöhnlich von Liebesbeziehungen. Familienmitglieder werden eher um praktische Hilfe gebeten; das ist nicht nur in der Kindheit, sondern auch im Erwachsenenleben so. Oft erwarten wir seelischen Beistand auch von Freunden: eine Schulter zum Ausweinen, wenn z. B. eine Romanze endet, oder einen guten Ratgeber, bei dem man seine berufliche Probleme abladen kann.

Für die Form oder den Inhalt von Beziehungen gibt es jedoch keine feststehenden Regeln. In einer Beziehung kann es alle möglichen Arten der Unterstützung geben, diese sollten aber immer gern und freiwillig geleistet werden.

Persönliche Notizen:

Intakte Beziehungen

Das Zusammenleben der Menschen beruht auf der Fähigkeit, erfüllende Beziehungen zu Familienmitgliedern, Freunden, Kollegen oder Liebespartnern aufzubauen und zu erhalten. Zu einer funktionierenden Beziehung gehört jedoch weit mehr als nur gegenseitige Sympathie. Wenn wir auf andere Menschen reagieren, kommen angeborene, unbewusste und bewusste Reaktionen ins Spiel. Sich diese Reaktionen klar zu machen, kann in hohem Maß dazu beitragen, alle zwischenmenschlichen Kontakte besser zu verstehen.

Ausgewogene Beziehungen gründen darauf, dass man seine eigenen Stärken und Schwächen ebenso kennt und akzeptiert wie die des Partners. Man muss bereit sein, nach gemeinsamen Zielen zu suchen, sich die Interessen des anderen bewusst zu machen und sich an unvermeidliche Veränderungen, die sich mit der Zeit ergeben, anzupassen. Hierfür sind Eigenschaften wie Geduld, Toleranz und Verständnis unabdingbar.

Treten Konflikte auf, sollte man versuchen, diese zu besprechen und gemeinsam Lösungen zu finden. Dabei ist es wichtig, immer das gemeinsame Ziel vor Augen zu haben. Zu einer effektiven Kommunikation gehört mehr als ein reiner Informationsaustausch. Sie ist ein komplexer Prozess, zu dem ebenso verbale wie nonverbale Fähigkeiten gehören und in dem außerdem Glück oder Traurigkeit, Anziehung oder Widerwillen, Freude oder Verzweiflung übermittelt werden. Wesentlich ist hier der konstruktive Umgang mit Konflikten und Kritik.

SICH SELBST AKZEPTIEREN

Bevor man andere in einer Beziehung akzeptieren kann, sollte man lernen, sich selbst anzunehmen. Man muss seine eigenen Fehler, Stärken, Triebe und Bedürfnisse kennen lernen, bereit sein, sich zu ändern, sich aber auch seine Grenzen einzugestehen. Das Selbstwertgefühl gibt an, inwieweit sich jemand selbst akzeptieren kann. Es ist ein Maß für die Selbstachtung sowohl isoliert betrachtet als auch im Vergleich zu anderen. Es entsteht aus einer Kombination von Eigenidentität und Selbstbild.

Eigenidentität

Die Eigenidentität ist die Art und Weise wie man sich selbst sieht. Sie beruht auf einigen messbaren Größen, z.B. Alter, Geschlecht, Figur, Familienstand, Familienname, Beruf und persönliche Leistung, sowie auf einigen weniger greifbaren Faktoren wie Persönlichkeit, Ansehen, Meinungen und Interessen. Zusätzliche Einflüsse wie Rasse, Religion, Bildung und Wohlstand können ebenfalls von Bedeutung sein.

Wer seine Lebensumstände ändert, kann sich selbst in neuem Licht sehen, was wiederum das Selbstwertgefühl steigert. So kann z. B. eine fettleibige Person, die sich einer Diät unterzieht, ein gesteigertes Selbstwertgefühl entwickeln, weil ihre neue schlanke Figur sie dazu bringt, ihre Eigenidentität zu überdenken.

Selbstbild

Jeder stellt Vermutungen darüber an, wie andere ihn sehen; das ist das Selbstbild. Es kann sich durch Veränderungen der persönlichen Lebensumstände wandeln, z.B. durch Erfolge oder Fehlschläge im beruflichen und privaten Leben. Die unterschiedlichen Aspekte des »Selbst« werden an dem gemessen, was unter Freunden, Verwandten und Arbeitskollegen als normal betrachtet wird. Hierbei spielen gesellschaftliche Normen und der Einfluss der Medien eine große Rolle. Das Selbstbild hängt daher weitgehend von den Menschen ab, mit denen man sich umgibt: Wenn unter erfolgreichen Karrieristen jemand arbeitslos ist, fühlt er sich wahrscheinlich als Versager und bekommt ein negatives Selbstbild; unter arbeitslosen Freunden leidet sein Selbstbild weniger.

Für das Selbstwertgefühl sind die Reaktionen anderer von entscheidender Bedeutung. Aus diesem Grund widmen Menschen ihrer Selbstdarstellung und der Manipulation anderer viel Zeit. Bei Männern wird das Selbstwertgefühl oft durch ihren Status bestimmt — dazu zählen beispielsweise körperliche Fitness, berufliche Überlegenheit sowie materieller Erfolg. Bei Frauen hängt das Selbstwertgefühl eher davon ab, ob und inwieweit sie sich von anderen geschätzt fühlen, d.h. wie beliebt sie sind.

Jeder Mensch pflegt unbewusst Beziehungen zu Menschen, von denen er vermutet, dass diese das eigene Selbstwertgefühl fördern. Nach Auffassung von Experten wollen die Menschen in der Regel keine objektive Meinung hören, sondern nur Bestätigung für das erhalten, was sie für wahr halten. Menschen mit einem starken Selbstbild warten darauf, die Meinung anderer zu hören, da sie davon ausgehen, Zustimmung zu erhalten. Wer dagegen ein schwaches Selbstbild hat, vermeidet es, andere nach ihrer Meinung zu fragen, bevor er nicht sicher ist, dass die Reaktion positiv ist.

Eine im »Journal of Personality and Social Psychology« veröffentlichte Studie aus dem Jahr *1995* ergab, dass ein unrealistisches Selbstbild, egal ob negativ oder positiv, eher schadet. Nur wer sein eigenes Wesen und seine Bedürfnisse richtig einschätzt, kann seine Person wirklich akzeptieren.

ANDERE MENSCHEN ANNEHMEN

Beziehungen zu anderen Menschen unterliegen denselben Kräften wie das Selbstwertgefühl. Wer erst einmal gelernt hat, sich selbst zu akzeptieren, dem fällt es auch leichter, andere trotz möglicher Schwächen zu schätzen. Hierzu gehört es auch, Unterschiede zu erkennen und damit konstruktiv umzugehen. Zwei Menschen haben immer unterschiedliche Bedürfnisse, Ziele und Lebensauffassungen; das ist unvermeidlich, aber gleichzeitig wünschenswert.

Zu jeder Beziehung gehören Veränderungen. Sie gilt es anzuerkennen. Um eine intakte Beziehung aufrechtzuerhalten, muss man sich an sie anpassen. Ist dies nicht möglich, sollte man akzeptieren, dass die Beziehung zu Ende ist.

Die erste große Veränderung in menschlichen Beziehungen tritt zwischen dem Kind und seiner Hauptbezugsperson, in der Regel der Mutter, ein. Mit der Zeit wird diese Bindung schwächer, denn das Kind beginnt, die Außenwelt zu erkunden. Wie gut sich Mutter und Kind an die Veränderung anpassen, ist entscheidend für die Fähigkeit des Kindes, eine gesunde und ausgewogene Persönlichkeit zu entwickeln und andere Beziehungen einzugehen. Hat eine Seite Schwierigkeiten damit, dass die Beziehung einem ständigen Wandel unterworfen ist,

z. B. ein klammerndes Kind oder eine besitzergreifende Mutter, kann das eine emotionale Blockade errichten, die sich auf alle späteren Beziehungen des Kindes auswirkt.

Veränderungen treten in allen Phasen des Lebens auf. So können z.b. Schulfreundschaften mit der Zeit lockerer werden, wenn die Freunde verschiedene Lebenswege einschlagen.

VERBALE KOMMUNIKATION

Soll ein Gespräch gelingen, müssen bestimmte, z.T. unbewusste Regeln, beachtet werden. Die Kunst des Redens und die des Zuhörens müssen koordiniert und synchronisiert werden, damit beide Partner das Gefühl haben, genug Zeit zu haben, sich zu äußern und etwas über den anderen zu erfahren.

Studien zeigen, dass zwei Menschen ihre Redeweisen — Tonfall, Tempo, Pausen sowie Mund-, Augen- und Handbewegungen — aufeinander abstimmen, wenn sie eine enge Beziehung zueinander finden, und dies schon bei der ersten Begegnung. Dabei läuft das Zusammenspiel von Frage und Antwort, Äußerung und Gegenäußerung gewöhnlich unbewusst ab. Wenn zwei Personen ein Gespräch mit einem Gefühl der Unzufriedenheit beenden, kann das daran liegen, dass eine Seite das Gespräch dominierte oder aber reserviert bzw. unfreundlich wirkte.

Die Kunst des Redens

Zur Kunst des Redens gehört es, seine Standpunkte klar und deutlich darzulegen, ohne jedoch die andere Person zu beleidigen oder zu befremden. Dies kann ein schwieriger Balanceakt sein, der eine sorgfältige Einschätzung der Emotionen und Haltungen des anderen erfordert. Wer diese Fähigkeit beherrscht, stößt eher auf ein geneigtes Ohr. Andernfalls wird der Zuhörer vielleicht in die Defensive gedrängt und ist dann nicht bereit, objektiv zuzuhören.

Wer das Gespräch sucht und reden will, sollte sich auch seiner wahren Gefühle bewusst sein. Dabei ist es besonders wichtig, auf negative Empfindungen zu achten. Denn wenn man sich ihnen nicht stellt, werden sie unterdrückt, man frisst sie sozusagen in sich hinein. Doch anstatt sie abzubauen, werden sie so immer stärker und schlagen möglicherweise schließlich in Wut um. Deshalb sollte man negative Gefühle zeigen und äußern. Dies kann dabei helfen, Probleme nüchtern zu sehen, wenn es auch nicht sofort und in allen Fällen zu einer Lösung führt.

Die Kunst des Zuhörens

Zur Kommunikation gehören immer zwei Seiten; der Zuhörer muss deutliche Zeichen seiner Aufmerksamkeit geben, um so sein Interesse zu signalisieren und die andere Person zu ermutigen weiterzureden. Dies tun wir mehr oder weniger instinktiv. Einfühlungsvermögen spielt hier eine große Rolle; man muss die Bedürfnisse des anderen verstehen und auf seine Worte reagieren.

Zum effektiven Zuhören gehören Konzentration, angemessene Reaktionen wie Ermutigung oder Mitgefühl und relevante Fragestellungen. Sind die Fragen zu persönlich, werden sie als aufdringlich empfunden; sind sie zu allgemein, vermitteln sie dem Redner das Gefühl des Desinteresses.

Geht es in Gesprächen um vertrauliche Dinge, so weisen Männer im Allgemeinen ein ganz anderes Verhalten auf als Frauen, die sich im Durchschnitt auch viel länger mit Freunden unterhalten als Männer. Sie sprechen mehr über persönliche und emotionale Angelegenheiten und leisten sich auch häufig gegenseitig seelischen Beistand. Im Gegensatz dazu neigen Männer dazu, persönliche Themen zu meiden, es sei denn, sie sehen eine Möglichkeit, praktische Hilfe zu leisten.

Die eigenen Bedürfnisse darlegen

Die Fähigkeit, seine eigenen Ansichten und Bedürfnisse anderen auf positive Weise klar zu machen, nennt man Durchsetzungsvermögen. Das bedeutet, dass man sowohl seine eigenen als auch die Rechte anderer anerkennt. Eine durchsetzungsfähige Person ist offen und flexibel, ehrlich besorgt um die Rechte anderer, gleichzeitig aber auch in der Lage, die eigenen Wünsche, Vorstellungen und Rechte durchzusetzen.

Mangelndes Durchsetzungsvermögen Wenn man sich nicht durchsetzen kann, ordnet man seine eigenen Ansichten und Wünsche denen anderer unter. Man neigt eher dazu, fremden Forderungen nachzugeben statt die eigenen zu formulieren oder die Meinung anderer zu akzeptieren, selbst wenn diese der eigenen widerspricht. Mangelndes Durchsetzungsvermögen führt auf Dauer zu Wut und Aggression, niedrigem Selbstwertgefühl und kann darüber hinaus Angstzustände, Stress und Depressionen verursachen.

Aggressives Verhalten Aggressivität äußert sich neben vielen anderen Zeichen auch darin, dass man versucht, anderen seinen eigenen Willen aufzuzwingen. Bei der direkten Aggression vermitteln Worte, Tonfall, Körperbewegungen und möglicherweise auch Handlungen dem anderen das Gefühl, er werde angegriffen. Die indirekte Aggression ist subtiler und beinhaltet Zeiten des Schweigens und Schmollens; Blickkontakte werden vermieden und ein ärgerlicher oder feindseliger Gesichtsausdruck wird zur Schau getragen. Diese Form der Aggression zielt darauf ab, den anderen zum Nachgeben zu zwingen, indem man ihm Schuldgefühle oder Unbehagen einflößt. Frustration und Wut sind oft die Ursachen für eine indirekte Aggression, die auch in eine direkte umschlagen kann.

Durchsetzungsvermögen Wenn durchsetzungsfähige Menschen mit einem Ansinnen konfrontiert werden, das ihnen nicht zusagt, erklären sie ruhig und höflich, warum sie der Bitte nicht entsprechen wollen, schlagen jedoch unter Umständen einen Kompromiss vor, der beide Parteien zufrieden stellen kann. Aggressive Menschen hingegen verlieren die Beherrschung und weisen das Ansinnen zurück, ohne den Grund zu erklären. Menschen, denen es an Durchsetzungsvermögen mangelt, erklären sich widerspruchslos mit der Forderung einverstanden, obwohl sie dabei Wut verspüren und der Meinung sind, dass man ihre Zustimmung als selbstverständlich hinnimmt. Jeder sollte selbst entscheiden können, wie er in bestimmten Situationen handelt. Wenn er zu höflich und zurückhaltend reagiert, erreicht er vielleicht nicht sein Ziel. Handelt er zu aggressiv, setzt er sich möglicherweise durch, hat aber dabei die Wünsche anderer übergangen oder diese Menschen mit seinem Verhalten sogar verletzt. Zur Verbesserung des Durchsetzungsvermögens sind manchmal professionelle Schulungen von Nutzen. Derartige Kurse sind darauf ausgerichtet, effektive kommunikative und soziale Fähigkeiten zu entwickeln.

NONVERBALE KOMMUNIKATION

Menschen kommunizieren nicht nur mit Worten, sondern auch auf nonverbale Weise. Die meisten Formen dieser Kommunikation werden nicht bewusst kontrolliert. So erweitern sich z.b. die Pupillen automatisch, wenn man sich freut, jemanden zu sehen. Andere registrieren dies, ebenso unbewusst, als Zeichen von Sympathie und reagieren darauf. Man geht davon aus, dass die Menschen Duftsignale aussenden, die so genannten Pheromone, die biologische Informationen wie z.b. sexuelle Erregung vermitteln.

Andere Formen der nonverbalen Kommunikation — Körperhaltung, Bewegungen, Mimik und Gestik — werden unter dem Begriff Körpersprache zusammengefasst. Der amerikanische Verhaltenspsychologe R. A. Birdwhistell entdeckte, dass nur *35* Prozent der Kommunikation verbal stattfinden, während die restlichen *65* Prozent ausschließlich durch Körpersprache vermittelt werden.

Körpersprache

Wenn man ärgerlich ist, tritt man dem anderen oft mit in die Hüften gestemmten Händen entgegen. Unbewusst sorgt man so dafür, dass die eigene Gestalt größer wird und dadurch einschüchternder wirkt. Zum guten Ton gehört es z.B., dass man zur Begrüßung eines Fremden aufsteht. So wird allerdings auch gewährleistet, dass man dem anderen in etwa auf einer Höhe begegnet und dieser nicht auf einen herabschauen kann.

Viele Formen der Körpersprache sind angeboren; wenn man z.B. froh ist, lächelt man, ist man bekümmert, runzelt man die Stirn oder macht ein trauriges Gesicht. Das wurde auch bei Menschen beobachtet, die von Geburt an blind und taub waren. Unklar ist, ob Nicken und Kopfschütteln angeboren sind oder im Kleinkindalter gelernt werden. Das Kopfschütteln z.B. entwickelt sich vielleicht aus dem natürlichen Instinkt eines gestillten Babys, das Gesicht von der Mutterbrust abzuwenden, um zu zeigen, dass es satt ist. Andere Formen der Körpersprache eignet man sich in der Kindheit an, indem die Handlungen der anderen beobachtet und unbewusst nachgeahmt werden.

Einige Gesten, wie Schulterzucken oder mit abgewinkelten Armen und nach vorn zeigenden Handflächen dazustehen, um Unschuld oder Hilflosigkeit zu vermitteln, sind nahezu in allen Kulturen verbreitet. Andere dagegen sind für die jeweilige Kultur spezifisch. Nordeuropäer winken beispielsweise jemanden mit nach oben gerichteter Handfläche heran, demgegenüber zeigt die der Südeuropäer dabei nach unten. Ein Nordeuropäer könnte diese Botschaft als Ablehnung interpretieren.

Körpersprache kann auch Autorität ausdrücken. Ein Vorgesetzter z.B. läuft in einer Besprechung im Zimmer umher, während der Untergebene an seinem Platz sitzen bleibt.

Körpersprache verstehen

In einer Beziehung ist es wichtig, die subtilen Emotionen und Gedanken zu verstehen, die durch Körpersprache vermittelt werden. Wenn man diese nonverbalen Signale erkennt, kann man dem anderen helfen, sich zu öffnen und ihm so vielleicht Bestätigung oder Trost geben.

Auch wenn man sich noch so sehr bemüht, seine wahren Gefühle zu verbergen, so ist die Körpersprache häufig entlarvend. Obwohl nonverbale Kommunikation in der Regel weitgehend unbewusst abläuft, kann man negative Körpersignale bei sich erkennen und versuchen, sie in positivere umzuwandeln.

Gewöhnlich können Frauen diese nonverbalen Hinweise besser als Männer entziffern, da ihre Wahrnehmung und Intuition hoch entwickelt sind. Diese Fähigkeiten verbessern sich oft mit der Mutterschaft, weil Babys ihre Bedürfnisse nur durch nonverbale Mittel ausdrücken können und Mütter sich daher schnell auf diese Signale einstimmen müssen.

Arten der Körpersprache

Im Zusammenspiel mit der Körperhaltung sind Gesicht, Hände, Arme, Beine und Füße die entscheidenden Mittel nonverbaler Kommunikation. Sie arbeiten gewöhnlich zusammen, um komplexe Botschaften auszusenden.

Das menschliche Gesicht ist sehr ausdrucksstark und kann sowohl subtile Mimik als auch einen dramatischen bzw. hoch erfreuten oder glücklichen Ausdruck zeigen. Der Blickkontakt zwischen zwei Menschen ist von ihrer Vertrautheit abhängig. Zwei Fremde können beispielsweise bei einem gesellschaftlichen Anlass über eine größere Entfernung hinweg ständigen Blickkontakt halten; wenn sie sich jedoch aufeinander zu bewegen oder näher zusammengedrängt werden, verringert sich der Blickkontakt. So wird ein gewisses Maß an Intimität aufrechterhalten, bis man sich besser kennen gelernt hat. Viel Blickkontakt weist auf große Vertrautheit hin, so wie sie zwischen Liebenden oder Eltern und Kind besteht.

Die Vertrautheit zwischen zwei Menschen zeigt sich auch häufig durch spezifische Verhaltensformen, die man »Spiegeln« nennt. Wenn zwei Menschen sich gefühlsmäßig näher kommen, neigen sie dazu, sich in ihren Körperhaltungen und Bewegungen auf verschiedene Weise zu imitieren. Zwei Freunde an der Theke etwa legen häufig ganz ähnliche Verhaltensweisen an den Tag und trinken sogar gleichzeitig. Liebende spiegeln die Bewegungen und Körperhaltungen des anderen und lehnen sich beispielsweise bei einem Gespräch zur gleichen Zeit vor oder zurück.

Psychologen glauben, dass die Körpersprache unterdrückte Gedanken und Wünsche enthüllt, die wir schwer in Worte fassen können. Dies wird besonders bei kleinen Kindern deutlich, die sich oft verstecken, wenn sie in Gegenwart Fremder nervös sind. Auch Erwachsene zeigen diese Angstreaktion, wenn auch weniger offensichtlich: Sie verschränken z.B. die Arme oder schlagen die Beine übereinander, um eine Barriere zu errichten.

Wenn kleine Kinder lügen, halten sie manchmal eine Hand vor den Mund; sie versuchen unbewusst, ihre Worte zu »verstecken«. Bei Erwachsenen geschieht auch dies subtiler — man hält eine Hand an die Wange oder einen Finger an die Lippen — und will so darauf hindeuten, dass man versucht, einen Konflikt zwischen dem inneren und dem äußeren Ausdruck zu lösen.

Ein solcher Konflikt kann sich auch in Ersatzhandlungen zeigen, die aus dem Bedürfnis entstehen, mit starken Emotionen fertig zu werden. Wenn sich beispielsweise jemand von einer anderen Person angezogen fühlt, sind Verhaltensweisen wie die Frisur richten, die Krawatte zurechtrücken oder Kleidungsstücke glatt streichen verschönernde Gesten. Ärger oder Gereiztheit können sich äußern, indem man mit den Fingern trommelt, mit dem Fuß wippt oder die Kiefer aufeinander presst.

Auch Täuschungen, sei es durch Lügen oder Zurückhalten von Informationen, können innere Konflikte hervorrufen, die möglicherweise durch Ersatzhandlungen zu Tage treten; man spielt dann z. B. mit etwas herum, berührt seinen Mund, meidet den Blickkontakt oder weicht zurück.

Abhängig davon, wie gut zwei Menschen einander kennen und wie sehr sie einander mögen, verändert auch räumliche Nähe die Körpersprache. Wenn Menschen sich anfreunden, verringert sich der Abstand zwischen ihnen. Wenn jemand versucht, einem anderen näher zu kommen, wendet er sich ihm zu und lehnt sich vor, um die störende Distanz zu verringern. Wenn der andere ebenso fühlt, wird er diese Bewegung spiegeln, ist die Zuwendung aber unwillkommen, wird er den Abstand wieder vergrößern.

Auch Kultur Umgebung und Erziehung entscheiden über körperliche Nähe. So stehen kontaktfreudige Südeuropäer eher dichter beieinander als die im Allgemeinen Zurückhaltenderen Nordeuropäer. Ebenso sind Städter gewöhnlich offener und mehr an räumliche Nähe gewöhnt als Bewohner dünn besiedelter ländlicher Gebiete.

MIT KONFLIKTEN UND KRITIK UMGEHEN

Konflikte und Kritik sind in Beziehungen unvermeidbar. Versucht man konstruktiv damit umzugehen, hat die Beziehung große Chancen, immer weiter gefestigt zu werden.

Konflikte können viele Ursachen haben: Ein Partner macht Fehler, der andere verhält sich egoistisch oder gedankenlos. Auch der Einfluss von Freunden oder Verwandten spielt eine Rolle. Das Konzept der Fairness, das Gefühl, dass jeder etwa soviel bekommt wie er beisteuert, ist ein wichtiger Aspekt bei Beziehungen. Gibt es ein größeres Ungleichgewicht zwischen dem, was man von einem Partner erwartet, und dem, was dieser gibt, wird man die Beziehung bald als unausgewogen betrachten.

Konflikte führen meist zu Meinungsverschiedenheiten, gegenseitigen Anschuldigungen und Schuldzuweisungen, die die Situation womöglich noch verschlimmern. Oft halten Menschen ihre Kritik so lange unter Verschluss, bis sie die Beherrschung verlieren. Es ist viel besser, seine Kritik zu äußern, bevor man dieses Stadium erreicht, um das Problem vernünftig mit dem Partner zu besprechen.

Man muss zwischen nützlicher Kritik, die sich auf eine bestimmte Handlung bezieht, und Verallgemeinerungen, die weitgehend unbegründet sind, unterscheiden können. Bevor Sie jemanden kritisieren, stellen Sie sich vor, wie Sie sich an seiner Stelle fühlen würden. Bleiben Sie gelassen und sagen Sie nichts, was den anderen ärgern könnte. Bringen Sie eine spezifische Beschwerde oder Kritik vor und vermeiden Sie es, vergangene Dispute wieder auszugraben, um Ihrem Standpunkt mehr

Gewicht zu verleihen. Erläutern Sie Ihre Gefühle, indem Sie zeigen, wie verletzt oder enttäuscht Sie sind, aber machen Sie der anderen Person keine Vorschriften darüber, wie sie sich zu fühlen hat (»Du solltest Dich schämen«). Sagen Sie deutlich, welche Verhaltensweisen Sie vom anderen in Zukunft erwarten. Wenn Sie Kritik über sich ergehen lassen müssen, gelten dieselben Regeln. Bitten Sie Ihren Kritiker um spezifische Beispiele für Ihre möglichen Fehler anstatt sich pauschal abstempeln zu lassen (»Du bist immer so grob und selbstsüchtig«). Versuchen Sie, unabhängig davon, ob Sie sich zu Recht oder zu Unrecht kritisiert fühlen, zu verstehen, wie der andere sich fühlen muss, und suchen Sie nach Möglichkeiten der Entschuldigung oder finden Sie einen Kompromiss.

Gewinner und Verlierer ausschalten

In einer intakten Beziehung nehmen beide Parteien den Standpunkt des anderen wahr. Kommt es zu keinem Kompromiss, sieht eine Seite sich als Gewinner und die andere als Verlierer. Dies führt zu einem Gefühl der Unausgewogenheit.

Wenn in einer Beziehung Probleme entstehen, ist die Schuldzuweisung eine ganz normale Reaktion. Das ist aber in der Regel kontraproduktiv, weil der Beschuldigte in die Defensive gerät und eigene frühere Probleme hervorholt, um zu zeigen, dass man eigentlich ihm Unrecht getan hat. Schnell kommt es dann zu gegenseitigen Beschuldigungen, ohne dass eine Problemlösung in Angriff genommen wird.

Dieser Situation kann man aus dem Weg gehen, indem man versucht, konstruktiv zu reagieren. Versuchen

Sie zu akzeptieren, dass der andere Recht haben könnte. Wenn Sie jemandem die Schuld geben, suchen Sie nach tieferen Gründen für seine Handlungen oder sein Verhalten und seien Sie tolerant; nehmen Sie womöglich einen Teil der Verantwortung auf sich. Setzen Sie Ihr Verhandlungsgeschick ein, um zu gewährleisten, dass die Interessen beider Parteien berücksichtigt werden.

Die eigenen Gefühle zeigen

Wenn man negative Gefühle unterdrückt oder sich ihretwegen schuldig fühlt, kann sich dies nachteilig auf die Beziehung auswirken. Man sollte seine eigenen Gefühle zum Ausdruck bringen und andere dazu ermutigen, ebenfalls über ihre Emotionen zu sprechen, besonders wenn man über problematische Themen sprechen muss. Geben Sie so viel Unterstützung wie möglich — Ihrem Gegenüber fällt es vielleicht nicht so leicht wie Ihnen, sich auszudrücken.

Wer nicht daran gewöhnt ist, Gefühle zu äußern, fühlt sich oft schwach und sagt Dinge, die verletzender erscheinen, als sie vielleicht gemeint sind. Vermeiden Sie in solchen Fällen Widerspruch und Kritik. Manchmal muss man nach dem Sinn hinter den Worten suchen, die Äußerungen selbst jedoch übergehen.

Verhandlungsgeschick

Effektive Kommunikation kann gewährleisten, dass Meinungsverschiedenheiten offen ausdiskutiert werden; sie kann Probleme jedoch nicht lösen, solange nicht beide Parteien bereit sind, konstruktiv zusammenzuarbeiten. Dies erreicht man durch Verhandlungsgeschick.

Verhandlung ist eine Mischung aus Überzeugung (den anderen dazu bringen, das zu tun, was man will) und Nachgeben (auf die Forderungen des anderen eingehen). Die Grundlage der Verhandlung ist demnach die Fähigkeit, den Partner dazu zu bringen, die eigene Forderung oder Meinung zu akzeptieren, andererseits aber auch zu Gegenleistungen bereit zu sein. Es ist wichtig, dass man nicht bei jeder Gelegenheit versucht, den eigenen Willen durchzusetzen. Die andere Person hat sonst leicht das Gefühl, dass man ihre Zustimmung als selbstverständlich hinnimmt.

Persönliche Notizen:

Soziale Beziehungen unter die Lupe genommen!

Beziehungen im Leben

Obwohl Beziehungen das ganze Leben hindurch entstehen, kommt dem Kleinkindalter in dieser Hinsicht eine ganz entscheidende Rolle zu, denn die Art der frühkindlichen Bindungen beeinflusst auf die eine oder andere Weise alle künftigen. In der Adoleszenz wird die Identität geformt, das Erwachsenenalter ist eine Zeit, in der tiefer gehende Beziehungen eingegangen und gefestigt werden (insbesondere Partnerschaften) und im Alter entdecken Menschen oft erneut, welche Bedeutung Beziehungen für das seelische und manchmal auch körperliche Wohlbefinden haben.

In jeder Lebensphase gehen Menschen ganz spezifische Beziehungen ein. Sie sind alle durch unterschiedliche Bedürfnisse und Erwartungen geprägt.

BEZIEHUNGEN IN DER KINDHEIT

Die Fähigkeit eines Menschen, anderen zu vertrauen und Beziehungen zu ihnen einzugehen, wird z. T. in den ersten Lebensjahren angelegt. Zu den wichtigen Bindungen in jungen Jahren gehört das Verhältnis zwischen Eltern oder Bezugsperson und Kind sowie die Familienbande. Wenn ein Kind älter wird, schließt es Freundschaften mit Gleichaltrigen und wenn es in die Schule kommt, werden die Lehrer und Lehrerinnen weitere Bezugspersonen.

Beziehungen zu den Eltern

Ein Neugeborenes hat seine ersten sozialen Kontakte gewöhnlich zu den Eltern. Forschungen zeigen, dass ein Neugeborenes aktiv auf seine unmittelbare Umgebung reagiert und schon am ersten Tag nach der Geburt seine Hauptversorger zur Kenntnis nimmt. Die Bindung, die ein Baby mit seinen Eltern eingeht, ist die Grundlage für alle nachfolgenden Beziehungen. Das Verlangen des Babys, die Nähe eines Elternteils oder einer Bezugsperson zu suchen und sich in deren Gegenwart sicher zu fühlen, ist von entscheidender Bedeutung für seinen Willen, im späteren Leben Freundschaften zu schließen und Partnerschaften einzugehen.

Die Bindung zwischen einem Neugeborenen und seiner Mutter entwickelt sich sehr schnell. Viele Mütter sagen, dass ihr Kind ihre Stimme bereits einen Tag nach der Geburt erkennt, was durch die Forschung bestätigt wird. Während des Stillens saugt das Baby in einem solchen Rhythmus, dass es seine Mutter sprechen hören kann, im Alter von zwei Monaten reagiert ein Baby gewöhnlich mit Lächeln auf seine Eltern, sogar dann, wenn es blind ist.

Beziehungen zu anderen

Mittlerweile steht fest, dass die Fähigkeit, Beziehungen zu Menschen außerhalb des engen Familienkreises einzugehen, ebenso wichtig ist wie die Bindung an die Eltern. Mit zunehmendem Alter wechselt die Reaktion eines Kindes auf Fremde von bedingungsloser Akzeptanz über Skepsis wieder hin zu Vertrauen. Wird das Kind älter, wirkt sich seine Fähigkeit, Freundschaften zu schließen und Beziehungen zu den Lehrern herzustellen, wesentlich auf seine soziale Entwicklung aus.

Fremde: Schon in den ersten Lebensmonaten kann ein Kleinkind Mitglieder seiner Familie erkennen und ist in den meisten Fällen für Fremde empfänglich. Nach ungefähr sieben Monaten aber wird das Kind diesen gegenüber immer misstrauischer. Es kann sich jetzt an Gesichter erinnern, Gegenwart und Vergangenheit auseinander halten und vergleichen. Unbekannte Menschen oder ungewohnte Situationen werden als solche erkannt und können zu Unbehagen führen. Im Allgemeinen lässt diese Angst mit dem 14. Monat nach und im Alter von drei Jahren ist ein Kind gemeinhin sicher genug in der Beziehung zu seinen Eltern, sodass es mit unbekannten Kindern und Erwachsenen angemessen umgehen kann.

Freunde: Die von den Eltern eingeführten und vermittelten sozialen Regeln verwendet das Kind im Umgang mit Gleichaltrigen. Die Kompetenzen, die es hierbei erlernt, können einen dauerhaften Einfluss auf sein Leben haben. Kinderfreundschaften können Gefühle von Glück und Geborgenheit vermitteln ebenso wie Gelegenheiten zum Lernen. Wenn ein Kind begreift, dass eine Beziehung zuweilen neu verhandelt werden muss und lernt, mit Zurückweisung nach einem Streit umzugehen, erhält es das nötige Rüstzeug für die Lösung von Konflikten und schwierigen Situationen im späteren Leben.

Lehrer: Die Einschulung ist einer der wichtigsten Meilensteine in der Kindheit. Hier werden Beziehungen zu Lehrern und Lehrerinnen und anderen Autoritätspersonen außerhalb der Familie geknüpft. Die Lehrer handeln anstelle der Eltern, solange die Kinder in der Schule sind.

Einige Lehrer verhalten sich gegenüber den Kindern autoritär oder zumindest sehr entschieden, andere wiederum sind eher nachgiebig. Viele passen ihre Reaktionen und Erziehungsstile den Erfordernissen der jeweiligen Situation an.

Ein Lehrer mit autoritärem Stil neigt dazu, seine Schüler zu dominieren und vertraut auf Methoden wie Schreien, Bestrafungen und strikte Disziplin, um seine Forderungen durchzusetzen. Das kann bei einem Kind zuweilen aggressive Reaktionen hervorrufen und seine Fähigkeit, Beziehungen zu Respektspersonen herzustellen, negativ beeinflussen.

Ein entschiedener Lehrer legt meist auch viel Wert auf Kontrolle, verlässt sich dabei aber auf die Vernunft seiner Schüler um seine Forderungen zu erklären. Er fördert den verbalen Austausch und unterstützt die Selbstständigkeit und die Kreativität der Kinder, solange diese bereit sind, sich an festgelegte Regeln zu halten. Lehrer, die diesen entschiedenen Stil anwenden, tragen oft am meisten zur intellektuellen Neugier und zur sozialen und emotionalen Entwicklung eines Kindes bei.

Ein nachgiebiger Lehrer stellt sehr wenige Forderungen an seine Schüler und gibt dem Kind wenig oder keine aktive Anleitung. Häufig fehlt den Kindern deshalb eine Orientierung für ihr soziales Handeln.

BEZIEHUNGEN IN DER PUBERTÄT

Der Heranwachsende ist dabei, seine Kindheit abzustreifen und ist auf dem Weg erwachsen zu werden. So kommt das Wort Adoleszenz auch vom lateinischen

»adolescere«, was soviel bedeutet wie »erwachsen werden« oder »aufwachsen«. In den meisten westlichen Völkern gilt ein Mensch im Alter zwischen etwa 13 und 18 Jahren als Heranwachsender, was in etwa dem Teenager alter entspricht. Die Jugend ist ein entscheidendes Entwicklungsstadium, in dem ein Mensch die sozialen Kompetenzen und die Unabhängigkeit der Erwachsenen erlernt.

Beziehungen zu den Eltern

Die Jugend bedeutet Vorbereitung auf das Erwachsenenleben — ein Übergangsstadium zwischen Unreife und Reife. Sie ist Teil des Prozesses, durch den sich das Kind zu einem unabhängigen Individuum entwickelt. Die Heranwachsenden lösen sich zu einem gewissen Grad von der Familie — manchmal verleugnen sie sogar ihre Abhängigkeit — und lockern frühe Kindheitsbindungen, die bis zur Pubertät die Hauptquelle für emotionale Unterstützung waren. Entfremdung von der Familie, Rebellion und launisches Verhalten sind die Kennzeichen, die für gewöhnlich mit der Adoleszenz gleichgesetzt werden.

Obwohl die meisten Eltern fürchten, von ihren rebellischen Teenagerkindern zurückgewiesen und gehasst zu werden, berichten viele Heranwachsende von sehr positiven Gefühlen gegenüber ihren Eltern. Die Adoleszenz muss also nicht per se eine schwierige Zeit sein.

Beziehungen zu anderen

Viele Teenager leiten ihre Identität von Gleichaltrigen ab. Es wird lebenswichtig, von einer Gruppe als dazugehörig betrachtet zu werden. Dauerhafte Beziehungen zu

Erwachsenen wie z.B. Lehrern sind ebenfalls von entscheidender Bedeutung.

Gleichaltrige: Gleichaltrige werden von den Eltern oft als Gefahr betrachtet. Sie befürchten, dass sie einen schlechten Einfluss auf ihr Kind ausüben. Sie sollen, so heißt es häufig, die Erziehung unterminieren und ein Kind zu einem Leben in Straffälligkeit verleiten können.

Die mittlere Adoleszenz ist zwar eine Zeit, in der Jugendliche für negative Beeinflussungen sehr empfänglich sind, es gibt jedoch keine echten Beweise dafür, dass Heranwachsende leicht »vom Weg abzubringen« sind, insbesondere wenn sie gute erwachsene Vorbilder haben.

Es ist für den Heranwachsenden jedoch äußerst wichtig, sich an seine Gruppe von Gleichaltrigen anzupassen. Meist ist der Ort für diese Gruppenbildung die Schule, die aber eine »erzwungene« Umgebung ist, da der Jugendliche praktisch nicht entscheiden kann, ob er hingeht oder nicht. Daher ist es für die meisten besonders wichtig, in der Schule dazuzugehören, um ein Gefühl der Sicherheit zu erlangen.

Von anderen zurückgewiesene Heranwachsende schwänzen oft die Schule und manche gehen sogar von der Schule ab, wobei sie Ablehnung durch Gleichaltrige als hauptsächlichen Grund für ihre Entscheidung angeben. Die Eltern sollten ihren heranwachsenden Kindern dabei helfen, in einer gesellschaftlichen Umgebung wie der Schule zurechtzukommen. Ob ein Jugendlicher von Gleichaltrigen akzeptiert wird oder nicht, hängt von vielen Faktoren ab:

- Veranlagung: Ruhige, kontaktfreudige und hilfsbereite Kinder, die über umfangreiche soziale Kompetenzen verfügen, sind meist beliebter als weniger gesprächige, schüchterne oder gehemmte Kinder.

- Stellung in der Familie: Später geborene Kinder, die lernen müssen, mit älteren Geschwistern zu verhandeln, verfügen meist über Fähigkeiten, die es ihnen gestatten, sich besser einzufügen und so beliebter zu werden als Erstgeborene.
- Kognitive Fähigkeiten: Beliebte Kinder können sich meist gut in Rollen hineinfinden und kommen in der Schule ohne größere Probleme zurecht. Sie erzielen auch oft bessere Ergebnisse bei Intelligenztests als weniger beliebte Kinder.

Lehrer In der Adoleszenz stehen die Lehrer häufig mit den Eltern auf einer Stufe: Manche Heranwachsende sehen in ihnen den Feind, gegen den man rebellieren muss. Andere unterhalten zu ihren Lehrern tiefer gehende Beziehungen. Früher wurde die Adoleszenz als eine stürmische Zeit angesehen, die sich durch heftige Konflikte zwischen den Erwachsenen (besonders Lehrern und Eltern) und den Jugendlichen auszeichnete. Neuere Untersuchungen zeigen jedoch, dass Auseinandersetzungen zwischen Heranwachsenden und ihren Lehrern nicht so verbreitet sind wie angenommen.

BEZIEHUNGEN IM ERWACHSENENALTER

Auch für Erwachsene sind Beziehungen mit einzelnen Menschen oder Gruppen — Familie, Freunde, Bekannte und Kollegen — wichtig. So kann z. B. ein soziales Netzwerk von Freunden, Nachbarn und Bekannten in Vereinen oder Kirchengemeinden Gelegenheit bieten, tiefer gehende Beziehungen einzugehen. Für viele Menschen ist die wichtigste Beziehung die zu ihrem Sexualpartner. Ihm oder ihr widmen sie die meiste Zeit und Energie und entsprechend verwenden allein Stehende oft viel Mühe auf die Partnersuche.

Die Dynamik von Beziehungen im Erwachsenenalter

Forschungen zeigen, dass Menschen in funktionierenden intimen Beziehungen sich sehr ähneln, wenn es darum geht, den anderen zu belohnen. Menschen wünschen sich im Allgemeinen Partner, die sich emotional ebenso engagieren wie sie selbst.

Hinzu kommt nach Meinung von Psychologen, dass wir besonders solche Menschen schätzen, die wir für kompetent halten. Es scheint allerdings, dass wir fähige Menschen, die auch Fehler machen und zugeben, vorziehen — wir mögen keine Menschen, die perfekt scheinen, weil wir uns dann unterlegen fühlen.

All diese Faktoren erklären, warum Menschen sich möglicherweise gern haben, sie erklären jedoch nicht den Unterschied zwischen Mögen und Lieben. Dabei ist diese Unterscheidung in einer Beziehung äußerst wichtig. Man definiert Mögen als positive Einschätzung eines anderen. Lieben geht darüber hinaus. Die Gründe, warum sich ein Mensch in einen anderen verliebt, sind schwer zu bestimmen, obwohl es zahlreiche Erklärungen gibt. Einfacher ist es, die Gefühle Liebender zu beschreiben.

Liebe basiert vor allem auf den drei Hauptkomponenten Zuneigung, Fürsorge und Intimität. Zuneigung ist das Bedürfnis nach der körperlichen Anwesenheit und dem seelischen Beistand des oder der Geliebten. Fürsorge ist ein Gefühl der Sorge und Verantwortung für den Geliebten und Intimität ist das Verlangen nach engem und vertraulichem Kontakt und Kommunikation, um so bestimmte Gedanken und Gefühle mit dem Geliebten teilen zu können.

Warum Beziehungen enden

Obwohl jede Beziehung auf ihre eigene Weise endet, gibt es doch typische Gründe für ein Scheitern. Scheidungsgeschichten und unglückliche Ehen zeigen, dass bestimmte Beziehungsformen eine erhöhte Tendenz zur Instabilität haben:
- Partnerschaften, in denen die Beteiligten sehr jung sind;
- Beziehungen, in denen die Partner aus sozial schwachen Verhältnissen stammen oder eine mangelhafte Schulbildung haben;
- Verbindungen zwischen Partnern unterschiedlicher nationaler Herkunft;
- Beziehungen zwischen Scheidungskindern;
- Partnerschaften zwischen Menschen, die vor der Ehe umfangreiche sexuelle Erfahrungen und eine größere Anzahl von Sexualpartnern hatten.

Diese Faktoren können für sich allein jedoch nicht hinreichend erklären, warum Ehen und andere tiefer gehende Beziehungen nicht funktionieren. Fünf weitere Ursachen für ein mögliches Scheitern sind hervorzuheben: Unbeholfenheit, Regelbruch, Betrug, Langeweile und Konflikte.

Ungeschick oder mangelnde Ausdrucksfähigkeit können auf eine Beziehung sehr negative Auswirkungen haben. Jemand hat womöglich das Gefühl, seinem Partner seine Emotionen gut vermittelt zu haben. Dieser hält ihn jedoch für verschlossen und kann sein Verhalten und seine Reaktionen nicht immer verstehen. Mangelnde Ausdrucksfähigkeit kann zu Missverständnissen, Groll und Feindseligkeit führen.

Ebenso schädlich ist es, die in einer Beziehung geltenden Regeln zu brechen. Solche Regeln bleiben oft unausgesprochen und umfassen Bereiche wie das Selbstwertgefühl des Partners zu fördern, loyal und treu zu sein, Zeit miteinander zu verbringen und gleichviel Energie in die Beziehung zu investieren. Die vielleicht wichtigste Regel betrifft die Ehrlichkeit. Die Entdeckung, durch den Partner oder die Partnerin getäuscht worden zu sein, kann den Fortbestand der Beziehung ernstlich bedrohen.

Auch Langeweile, Erschöpfung und mangelnde Stimulation in Beziehungen sind häufig Gründe für ein Scheitern. Meist herrscht das Gefühl vor, dass es sinnlos ist weiterzumachen, wenn die Beziehung »nirgendwo hinführt«.

Auch Konflikte können eine Beziehung gefährden. Manche Auseinandersetzungen sind schwer zu vermeiden, aber der Lösungsprozess kann konstruktiv anstatt destruktiv sein. Falls Streitigkeiten sich allerdings häufig wiederholen und nie zufrieden stellend aus der Welt geschafft werden, zweifeln Partner oder Freunde oft daran, dass sie zueinander passen und beschließen, die Beziehung zu beenden.

Alle diese Faktoren sind hier natürlich nur sehr allgemein dargestellt und es lässt sich unmöglich vorhersagen, welche Beziehungen bestehen bleiben und welche in Zukunft scheitern werden.

MITTLERES UND FORTGESCHRITTENES ALTER

Für viele Menschen gewinnen Beziehungen im mittleren und fortgeschrittenen Alter größere Bedeutung als zuvor. Dies trifft besonders auf die Zeit nach der Pensionierung zu. Ein Netzwerk von Freundschaften, ehelichen und anderen sozialen Beziehungen kann dazu beitragen, die geistige Gesundheit zu erhalten.

Die Beziehungen von Menschen mittleren und fortgeschrittenen Alters werden häufig von besonderen Problemen beeinflusst. Zu ihnen gehören mögliche seelische Schwierigkeiten, wenn die Kinder das Haus verlassen, Einsamkeit, Abhängigkeit und der näher rückende Tod.

Wenn die Kinder das Haus verlassen

Wenn heranwachsende Kinder das Elternhaus verlassen, verspüren manche Eltern ein tiefes Gefühl des Verlusts, das man als »Leeres-Nest-Syndrom« bezeichnet. Die Zeit, in der die Kinder unabhängig werden, kann für Eltern eine Phase der drastischen Neuorientierung sein. Jetzt wird es häufig schwierig für die Paarbeziehung, besonders dann, wenn sich das Paar über die Kinder definiert hat oder wenn die Anwesenheit der Kinder es dem Paar gestattete, seine eigenen Probleme zu ignorieren.

Forschungen zum »Leeres-Nest-Syndrom« konzentrierten sich bisher hauptsächlich auf die Reaktionen der Mütter. Je mehr sie sich für ihre Kinder engagiert haben, desto schwieriger ist es oft für sie, deren Unabhängigkeit zu akzeptieren. Frauen, die sich selbst primär über die Mutterrolle definieren und deren Leben sich ganz auf ihre Kinder konzentriert, fühlen sich oft überflüssig, wenn ihr Nachwuchs das Haus verlässt. Berufstätige Mütter oder solche mit einem aktiven Leben außerhalb des Hauses leiden meist weniger oder begrüßen die Veränderung sogar. Haben die Kinder das Haus verlassen, wird oft auch die partnerschaftliche Beziehung wieder besser, wenn diese unter der Erziehung der Kinder gelitten hat.

Einsamkeit
Durch Trennung, Scheidung oder einen Trauerfall werden manche Menschen mittleren oder fortgeschrittenen Alters zu allein Stehenden. Das unerfüllte Bedürfnis, sich in einer engen Beziehung zu engagieren, kann zu Gefühlen von Einsamkeit und Depression führen.

Jedes Ereignis, das mit einem Partnerverlust in Zusammenhang steht, ist äußerst anstrengend und eine Zeit der seelischen Erholung ist unverzichtbar. Wer nicht wieder heiratet oder eine neue Partnerschaft eingeht, sollte danach streben, seine sozialen und emotionalen Bedürfnisse in anderen Bindungen zu stillen; hierzu gehören Beziehungen zu Familienmitgliedern und engen Freunden. Man kann der Einsamkeit durch soziale Aktivitäten, Hobbys und zeitliches Vorausplanen vorbeugen.

In manchen Fällen gehen fortdauernde Einsamkeitsgefühle mit geringem Selbstwertgefühl und mangelnden zwischenmenschlichen Kompetenzen einher. Wer sich selbst aus diesen Gründen isoliert fühlt, profitiert meist von einer Kombination aus kognitiver Therapie und dem Training sozialer Kompetenzen.

Autonomie und Abhängigkeit

Für die geistige Gesundheit und das Wohlbefinden ist es wichtig, auch mit zunehmendem Alter eine gewisse Autonomie und Kontrolle beizubehalten. Dieses Gefühl kann allerdings durch mangelnde Gesundheit in Frage gestellt werden. Dies kann Folgewirkungen auf die persönlichen Beziehungen eines Menschen haben, da er abhängiger von anderen wird, gewöhnlich von Partnern, erwachsenen Kindern oder anderen Familienmitgliedern.

Tod und Trauerfall

Mit dem Tod eines geliebten Menschen umzugehen, ist unbestreitbar eine der schwierigsten Aufgaben, denen sich ein Mensch stellen muss. Der Hinterbliebene muss sich mit seinen Hoffnungen und Ängsten, seinen Gefühlen und seinen Befürchtungen im Hinblick auf eine Zukunft ohne den Partner auseinandersetzen. Ältere Menschen leiden nach einem Trauerfall oft unter Einsamkeit. Sie können aber auch erneut Beziehungen eingehen und persönliche Interessen und soziale Kompetenzen wiederentdecken, die viele Jahre lang in ihnen schlummerten. Manchen Menschen wird durch einen Trauerfall klarer, dass der Tod ein fester Bestandteil des Lebens ist und sie lernen, damit umzugehen.

Persönliche Notizen:

Soziale Beziehungen unter die Lupe genommen!

Verhaltensmuster

Manche Menschen haben das Gefühl, immer wieder unbefriedigende Partnerschaften einzugehen, die nur kurze Zeit andauern. Andere leben in Langzeitbeziehungen, die ihnen jedoch ebenfalls keine echte Zufriedenheit und Erfüllung bringen. Die Wurzel solcher Probleme liegt oft in Verhaltensmustern, die bereits in der Kindheit erworben werden. Es gibt jedoch Wege, diese früh angeeigneten Verhaltensweisen zu verändern, um so im späteren Leben in der Lage zu sein, beglückendere Beziehungen aufzubauen.

Die Kindheit ist die Phase, in der negative emotionale Erfahrungen mit den Eltern Verhaltensformen und Einstellungen hervorrufen können, die künftige Bindungen gefährden können. Darüber, warum viele Menschen immer wieder unglückliche Beziehungen und Partnerschaften erleben, sind sich die Psychologen nicht einig. Viele meinen, dass es zunächst notwendig ist, schädliche Beziehungsmuster zu erkennen, um sie dann verstehen und auflösen zu können.

DIE URSPRÜNGE VON BEZIEHUNGSPROBLEMEN

Zwei der einflussreichsten Psychologen, die die Ursprünge von Beziehungsproblemen untersucht haben, waren Alfred Adler (1870—1937) und später Anthony Storr. Beide glaubten, dass die Beziehungsprobleme der Erwachsenen teilweise aus früheren Eltern-Kind-Konflikten herrühren.

Der Standpunkt Alfred Adlers

Adler nahm an, es sei der größte Wunsch eines Kindes, seine Umgebung zu beherrschen. Seiner Meinung nach tut das Kind dies auf zweierlei Weise: Es fordert oder bittet, wobei es die Eltern im Grunde emotional erpresst. Adler befürwortete bei der Kindererziehung den goldenen Mittelweg zwischen Nachsicht und Disziplinierung. So könne das Kind in dem Wissen, geliebt und geschätzt zu werden, geborgen aufwachsen und sei dann in der Lage, Selbstbewusstsein und soziale Kompetenz zu entwickeln.

Adler zufolge treten Beziehungsprobleme am ehesten auf, wenn die Eltern daran gescheitert sind, eine vernünftige Balance zwischen Nachgiebigkeit und Disziplinierung zu finden und einzuhalten. Übermäßige Kritik von Seiten der Eltern z.B. lässt manche Kinder mit einem Gefühl der Minderwertigkeit aufwachsen. Wenn ihre Durchsetzungsfähigkeit dann noch schwach ausgeprägt ist, bleiben sie unterwürfig und sind leicht von anderen zu beherrschen. Dieses Verhaltensmuster wirkt sich auf alle künftigen Beziehungen aus.

Auf der anderen Seite entwickeln Kinder, denen man zu viel durchgehen lässt, oft eine starke Neigung zum Egoismus. Sie lehnen es häufig ab, sich eigene Schwächen oder Fehlschläge einzugestehen oder in Betracht zu ziehen, dass andere ihnen ebenbürtig sind. Adler zufolge versuchen sie oft zu kompensieren oder sogar zu überkompensieren, indem sie ständig nach Möglichkeiten suchen, sich hervorzutun und ihre eigenen Bedürfnisse über die anderer zu stellen. Auch dies kann spätere Beziehungen beeinflussen.

Der Standpunkt Anthony Storrs

Auch Anthony Storr glaubte, dass zwischenmenschliche Probleme letztendlich auf das Verhältnis zwischen Eltern und Kind zurückzuführen sind. Dabei ging es ihm jedoch nicht darum, den Eltern die Verantwortung für den Charakter ihres Kindes zu geben, sondern darum, zu erkennen, dass es um äußerst komplexe Interaktionen verschiedener Persönlichkeiten geht.

Storr war der Auffassung, dass es für die Entwicklung einer eigenständigen Persönlichkeit des Kindes notwendig ist, gegen seine Eltern aufzubegehren, unabhängig davon, wie tolerant und liebevoll diese auch sind. Ansonsten identifiziert sich das Kind mit den Eltern und spiegelt lediglich deren Psyche wider, anstatt eine einzigartige Persönlichkeit zu entwickeln. Storr zufolge bedeutet echte Liebe zum Kind, nicht immer nachzugeben. Dabei ist es jedoch wichtig zu akzeptieren, dass kindlicher Widerspruch und kindliche Widerspenstigkeit notwendig sind, um erwachsen zu werden.

Nach Meinung Storrs wird emotionale Sicherheit und damit die Fähigkeit, enge Beziehungen einzugehen, am ehesten in einem häuslichen Umfeld erreicht, in dem sich die Eltern sicher fühlen. Die Eltern sollten reif genug sein, um tolerieren zu können, dass ihre Kinder eigenständige Persönlichkeiten sind und nicht Abbilder ihrer selbst. Das schlimmste Szenario für ein Kind ist es, sich entweder einem Elternteil gegenüber zu sehen, der immer seinen Wünschen nachgibt, oder einem Elternteil, der das nie tut.

NEGATIVE MUSTER ERKENNEN

Nach Meinung vieler Psychologen lassen sich die elterlichen Einflüsse auf Kinder an den Verhaltensmustern erkennen, die diese entwickeln. Sie können all ihre künftigen Beziehungen — zu Familie, Freunden, Kollegen und Partnern — beeinflussen. Psychologen haben versucht, solche Muster auf vielerlei Art zu beschreiben. Einige haben herausgefunden, dass es den Betreffenden helfen kann, diejenigen Aspekte ihres Verhaltens zu erkennen, die funktionierende Beziehungen behindern. Schlüsselbegriffe sind dabei die Bezeichnungen »Streicheleinheiten«, »Skripts« oder »Lebenspläne« und »Bindungsmuster«.

Streicheleinheiten

Die Bezeichnung »Streicheleinheiten« entstand aus der Transaktionsanalyse, einer Form der Psychotherapie, die in den 60er Jahren von dem kanadischen Psychiater Eric Berne (1910—1970) entwickelt wurde. Die Transaktionsanalyse geht von einem angeborenen Bedürfnis nach Liebe, Fürsorge, Zuwendung und Anerkennung aus. Um Liebe und Zuwendung zu erhalten, suchen die Kinder eine Umarmung, geben mit einem neuen Kleid, T-Shirt oder Spielzeug an oder sind unartig. Bei der Transaktionsanalyse bezeichnet man jede Form der Aufmerksamkeit, egal ob gut oder schlecht, als »Streicheleinheit«. Das kann ein Kuss oder ein Klaps sein, eine Äußerung wie »Ich liebe dich« oder »Du machst mich sehr wütend«.

Nach Berne sind sogar negative Streicheleinheiten besser als überhaupt keine Reaktionen auf das Verhalten eines Kindes. Daher suchen Menschen in Ermangelung positiver Streicheleinheiten manchmal negative, um die Aufmerksamkeit zu bekommen, nach der sie sich sehnen.

Wer als Kind positive Streicheleinheiten bekam, erwartet diese automatisch, wenn er erwachsen wird. Der Betreffende tut dann eher Dinge, um Liebe und Lob zu erhalten; er arbeitet z. B. hart und effizient und ist anderen gegenüber aufmerksam und rücksichtsvoll. Er sucht eher den Kontakt zu Menschen, die diese positive Sichtweise des Selbst verstärken und kann so leichter erfüllende Beziehungen eingehen.

Wer als Kind jedoch regelmäßig negative Streicheleinheiten erhielt, wächst oft in dem Bewusstsein auf, dass er diese auch verdient hat. Häufig weist der Betreffende positive Kommentare zurück, weil er sich ihrer unwürdig fühlt. Ein Lob, wie »Das war gute Arbeit!« wird entgegengenommen mit »Ach, eigentlich war es gar nicht so gut; ich hatte Hilfe und habe Fehler gemacht.«.

Das Skript ist ein weiterer wichtiger Begriff in der Transaktionsanalyse. Es handelt sich um eine Art Überlebensstrategie, die Kinder unbewusst im Alter zwischen vier und sieben Jahren entwickeln.

Das Skript entsteht als Reaktion auf Verhalten, Einstellungen und Einflüsse der Eltern und anderer Autoritätspersonen. Es ist entscheidend für das Wohlbefinden des Kindes und kann seine Entwicklung zum Erwachsenen beeinflussen. Daher legt das Skript auch fest, welche Art von Beziehungen das Kind als Erwachsener eingehen wird.

Die Skripts entstehen aus elterlichen Anweisungen und erlaubten Verhaltensweisen. Für eine gesunde emotionale Entwicklung müssen Kinder:
- sie selbst sein dürfen und nicht gezwungen werden, erwachsener oder kindlicher, männlicher oder weiblicher zu sein, als sie sein wollen;
- geliebt und akzeptiert werden;
- den Eltern nahe stehen und ihre Gefühle — einschließlich Zuneigung zu anderen — ausdrücken dürfen;
- selbst denken und versuchen dürfen, ihre Probleme allein zu lösen — auch wenn das bedeutet, Fehler zu machen.

Wenn dieser Rahmen fehlt, kann sich ein dysfunktionales Skript entwickeln, Das Kind kann z. B. entmutigt werden, Liebe und Zuneigung zu zeigen. Das können Eltern durch Worte oder Taten vermitteln — vielleicht scheuen sie vor Körperkontakt zurück — oder sie warnen das Kind davor, anderen zu trauen oder sich gefühlsmäßig zu engagieren, weil andere dies ausnutzen könnten.

Kinder versuchen oft, sich so zu verhalten, dass ihre Eltern sie akzeptieren — in diesem Beispiel, indem sie Zuneigung unterdrücken und Kontakt zu anderen Kindern meiden. Dieses Muster wird häufig auch im Erwachsenenalter beibehalten und wirkt sich dann auf alle zwischenmenschlichen Beziehungen aus. Der Betreffende kann z.B. Schwierigkeiten haben, Vertrauen und Intimität herzustellen — ihm wird es sehr schwer fallen, enge Beziehungen zu knüpfen.

Dieses dysfunktionale Skript kann von Generation zu Generation weitergegeben werden und allen künftigen Beziehungen schaden. Nur wenn sich die Betreffende von diesem negativen Skript befreit, kann sie hoffen, funktionierende und tiefer gehende Beziehungen einzugehen.

Bindungsmuster

Manche Psychologen sind der Meinung, dass elterliche und andere Einflüsse in der Kindheit fest verankerte Verhaltensmuster schaffen, die Bindungsmuster genannt werden. Wer merkt, dass er immer wieder die gleiche Art unbefriedigender Beziehungen eingeht, kann dieser Falle entkommen, wenn er sein spezifisches Bindungsmuster erkennt.

Der Psychologe K. Bartholomew glaubt, dass solche Muster aus einer Kombination des positiven oder negativen Selbstbilds und der positiven oder negativen Einstellung zu anderen entstehen. Hieraus ergibt sich eines von vier möglichen Bindungsmustern: »sicher«, »ausweichend«, »besorgt« und »abweisend«. Sie bestimmen die Haltung eines Menschen zu Beziehungen.

»Sichere« Menschen haben ein positives Selbstbild und auch eine positive Einstellung zu anderen und stehen jedweder sozialen Interaktion aufgeschlossen gegenüber. Sie gehen davon aus, beliebt zu sein und gut behandelt zu werden und suchen von sich aus enge Beziehungen. Sie erwarten auch, dass jede entstehende Beziehung liebevoll und unterstützend ist.

»Ausweichende« Menschen haben ein negatives Selbstbild und stehen auch anderen Menschen negativ gegenüber. Sie erwarten Zurückweisung und haben daher Angst vor engen Beziehungen. Alle Beziehungen, die trotzdem entstehen, rufen bei den Betreffenden

Komplexe und das Gefühl hervor, abhängig und ängstlich zu sein.

»Besorgte« Menschen haben ein negatives Selbstbild, aber anderen gegenüber eine positive Einstellung. Sie brauchen enge Beziehungen, um ihr Selbstbild zu stärken, werden aber ängstlich, wenn die Bindung nicht alle ihre Bedürfnisse befriedigt.

»Ablehnende« Menschen haben eine positives Selbstbild, aber ein negatives Bild von den anderen. Solche Menschen meiden enge Beziehungen, weil sie davon ausgehen, dass sie distanziert sind und keine Unterstützung geben. Sie rechtfertigen diese Ansicht oft, indem sie ihre Selbstständigkeit und ihre Unabhängigkeit betonen.

UNBEFRIEDIGENDE MUSTER VERÄNDERN

Schwierigkeiten mit Beziehungen können entweder durch Selbsthilfetechniken oder mithilfe eines Psychotherapeuten überwunden werden. Zu den Schritten, die man selbst unternehmen kann, gehören: die vorherrschenden Muster verstehen, das eigene Verhalten verändern und die psychologischen Einflüsse mit einbeziehen, denen der Partner unterliegt.

Die Muster verstehen

Manche Menschen können ihre Beziehungsprobleme schon dadurch lösen, dass sie sich klar machen, wie gegenwärtige Schwierigkeiten mit Ereignissen oder Emotionen aus der Vergangenheit in Zusammenhang stehen. Zurückliegende Schlüsselereignisse in der Vergangenheit, die sich auf die Gegenwart auswirken, lassen sich erkennen, indem die so genannten Auslöser identifiziert werden. Solche Auslöser können sowohl negative als auch positive Geschehnisse sein; in jedem Fall lösen sie extreme emotionale Reaktionen aus.

Verhalten ändern

Wenn man ein Muster ausgemacht hat, kann man sich in einem zweiten Schritt bemühen, sein Verhalten zu ändern. Verhaltensänderungen können z. B. darin bestehen, bestimmter aufzutreten, weniger dogmatisch zu sein, danach zu streben, fair zu sein oder in bestimmten Situationen mehr Zuneigung zu zeigen.

Seien Sie sich bewusst, dass ein Mensch nur sein eigenes Verhalten ändern kann. Versuche, das Verhalten des Partners zu ändern, sind selten von Erfolg gekrönt. Es kann einige Zeit dauern, bis man es schafft, gewohnte Verhaltensmuster zu durchbrechen und man kann dabei sogar auf Widerstand von Seiten des Partners stoßen.

Verhaltensmuster berücksichtigen

Denken Sie immer daran, dass auch der Partner unter dem Einfluss von Ereignissen, Mustern und Konditionierungen aus der Vergangenheit steht. Wenn Sie dies berücksichtigen, kann ihre Beziehung von dem größeren Verständnis profitieren.

Persönliche Notizen:

Soziale Beziehungen unter die Lupe genommen!

Besondere Belastungen in Beziehungen

Sind Menschen plötzlich schwer krank oder behindert, müssen die sozialen Beziehungen ganz andere Bedürfnisse erfüllen als bisher. Dies kann zwei Menschen einander näher bringen oder aber bestehende Schwächen einer Beziehung verstärken. Bei dem von Krankheit Betroffenen können Stimmungsschwankungen und Persönlichkeitsveränderungen auftreten und der ihn Pflegende muss sich einer Situation stellen, mit der er zu Beginn der Beziehung niemals gerechnet hat. Beide müssen Wege finden, mit ihren veränderten Lebensumständen und den aufkommenden negativen Gefühlen fertig zu werden.

Krankheit, Behinderung oder Sucht verändern eine Beziehung grundlegend. Es ist nicht mehr eine Verbindung Gleichberechtigter, eine Seite hat jetzt den Großteil der Verantwortung zu tragen, erledigt neben seinem Beruf auch die meisten oder alle privaten Dinge und muss zudem dem Kranken seelischen und körperlichen Beistand leisten. Diese erhöhte und ungleich verteilte Arbeitsbelastung sowie der Verlust von Freiheiten, die vorher selbstverständlich waren, können die Beziehung sehr belasten.

Auf der anderen Seite ist der Kranke oder Behinderte wegen seiner Schmerzen, Schwäche oder Gebrechlichkeit oft nicht in der Lage, die Unterstützung des anderen zu erwidern. Studien belegen aber, dass Hilfsbedürftige sich in einer Beziehung nur dann geschätzt fühlen, wenn sie sich in irgendeiner Weise revanchieren können. Um mit diesen Problemen umgehen zu können, müssen beide Partner all ihre Kräfte sammeln und frei und offen über alles sprechen, um die Beziehung zu erhalten.

CHRONISCH UND UNHEILBAR KRANKE

Chronische und unheilbare Erkrankungen stellen für beide Partner in einer Beziehung eine schwere Krise dar und bereiten großen seelischen Schmerz. Studien von J. Coyne und D. Smith aus dem Jahr 1991 zeigen, dass Erkrankungen einer Beziehung drei Hauptbelastungen aufbürden: alltägliche Pflichten, neue Probleme, die sich aus der Krankheit ergeben, und die veränderten seelischen Bedürfnisse beider Parteien. Um diese Schwierigkeiten zu bewältigen, bedarf es eines heiklen Balanceakts. Forschungen haben ergeben, dass es für den Patienten gut sein kann, ihm beschützend zur Seite zu stehen. Dies kann jedoch für den Fürsorgenden eine schwere Belastung sein.

Bei einer Krankheit, die sich über einen längeren Zeitraum immer weiter verschlimmert, können sich die beiden Parteien allmählich auf die sich verändernde Situation einstellen. Wenn jedoch ein Partner ganz plötzlich erfährt, dass er an einer lebensbedrohenden Krankheit leidet, bricht für den Betroffenen und seinen Partner zunächst eine Welt zusammen. Menschen reagieren verschieden; doch die meisten werden geschockt und auch wütend über ihr Schicksal sein. Jetzt kommt es darauf an, sich gegenseitig Trost und Beistand zu spenden.

Die Perspektive des Patienten

Das Auftreten einer chronischen oder unheilbaren Krankheit kann eine Flut von Gefühlen freisetzen. Die Psychologin Elisabeth Kübler-Ross unterschied 1969 fünf Phasen psychischer Reaktionen auf den Gedanken an den Tod

- Verleugnung: »Das muss ein Irrtum sein«.
- Wut: »Warum passiert das mir und nicht jemand anderem? «.
- Feilschen: Der Patient versucht, dem Schicksal mehr Zeit abzuringen.
- Depression: Traurigkeit und Weinen.
- Akzeptanz: Diese kann durch Schweigen, Zurückziehen und Distanz gekennzeichnet sein.

Oft fühlen sich die Betroffenen überwältigt von den veränderten Lebensumständen, hilflos und wütend darüber, dass sie betroffen sind. Manchmal haben sie auch Angst — vor Schmerzen, vor dem Sterben, vor dem Verlassen werden oder dem Unbekannten — und machen sich Sorgen oder Vorwürfe, dem anderen zur Last zu fallen.

Wut und Gereiztheit können für den anderen Partner großen Stress bedeuten. Diese negativen Emotionen können sich gegen den Arzt, den Partner die Familie oder die Welt im Allgemeinen richten. Oft leiden die Patienten an Angstzuständen, Depressionen und Isolation, weil sie den Verlust ihres früheren Lebens betrauern und einer unerwarteten Zukunft entgegensehen. Studien haben gezeigt, dass der Beistand des Partners das seelische Trauma, das mit ernsten Erkrankungen einhergeht, lindern, die Gesundung des Patienten beschleunigen und sein Lehen sogar verlängern kann.

Eine Beziehung zum Patienten herstellen

Auch die Partner der Patienten sind emotional stark betroffen. Sie machen sich Gedanken darüber, ob sie mit allem fertig werden und — wenn die ärztliche Prognose trostlos ist — dass sie in Zukunft allein sind. Sie sind manchmal wütend, dass der Patient hilfsbedürftig oder fordernd ist. Gleichzeitig fühlen sie sich wegen ihrer negativen Gedanken — sie tun nicht genug und möchten ihre eigenen Bedürfnisse erfüllen — schlecht. Eltern haben z. B. oft Schuldgefühle gegenüber ihrem kranken Kind, weil sie denken, sie hätten die Krankheit verhindern können.

Die Erkrankung kann auch die Kommunikation ersticken, weil die gesunde Person beispielsweise schwierige oder unangenehme Themen meidet, um nicht die Genesung des Patienten zu beeinträchtigen. Patient und Partner sollten aber aus ihren Gefühlen kein Hehl machen und offen über alle Probleme sprechen. Studien zeigen darüber hinaus, dass Patienten dann am besten mit ihrer Situation zurechtkommen, wenn sie über alles informiert und an allem beteiligt sind.

Manchmal neigen Betreuer dazu, sich ganz auf die praktischen Aufgaben wie Waschen, Saubermachen und Wäschewechseln zu konzentrieren. Es ist jedoch ebenso wichtig, Zeit mit dem Kranken zu verbringen, Gesellschaft und Beistand zu leisten und sich seine Sorgen anzuhören. Die Psychologin Carolyn Cutrona von der staatlichen Universität Iowa (USA) vertritt in ihrem Buch »Social Support in Couples« (»Soziale Unterstützung in Paarbeziehungen«) die These, dass »ein Weg der Interaktion gefunden werden muss, der weder die Hilflosigkeit des Patienten verstärkt noch sein Bedürfnis, umsorgt und verstanden zu werden, ignoriert.« Der Patient sollte ermutigt werden, seine Gefühle offen zu äußern. Es müssen keine Lösungen angeboten werden — der Partner hat hier einfach die Rolle des verständnisvollen Zuhörers, eine Rolle, die natürlich auch von Freunden übernommen werden kann.

Wenn sich ein todkranker Patient in der Phase befindet, die Elisabeth Kübler-Ross als Verleugnung bezeichnet, sollten die Betreuer dem Patienten zeigen, dass sie jederzeit bereit sind, mit ihm zu sprechen. Wird der Patient in dieser Phase dazu gezwungen, über die Schwere seiner Krankheit zu sprechen und anzuerkennen, dass eine Genesung unwahrscheinlich ist, kann ihn das in tiefste Depressionen stürzen. Dies gilt vor allem, wenn der Patient noch nicht bereit ist, solche Informationen aufzunehmen. Manchmal trifft diese Situation aber auch auf den Partner des Patienten zu: Der Kranke hat sein Schicksal akzeptiert, der Betreuer jedoch nicht. In diesem Fall verbündet sich der Patient mit dem Betreuer und hält häufig die Illusion aufrecht, dass seine Krankheit überwunden werden kann, obwohl er selbst nicht mehr daran glaubt.

Die Partner der Patienten sollten auch ihre eigenen Gefühle objektiv betrachten. Sie sollten sich nicht verdammen, weil sie negative Gefühle wie Wut und Groll verspüren, sondern versuchen, positive Emotionen zu verstärken. Dabei kann es die Beziehung stärken, seine Sorgen offen zum Ausdruck zu bringen. Für beide Parteien kann es befreiend sein, die Gefühle miteinander zu teilen, ihre Ängste zu enthüllen und Liebe und Engagement auszudrücken. Es kann in Krisenzeiten sehr tröstend sein, das Gefühl zu haben, der Zukunft gemeinsam entgegenzusehen.

KÖRPERBEHINDERTE

Eine große Belastung für eine Beziehung ist es, wenn einer der Partner plötzlich körperbehindert ist. Schock, Verzweiflung und ein Gefühl allergrößter Hilflosigkeit sind häufig die ersten Reaktionen. Jemand, der früher unabhängig war, ist plötzlich bei größeren und kleineren Aufgaben auf die Hilfe anderer angewiesen. Paare fühlen sich in ihrer Bewegungsfreiheit oft sehr eingeschränkt, es kann zu Konflikten kommen. Behinderte beklagen sich häufig über Langeweile und Einsamkeit, wenn man sie allein lässt. Die Betreuer dagegen sind häufig frustriert, weil sie nicht ihren eigenen Interessen nachgehen können.

Die Perspektive des Behinderten

Behinderte haben oft Schwierigkeiten, sich an ihr neues Leben und an die Grenzen, die die Behinderung ihnen setzt, anzupassen. Bei dem Gedanken an die Zukunft sind sie vielfach ängstlich oder deprimiert. Sie sind wütend über ihre Lage und lassen dies unter Umständen an Partnern, der Familie und Freunden aus. Eine Behinderung kann sogar einen gelassenen und toleranten Menschen streitsüchtig oder starrsinnig werden lassen.

Der Partner versucht, dem Behinderten zu helfen, indem er ihm Dinge abnimmt, die er seiner Meinung nach nicht allein erledigen kann. Das ist eine häufige Ursache für Disharmonien in einer Beziehung. Denn Behinderte wollen normalerweise selbst herausfinden, zu welchen Leistungen sie fähig sind und was ihnen nicht gelingt, auch wenn dies lange dauert, ermüdend ist und unbequem erscheint. So haben sie das Gefühl, immer noch eine gleichberechtigte, wenn auch veränderte, Beziehung zu haben, in der sie eine wichtige Rolle spielen.

Um die Beziehung für den Behinderten zufriedenstellend zu gestalten, müssen beide Parteien Aufgaben finden, die der Behinderte selbstständig übernehmen kann und die Wohnsituation so umgestalten, dass Pro-bleme, die sich aus der Behinderung ergeben, umgangen werden können.

Eine Beziehung zum Behinderten aufbauen

Betreuer können das Verhalten eines Behinderten eher verstehen, wenn sie sich seine Gefühle bewusst machen. Sie sollten sich aber auch über ihre eigenen Emotionen klar werden. Manchmal haben sie Schuldgefühle: Es macht ihnen z.B. Probleme, dass sie frei und unabhängig sind, während der Behinderte auf Hilfe angewiesen ist. Betreuer können der Versuchung erliegen, Entscheidungen für den Behinderten zu treffen. Eine solche Bevormundung gefährdet jedoch die Würde des Behinderten und beeinträchtigt seine Unabhängigkeit.

Man braucht Geduld und Toleranz, wenn man zusehen muss, wie der Partner oder Freund sich mit etwas abmüht, was ein Nichtbehinderter schneller und leichter tun könnte. Für die Beziehung und das Selbstwertgefühl des Behinderten ist es jedoch äußerst wichtig, dass er die Möglichkeit erhält, solche Aufgaben zu bewältigen.

Der Partner muss nicht nur versuchen, mit seinen eigenen Emotionen fertig zu werden, sondern auch mit den negativen Gefühlen des Behinderten, z. B. Angstzuständen, Depressionen und Wut. Oft sind Behinderte traurig und gleichzeitig wütend und frustriert, weil sie auf so vieles verzichten müssen. Lob oder Ermutigung von anderen können sehr tröstlich sein.

Es ist wichtig, seine Gefühle und Gedanken zum Ausdruck zu bringen und, falls möglich, mit dem Menschen zu besprechen, den man betreut. Das kann helfen, eventuell aufgestaute Aggressionen abzubauen und sich jeweils in die Situation des anderen hineinzuversetzen. Auch das Gespräch mit einem Dritten kann wie ein »Sicherheitsventil« wirken, weil man Dinge aussprechen kann, die man der betreuten Person nicht sagen könnte.

DIE BEDÜRFNISSE DER BETREUER

Betreuer müssen sich vor Augen halten, dass sie selbst eigene Bedürfnisse haben. Das ist oft schwer zu akzeptieren, da sie so viel Zeit mit der Betreuung eines anderen verbringen und Besucher, z. B. Ärzte und Verwandte, nur am Patienten interessiert sind. Betreuer verspüren oft starke negative Emotionen, besonders dann, wenn ihre eigenen Bedürfnisse oder gar ihre Identität unterzugehen drohen.

Es ist wichtig, sich seine Gefühle einzugestehen. Versuchen Sie, sich auf die guten Seiten der Betreuung und Ihre positiven Gefühle zu konzentrieren. Finden Sie wirksame Techniken zum Stressabbau und treiben Sie Sport oder versuchen Sie Entspannungstherapien wie Massage oder Yoga.

Achten Sie darauf, sich nicht selbst zu vernachlässigen; ernähren Sie sich gesund und schlafen Sie in ausreichendem Maß. Nehmen Sie sich Zeit für sich selbst, um zu entspannen, zu lesen, ihrem Hobby nachzugehen oder einfach etwas Ruhe zu genießen. Wenn das einmal bedeutet, dass häusliche Pflichten vernachlässigt werden, sei's drum — Ihre körperliche und seelische Gesundheit ist wichtiger.

Als Betreuer ist man oft einsam, denn die Pflege nimmt den größten Teil der Zeit in Anspruch und wenn man das Haus nicht verlassen kann, verliert man leicht den Kontakt zu anderen Menschen. Man sollte sich bei der Betreuung manchmal vertreten lassen, um sich mit Freunden treffen zu können. Wenn man nicht ausgehen kann, sollte man Freunde zu sich einladen oder per Brief oder Telefon den Austausch mit anderen Menschen aufrechterhalten.

Suchen Sie auf jeden Fall Hilfe, bevor die körperliche und seelische Belastung zu groß wird und sich auf Ihre Gesundheit auswirkt. Eine Therapie, eine Besprechung mit dem Arzt oder ein einfaches Gespräch mit einem Freund hilft oft, die Dinge im richtigen Licht zu sehen. Vielleicht brauchen Sie nur eine Ruhepause von der Betreuung. Verschiedene Gruppen bieten zusätzliche Hilfen, von einer vorübergehenden Vertretung bis hin zu regelmäßiger Unterstützung.

Ein Arzt oder Therapeut kann praktischen Rat bieten, wenn ein ernstes und grundlegendes Problem besteht, vielleicht bei Ihren Gefühlen für die Person, die Sie pflegen, oder bei Ihrer Art und Weise der Betreuung. Wenn Sie an schweren Angstzuständen und Depressionen leiden, kann Ihr Arzt zu medikamentöser Behandlung, sozialer Beratung oder psychologischer Behandlung raten.

ABHÄNGIGE

Psychotherapeuten betrachten Alkohol- oder Drogenabhängigkeit nicht nur als ein Problem des Abhängigen selbst. Die Sucht wirkt in Beziehungen auch auf andere ein — Partner, Familie und Freunde — und kann natürlich auch ein Symptom für Schwierigkeiten in der Beziehung sein.

Abhängigkeit verursacht ganz spezifische Beziehungsprobleme. Alkohol- oder Drogenmissbrauch ist oft ein wesentlicher Bestandteil der Beziehung. Manchmal ist der Abhängige dem Partner lieber wenn er getrunken oder Drogen genommen hat, vielleicht weil sein Stress oder seine Depression vorübergehend gelindert werden. Er ist ausgeglichener, mitteilsamer oder zärtlicher. Eine solche Einstellung kann die Abhängigkeit fördern und Versuche außenstehender Dritter, Hilfe zu leisten, behindern.

Die Perspektive des Abhängigen

Für Alkohol- oder Drogenabhängigkeit gibt es zahlreiche Ursachen. Menschen, die in einer Umgebung leben, in der Drogen leicht erhältlich sind oder in der zum exzessiven Alkoholgenuss animiert wird, sind immer in Gefahr. Einige Faktoren allerdings scheinen Menschen für eine Abhängigkeit besonders zu prädisponieren. Kinder von Alkoholikern oder Drogenabhängigen z.B. haben ein größeres Risiko, selbst abhängig zu werden, vor allem deshalb, weil sie das Beispiel ihrer Eltern vor Augen haben. In manchen Familien sind Probleme mit Abhängigkeiten allerdings auch erblich.

Beziehungsprobleme stehen oft mit Alkohol- und Drogenabhängigkeit in Verbindung. Es ist jedoch nicht immer offensichtlich, ob sie Ursache oder Symptom sind. Bei vielen Menschen sollen Alkohol oder Drogen gegen die Belastungen und Anforderungen des alltäglichen Lebens helfen. Abhängigkeit kann auch Ersatz für Zuwendung und Geborgenheit sein, die der Süchtige in normalen Beziehungen nicht finden kann.

Eine Beziehung zum Abhängigen

Wenn Familie und Freunde die Behandlung unterstützen, haben Abhängige die besten Aussichten, ihre Gewohnheiten abzulegen. Eine Abhängigkeit zu überwinden, kann für alle Beteiligten ein sehr schwieriger und traumatischer Prozess sein. Wer jemanden betreut, der abhängig ist, braucht ein immenses Maß an Toleranz und Geduld.

Manchmal allerdings versuchen Familienmitglieder, eine Therapie zu untergraben, aus Angst, dass sie später nicht mehr gebraucht werden. Um das zu vermeiden, sollte die Therapie des Betroffenen den Partner und andere Familienmitglieder mit einbeziehen. Das Ziel sollte der Aufbau einer alternativen Familienstruktur sein, die allen Mitgliedern das Gefühl gibt, nützlich zu sein, und den Abhängigen ermutigt, mit seinen Gewohnheiten zu brechen.

Manche Menschen weigern sich anzuerkennen, dass in ihrer Umgebung ein Suchtproblem besteht. Manchmal verbieten sie sogar Familienmitgliedern, es zu erwähnen, was sich besonders schädlich auf Kinder auswirkt. Denn wenn die Kinder nicht über das Problem sprechen können, reden sie sich möglicherweise ein, dass es gar kein Problem gibt oder dass sie selbst in irgendeiner Form die Schuld an dem störenden oder sogar gewalttätigen Verhalten eines Elternteils tragen. Solche Kinder sind oft nicht in der Lage, ihre wahren Gefühle auszudrücken. Sie werden in ein enges Netz von Lügen hineingezogen, das die Familie funktionsfähig erhalten soll. Das kann ihre Verhaltensmuster und ihre Fähigkeit, intakte Beziehungen zu knüpfen, erheblich beeinflussen.

Manchmal wird der Überwindungsprozess dadurch kompliziert, dass Freunde und Familienmitglieder der Abhängigkeit Vorschub leisten, indem sie ihr Leben um den Abhängigen herum aufbauen. Es kommt also in Familien durchaus zu Verhaltensmustern, die nicht nur die Abhängigkeit des Alkohol- oder Drogensüchtigen selbst unterstützen, sondern auch die Familie mit in dieses abhängige Verhalten hineinziehen. Typisch ist die Frau, die auf Wunsch ihres Mannes den Alkohol »verwaltet« und sich damit an seiner Sucht mitschuldig macht und von ihm auch zur Rechenschaft gezogen wird. Solche Routinen können der Familie eine Form und Struktur verleihen, die schwer aufzubrechen ist. Ist die Abhängigkeit überwunden, verändert sich der Tagesablauf des Partners, der Freunde und Familie des Abhängigen ebenso wie die Art und Weise, sich selbst zu betrachten. Manchmal haben sie das Gefühl, nicht länger gebraucht zu werden, und versuchen die Behandlung zu hintertreiben, um den Abhängigen in die Sucht zurückzuführen und so ihre Nützlichkeit wiederherzustellen.

Leider sind einige Arten der Suchttherapie nicht besonders wirksam; ein recht hoher Anteil der behandelten Patienten wird wieder rückfällig. Ein Grund für diese hohen Rückfallquoten ist auch darin zu suchen, dass es dem Süchtigen häufig leicht gemacht ist, in seinem gewohnten Umfeld mit Freunden und der Familie wieder in altbekannte Verhaltensweisen zu verfallen. Daher wird das soziale Umfeld des Patienten immer häufiger in die Therapie mit einbezogen.

Persönliche Notizen:

Soziale Beziehungen unter die Lupe genommen!

Kapitel 2

Elternschaft

Sobald ein Kind auf die Welt kommt, beginnt für die Eltern ein intensiver Lernprozess. Obwohl die Erziehung der eigenen Kinder zu den wichtigsten Funktionen zählt, die ein Mensch in seinem Leben übernehmen kann, können wir uns doch nur unzulänglich darauf vorbereiten. Elternschaft hat viele unterschiedliche Aspekte: Wir müssen lernen, mit einem Kind zu kommunizieren, seine emotionalen und sozialen Fähigkeiten zu fördern, sein Selbstbewusstsein zu stärken und ihm Disziplin und Wissen zu vermitteln. Es liegt im Wesen der Eltern-Kind-Beziehung begründet, dass sie einem ständigen Wandel unterworfen ist. Sie beginnt mit der Schwangerschaft und reicht über die Klein- und Schulkindzeit und die Pubertät bis hin zum Erwachsenenalter. Es ist Aufgabe der Eltern, in jeder Entwicklungsphase des Kindes seine besonderen Bedürfnisse und Emotionen zu erkennen und ihr Verhalten als Begleiter und Erzieher darauf einzustellen.

»Eltern werden ist nicht schwer, Eltern sein dagegen sehr«, könnte man heute in Anlehnung an den Spruch Erich Kästners sagen. Eltern haben meist an vielen verschiedenen Fronten zu kämpfen und sind zahlreichen Problemen ausgesetzt. Neben dem Zerbrechen der Familienbande, der Neuordnung alter Rollenverteilungen, neben den Anforderungen von Karriere und Küche sehen sich Eltern auch oft ohne konkrete Vorbilder für ihre Erziehung allein auf sich gestellt. Die Erziehungsstile der Elterngeneration scheinen oft nicht mehr in das moderne Leben mit all seinen Anforderungen zu passen und Eltern werden mit einer Flut von Ratgebern, gut gemeinten Ratschlägen und Warnungen regelrecht bombardiert. Zwar hängt an den Eltern die gesamte Verantwortung und Last der Kindererziehung, aber konkrete Hilfen im Alltag können sie nur selten erwarten. Viele Eltern leben ständig am Rand ihrer Möglichkeiten und Kräfte — eigentlich kein Wunder, denn keine Schule und keine Universität bringt ihnen das Einmaleins des erfolgreichen Umgangs mit Kindern und sich selbst bei.

Vor dem 20. Jahrhundert war die Eltern-Kind-Beziehung weitgehend unerforscht. In der jüngeren Zeit jedoch ist das Interesse an diesem Thema enorm gewachsen und die wissenschaftlichen Ergebnisse geben den Eltern von heute ein tieferes Verständnis für die Bedeutung ihrer Aufgabe.

Die Forschung zeigt uns auch, dass die Rolle der Eltern heute längst nicht mehr so klar definiert ist, wie sie es früher einmal war. In der letzten Zeit hat sich die Familienstruktur stark verändert. Ein Großteil der modernen Familien entspricht nicht mehr dem herkömmlichen Bild. Zunehmendes Gewicht erlangen Themen wie Scheidung, Stiefelternschaft, Alleinerziehung und Adoption. Wenn Eltern bewusst ist, in welcher Weise ihr Kind auf solche veränderten Strukturen reagiert, können sie sich besser auf unterschiedliche Situationen vorbereiten.

Natürlich können die Rollen von Vater und Mutter nicht generalisiert werden. Jede Familie hat ihre ganz spezifischen Eigenschaften und Probleme. Dennoch sind umfassende Informationen zu Eltern-Kind-Beziehungen im Allgemeinen sehr wertvoll und können dazu beitragen, die Elternschaft als erfüllend und einzigartig zu empfinden.

Verschiedene Erziehungsstile

Zu den wichtigsten Aufgaben von Eltern gehört, das emotionale Bedürfnis des Neugeborenen nach Liebe und Sicherheit zu stillen. Im Lauf des ersten Lebensjahrs des Kindes kommen weitere, größere Aufgaben hinzu: Die Eltern müssen mit dem Kind kommunizieren, es im Hinblick auf soziale und emotionale Fähigkeiten schulen, gutes Benehmen fördern, faire und liebevolle Disziplin einführen und es erziehen. Wenn das Kind heranwächst, müssen Eltern ihre eigenen Verhaltenskonzepte prüfen, die guten von den schlechten trennen und sich auf einen Erziehungsstil festlegen.

Die meisten Eltern möchten ihrem Kind einen guten Start im Leben geben und viele sorgen daher schon von den ersten Lebensmonaten des Kindes an für eine anregende Umgebung. Zwar ist der Wert von intellektuellem Lernen allgemein anerkannt, aber immer mehr Forschungsergebnisse belegen, dass der Schlüssel zum Erfolg im Lehen eher die emotionalen Kompetenzen als die akademischen Fähigkeiten sind.

Der elterliche Einfluss auf diese emotionalen Begabungen beginnt bei der Geburt. In den ersten drei bis vier Lebensjahren wächst das Gehirn eines Kindes auf zwei Drittel seiner vollen Größe heran und entwickelt sich so schnell wie nie wieder. Deshalb ist dies ein entscheidender Zeitraum für jedwede Form des Lernens.

Viele Untersuchungen beschäftigen sich mit den Auswirkungen verschiedener Erziehungsstile auf das kindliche Verhalten. Manche Menschen fühlen sich deshalb als Eltern einem hohen Erwartungsdruck ausgesetzt. Zwar lernen Kinder aus den Lektionen, die Eltern ihnen bewusst erteilen, allerdings lernen sie auch aus der unmittelbaren Beobachtung der Beziehungen der Erwachsenen untereinander.

ERZIEHUNGSMODELLE

Die moderne Familie ist häufig eine geplante Familie und das bedeutet, dass Eltern sich ihrer Rolle sehr bewusst sind. Es genügt ihnen nicht mehr, einfach dem Beispiel ihrer Eltern und Großeltern zu folgen, sondern sie suchen in verschiedenen Quellen nach Anleitungen zur Kindererziehung.

Aber die Ratschläge zur Erziehung scheinen oft verwirrend, und in der Praxis kann man nicht immer ohne weiteres feststellen, ob Eltern ihre Arbeit gut machen. Ein entscheidendes Kriterium dafür kann sein, ob die Eltern auf die Gefühle ihrer Kinder eingestimmt sind und wie sie ihnen helfen, damit umzugehen.

Vorausgesetzt, dass ein solches Einvernehmen zwischen Eltern und Kind besteht, kann gute Erziehung viele Formen haben und Eltern entwickeln gewöhnlich über einen längeren Zeitraum hinweg den Stil, der am besten zu ihnen passt.

Woher kommen die verschiedenen Erziehungsstile?

Im 20. Jahrhundert explodierte das Interesse am Verhalten und an der Entwicklung von Kindern und viele der wichtigsten Ergebnisse dieser Forschungen gehören inzwischen zum Allgemeinwissen. Als z. B. der englische Psychiater John Bowlby (1907—1990) im Jahr

1958 als Erster die Theorie aufstellte, dass ein Kleinkind eine liebevolle Bindung zu seiner Mutter braucht, um als Erwachsener verantwortungsvolle Beziehungen eingehen zu können, schien das revolutionär zu sein; heute ist es Allgemeingut.

Die Familien, die in Film und Fernsehen sowie in der Werbung dargestellt werden, üben ebenso wie Familienmitglieder oder Freunde mit Kindern einen beachtlichen Einfluss auf uns aus. Am stärksten werden wir jedoch gewöhnlich von den Erfahrungen mit unseren eigenen Eltern geprägt. Dieser Einfluss kann ganz direkt sein — wenn die Eltern bei der Versorgung eines Babys oder eines kleinen Kindes helfen — oder indirekt und unbewusst in unseren erlernten Reaktionen auf bestimmte Situationen.

Studien haben gezeigt, dass Kinder, die von ihren Eltern aggressiv behandelt werden, eher dazu neigen, sich genauso zu verhalten, wenn sie selbst Eltern werden. Bei der Erforschung der Eltern-Kind-Beziehungen ist jedoch nach und nach deutlich geworden, dass Eltern bei der Erziehung nicht einfach ihre eigenen Kindheitserfahrungen weitergeben. Viele Eltern, die mit ihrer Kindheit negative Gefühle verbinden, versuchen im Gegenteil zu gewährleisten, dass ihre eigenen Kinder andere Erfahrungen machen. Eine Studie aus dem Jahr 1991 zeigte, dass Mütter mit einsamer und angsterfüllter Kindheit in einigen Fällen dazu neigten, die soziale Entwicklung ihrer Kinder besonders zu fördern und ihre Kinder zeigten in der Regel größere soziale Kompetenz. Laut einer Studie aus dem Jahr 1995 hatten Mütter, die sich an viele Konflikte mit ihren Geschwistern erinnerten, eher

Kinder mit guten Geschwisterbeziehungen, weil sie sieh bemühten, solche Probleme gering zu halten.

Gutes Training und seine Wirkungen

Einfühlsame Eltern nehmen die Gefühle ihrer Kinder ernst, versuchen sie zu verstehen und helfen ihnen, positive Wege zu finden, mit ihren Emotionen umzugehen. Man kann Kindern schon in ganz jungen Jahren komplexe Einsichten vermitteln — beispielsweise dass Ärger oft durch eigene Verletzungen ausgelöst wird. Ein solches emotionales Training kann im Grunde schon in den ersten Tagen nach der Geburt stattfinden, wenn die Eltern auf die Gefühle ihrer Kinder eingestimmt sind.

Manche Eltern ignorieren die Gefühle ihrer Kinder jedoch oder sie bestrafen das Ausdrücken negativer Gefühle, anstatt ihnen zu helfen, neue Wege zu finden, um mit Traurigkeit und Wut umzugehen. Der Psychologe und Autor Daniel Goldman charakterisierte in seinem Buch »EQ — Emotionale Intelligenz« (1996) diesen Erziehungsstil als »emotional unbeholfen«. Er schlug folgende Verhaltensweisen vor:

- Schenken Sie den Gefühlen des Kindes Beachtung und tun Sie seine Aufregung nicht als trivial oder lästig ab. Man sollte die Gelegenheit nutzen, um dem Kind emotional näher zu kommen, es zu verstehen oder zu beruhigen oder Lektionen in emotionaler Kompetenz zu erteilen.
- Wenn das Kind wütend oder gereizt reagiert, vermeiden Sie es, durch barsche Kritik und voreilige Verbote oder Bestrafungen Missachtung oder Geringschätzung für die Gefühle eines Kindes zu zeigen. Derartiges Elternverhalten kann die emotionale Intimität mit dem

Kind verhindern, die Unterdrückung von Gefühlen begünstigen und sogar eine Neigung zum Tyrannisieren schaffen.

- Lehren Sie das Kind alternative emotionale Reaktionen oder eine akzeptablere Form, negative Gefühle auszudrücken, besonders, wenn es z.B. auch andere Kinder schlägt.
- Dulden Sie kein unsoziales Verhalten und erlauben Sie dem Kind nicht, seinen Gefühlen jederzeit freien Lauf zu lassen. Beruhigen Sie ein trauriges oder wütendes Kind nicht durch einen Handel oder Bestechung.

Einen eigenen Stil entwickeln

Junge Eltern müssen ihre Vorstellungen von Erziehung ständig überprüfen und verbessern, wenn sie ihre Kinder nach und nach kennen lernen. Kindererziehung ist ein dynamischer Prozess. Gute Erziehung kann viele Formen annehmen, wenn das Kind erst einmal über die wesentlichen Grundlagen Liebe, Sicherheit, Beständigkeit und Freiheit verfügt.

Viele der Entscheidungen, die Eltern treffen müssen — was das Kind isst, wie viel Taschengeld es bekommt, wie lange es fernsehen darf—, beruhen auf persönlichen Vorlieben und Überzeugungen. Das wichtigste ist, einen Erziehungsstil zu finden, der dem eigenen Charakter und den Umständen entspricht und mit dem Eltern und Kinder sich wohl fühlen. Die meisten Eltern lernen durch Ausprobieren ihrer Intuition zu vertrauen und sicherzustellen, dass den Grundbedürfnissen des Kindes Rechnung getragen wird. So können sie sich auf das konzentrieren, was in ihrer Familie funktioniert.

EIN BEISPIEL GEBEN

Wer mit kleinen Kindern umgeht, ist sich nicht immer im Klaren darüber, dass die eigenen Handlungen durch ihren Vorbildcharakter einen viel größeren Einfluss auf das Kindesverhalten haben als jede Ermahnung. Kinder beobachten, wie ihre Eltern interagieren und lernen so soziales — oder unsoziales — Verhalten und sie lernen, mit Beziehungen umzugehen.

Emotionale Unterweisung

Wir lernen aus dem Familienleben, wie wir uns selbst fühlen und welche Gefühle wir bei anderen erwarten, wie wir unsere Gefühlsreaktionen einzuordnen haben und mit Stresssituationen fertig werden. Das Verhalten der Eltern übermittelt grundlegende emotionale Botschaften. Wissenschaftler der Universität in Washington fanden heraus, dass Paare, die in ihrer Ehe größere emotionale Kompetenz zeigten, auch ihren Kindern besser helfen konnten, mit ihren Gefühlen umzugehen.

Es ist nicht immer leicht, ein gutes Beispiel zu geben. Die Beziehung der Eltern untereinander ändert sich grundlegend mit dem ersten Kind, wenn es in den entscheidenden frühen Lebensmonaten seine ersten emotionalen Lektionen lernt. Die Partnerschaft ist zu einer Dreiecksbeziehung geworden und es kann einige Zeit dauern, sich daran zu gewöhnen. In dieser schwierigen Situation sollten problematische Gefühle ruhig geäußert werden, um sich den Veränderungen gemeinsam anzupassen. Anderenfalls machen sich diese Gefühle im Verhalten und im Ton der Stimme bemerkbar und können bei einem Baby möglicherweise Angst und Unsicherheit hervorrufen.

Eltern, die ehrlich miteinander sprechen und Verständnis zeigen, wenn der andere sich nicht so verhält, wie man möchte, erteilen dem heranwachsenden Kind wichtige Lektionen darüber, wie man eine gute Beziehung führt.

Forschungen haben bestätigt, dass unsoziales Verhalten von einer Generation auf die nächste übertragen werden kann. In einer in New York durchgeführten Studie, die 870 Achtjährige bis zu ihrem 30. Lebensjahr begleitete, fand man heraus, dass diejenigen, die in der Kindheit zu Gewalt neigten, nicht nur häufiger die Schule abbrachen und Gewalttaten begingen, sondern später auch häufiger selbst Kinder hatten, die in der Schule zu Störenfrieden wurden und wahrscheinlich denselben Lebensweg einschlagen würden. Weitere Untersuchungen ergaben, dass diese Kinder sehr oft vernachlässigt wurden; sie wurden zudem häufig unregelmäßig bestraft, dann aber streng und heftig, d.h. die Eltern reagierten auf dieselbe Handlung des Kindes jeweils unterschiedlich. Kinder brauchen aber feste Verhaltensrichtlinien. Daher können Regeln, die sich je nach Laune der Eltern verändern, die Kinder besonders verstören.

Geschlechterrollen

Eltern beeinflussen außerdem die Sichtweise des Kindes bezüglich der Geschlechterrollen sehr stark. So manche Rollenverteilung ist recht offensichtlich und kann auch leicht rückgängig gemacht werden. Wenn die Frau traditionell den Hausputz erledigt, während der Mann Reparaturen im Haushalt übernimmt, können Eltern dem Einfluss solcher Verhaltensweisen entgegenwirken, indem sie einfach ihre Aufgaben tauschen.

Schwieriger ist dies, wenn die Botschaften durch Worte übermittelt werden. Kinder merken z.B. oft recht schnell, dass ihre Mutter bei einer Meinungsverschiedenheit dem Vater gegenüber immer nachgibt oder dass dieser schreit, wenn er wütend ist, die Mutter hingegen weint. Diese Mitteilungen müssen sich jedoch nicht unbedingt destruktiv auswirken. Die wichtigste Botschaft, die Sie Ihren Kindern übermitteln sollten, ist, dass Sie und Ihr Partner bzw. Ihre Partnerin miteinander kooperieren, um Kompromisse und Lösungen für Ihre Unstimmigkeiten zu finden.

Bei der Vermittlung der Geschlechterrollen ist vor allem zu bedenken, dass geschlechtliche Gleichberechtigung nicht dasselbe ist wie geschlechtliche Gleichheit. Es gibt wissenschaftliche Hinweise darauf, dass einige generelle geschlechtsspezifische Verhaltensweisen schon vor der Geburt in unserem Gehirn angelegt sind. Vom Kleinkindalter an konzentrieren sich Mädchen z. B. länger auf Gesichter, besonders wenn diese mit ihnen sprechen, und reagieren mehr auf Berührung, Schmerz und Lärm, während Jungen eher auf nichtmenschliche Reize wie abstrakte Formen und Gegenstände wie Spielzeugautos reagieren.

Viele Eltern, die versuchen, ihre Kinder geschlechtsneutral aufwachsen zu lassen, müssen erkennen, dass ihre Töchter trotzdem gern mit Puppen spielen und ihre Söhne Konstruktionsspielzeug und aktive Spiele vorziehen. Andere bemerken, wie sie die erwarteten Vorlieben umkehren. Der Einfluss der nichtfamiliären Umwelt spielt dabei ebenfalls eine Rolle.

Persönliche Notizen:

Soziale Beziehungen unter die Lupe genommen!

Frühe Kindheit

Schon vom ersten Augenblick an finden Babys Trost im wohlbekannten Geräusch des Herzschlags, der Wärme und dem Geruch der Person, die sie hält. Babys werden durch körperliche Nähe getröstet und entwickeln eine besondere Bindung zu ihrer Hauptbezugsperson. Dies ist meist die Mutter des Kindes, kann zuweilen aber auch der Vater, ein Adoptivelternteil, Großelternteil oder ein anderer Verwandter sein.

Das Bindungsverhalten eines Kindes zu einem Elternteil ist ein Überlebensmechanismus, um zu gewährleisten, dass es die Hilfe und Pflege bekommt, die es braucht. Die frühe Bindung an die Mutter oder die Person, die sich hauptsächlich um das Kind kümmert, formt das Vertrauen und beeinflusst zukünftige Beziehungen.

Diese erste Beziehung aufrechtzuerhalten, ist in den ersten Lebensmonaten des Kindes äußerst wichtig. Sie stellt im späteren Leben eine Art Bauplan zur Verfügung, mit dessen Hilfe das Kind lernen und sich verständigen kann.

BINDUNGSVERHALTEN BEI SÄUGLINGEN

Ein Baby beginnt sofort nach seiner Geburt eine Bindung zu denen aufzubauen, die ihm nahe stehen. Nicht jede Bindung ist sicher; es gibt verschiedene Formen des Bindungsverhaltens, die v. a. von der Reaktion der Bezugsperson auf das Verhalten des Säuglings abhängen.

Das Bindungsverhalten wird durch Interaktion mit dem Kind gefördert.

Psychologen verwenden das Wort Bildungsverhalten, um zu beschreiben, wie beim Säugling vorprogrammierte Verhaltensmuster sich auf ein anderes Individuum konzentrieren. Diese Verhaltensmuster sind im Leben eines Menschen genauso wichtig wie das Sexual- oder Essverhalten. Zum Bindungsverhalten bei Menschen gehören:

- Das Kind weint und ruft, um Fürsorge zu erhalten.
- Es folgt der Bezugsperson und klammert sich an sie.
- Es protestiert lautstark, wenn es allein ist oder bei Fremden gelassen wird.

Ein Säugling zeigt seiner Bezugsperson gegenüber auch Zuneigung. Spätestens mit drei Monaten zeigt es freudige Erregung, wenn es die Stimme seiner Bezugsperson hört, und lächelt, wenn es ihr Gesicht sieht. Im Alter von sechs Monaten wird die Bindung an die Bezugsperson so stark, dass es sich gelangweilt und einsam fühlen kann, wenn sie nicht da ist.

Psychologen haben mehrere Charakteristika beschrieben, die Bindungsverhalten von anderen Bindungsformen wie Abhängigkeit unterscheiden. Bindungsverhalten ist:

- Spezifisch — es ist auf eine bestimmte Person oder auf einige wenige Personen in einer klaren Hierarchie nach Vorliebe gerichtet.
- Dauerhaft — es hält gewöhnlich ein Leben lang an, obwohl es in der Pubertät schwächer ist und von anderen Verhaltensweisen ergänzt werden kann.

- Emotional — die intensivsten menschlichen Emotionen entwickeln sich aus Bindungen, wenn diese gebildet, aufrechterhalten, abgebrochen oder erneuert werden.

Das Bindungsverhalten bei Säuglingen wird durch Hunger, Erschöpfung, fremde oder Angst machende Einflüsse aktiviert. Es hört auf, wenn die Bezugsperson zurückkehrt und mit ihr als sicherer Basis kann der Säugling wieder seine Umgebung erforschen. Das Bindungsverhalten ist zwar bei Säuglingen besonders ausgeprägt und nimmt nach dem dritten Lebensjahr ab, es kann aber im Lauf des Lebens wiederkehren, besonders wenn ein Mensch krank, sorgenvoll oder ängstlich ist.

Formen der Anhänglichkeit

Eine Anhänglichkeit kann unabhängig davon, ob die Bezugsperson angemessen reagiert, existieren. Nicht jede Bindung ist gesund und liebevoll. Ein Säugling kann z.B. auch eine Bindung zu jemandem entwickeln, der ihn wiederholt bestraft. Psychologen unterscheiden drei Formen der Bindung:
- Sicher — der Säugling fühlt sich in einer engen Bindung zu seiner Bezugsperson sicher und geborgen.
- Ambivalent — der Säugling ist auf die Bezugsperson angewiesen, traut der Bindung aber nicht sehr.
- Ausweichend — der Säugling akzeptiert die Bezugsperson scheinbar nicht und meidet ihre Nähe.

Die Bedeutung des Bindungsverhaltens

Vieles deutet darauf hin, dass zwischen der Art der Bindung eines Kindes an seine Bezugspersonen und seiner späteren Kompetenz in den Bereichen sozialer

Kontakte, schulischer Leistungen und der Fähigkeit, mit Stress umzugehen, ein ursächlicher Zusammenhang besteht.

In einer gesunden Bindung sind zwei Elemente entscheidend: zum einen, dass die Bezugspersonen des Kindes ihm eine sichere Basis schaffen, und zum anderen, dass sie das Kind ermutigen, von dieser Basis aus auf Erkundungen zu gehen. Eine solche Bindung gibt dem Kind die beste Lern- und Entwicklungsgrundlage und rüstet es für erfüllende Beziehungen im Erwachsenenleben.

Auch wenn der Nutzen dieser frühen Bindungen sehr betont wird, so können auch später sichere Bindungen entstehen. Eine Mutter kann z. B. nach der Geburt von ihrem Baby getrennt werden, weil eines von beiden medizinische Versorgung braucht. Psychologen und Familientherapeuten bestätigen, dass die Sicherheit eines Kindes durch ständig wiederkehrende Fürsorge wächst, und dass die Gesamtheit der Fürsorge, die ein Kind erhält, einen unsicheren Start wettmachen kann.

BINDUNGEN FÖRDERN

Die Bindung zwischen Bezugsperson und Säugling wird durch unzählige Interaktionen im täglichen Leben gestärkt. Blickkontakt, Körperkontakt und Gespräche sind dabei besonders wichtig.

Blickkontakt

Obwohl das Sehvermögen eines Säuglings noch nicht voll entwickelt ist, spricht er auf Gesichter und Bewegungen an. Er kann seinen Blick gut auf Dinge konzentrieren, die etwa 20 bis 25 cm von seinem Gesicht entfernt sind, und reagiert z.B. mit einem Lächeln oder durch Ausstrecken der Arme, wenn die Bezugsperson ihr Gesicht dem seinen nähert.

Körperkontakt
Babys brauchen Körperkontakt; ein sehr kleines Baby möchte manchmal ständig von seiner Bezugsperson gehalten werden. Auch der Hautkontakt beim Stillen wird von Babys als sehr befriedigend empfunden.

Reden
Babys verstehen zwar nicht, was man sagt, aber sie lieben es, wenn man mit ihnen spricht. Nicht die Worte sind entscheidend, sondern der Ton der Stimme. Eltern sprechen mit ihren Kindern oft in einer Art Singsang mit vielen Wiederholungen und bestimmten Mustern für verschiedene Bedeutungen. Babys ziehen diese Sprache der Erwachsenensprache deutlich vor.

Persönliche Notizen:

Soziale Beziehungen unter die Lupe genommen!

Kleinkindalter

Im ersten Lebensjahr erwirbt ein Baby viele grundlegende Fähigkeiten und erweitert sein Wissen über seine Umwelt. Nach und nach wächst das Neugeborene vom hilflosen Baby zu einem wissbegierigen, anspruchsvollen Kleinkind heran, das einen eigenen Willen geltend macht. Wenn Eltern Beschränkungen einerseits und die Förderung akzeptablen Verhaltens andererseits konsequent handhaben, können sie ihre Kinder besser vor Gefahren schützen, ihre Selbstkontrolle fördern und sie Respekt vor anderen lehren.

Eltern können aus alltäglichen Ereignissen kleine Lerneinheiten entwickeln, die dem Kleinkind helfen, seine emotionalen und sozialen Kompetenzen zu erweitern. Kleinkinder sind faszinierend, aber auch leichtsinnig und eigenwillig, und die Herausforderung für Eltern besteht darin, angemessenes Verhalten mit einem Mindestmaß an Konflikten zu fördern.

EMOTIONALE BEDÜRFNISSE

Kleine Kinder sollten sich sicher fühlen. Außerdem sollten sie fähig sein, ihre Gefühle auszudrücken, ihr Verhalten im Griff zu haben um mit anderen kommunizieren zu können.

Ein Kleinkind sehnt sich genau wie ein Baby nach der Liebe und Anerkennung seiner Bezugspersonen, es will aber auch unabhängig sein. Wenn seine Handlungen das Missfallen der Bezugsperson erregen, kann es gleichzeitig betrübt, wütend und frustriert reagieren. Die Eltern sollten ein Gleichgewicht herstellen, indem sie das Kleinkind zur Unabhängigkeit ermutigen, es vor seinen eigenen Wutausbrüchen schützen und positives Verhalten fördern.

Der Schlüssel zur Vertrauensbildung bei einem Kind ist das Wissen, dass man Fehler machen darf. Wenn das Kind z.B. etwas umwirft und seine Ungeschicklichkeit bei den Eltern einen Wutausbruch hervorruft, kann es schüchtern werden und sich davor hüten, etwas Neues auszuprobieren. Wenn man auf Missgeschicke ruhig und tröstend reagiert, nimmt sein Selbstvertrauen dagegen keinen Schaden.

WIE SCHULT MAN SOZIALE UND EMOTIONALE KOMPETENZEN?

Ein normales Kleinkind hat Schwierigkeiten damit, die Dinge aus der Perspektive eines anderen zu sehen und versucht gewöhnlich, die Aufmerksamkeit seiner Umgebung ganz auf sich zu ziehen. Es braucht geduldige Anleitung, bis es lernt, seine Impulse zu kontrollieren.

Wenn das Kind etwa ein Jahr alt ist, können die Eltern seine Aufmerksamkeit auf die Gefühle anderer lenken und so seine Empathie entwickeln. Ab dem dritten Lebensjahr kann ein Kind besser verstehen, wenn andere traurig sind und versuchen, sie zu trösten. Wenn man ein Kind wegen aggressiven Verhaltens gegenüber einem anderen Kind diszipliniert, lenkt man seine Aufmerksamkeit am besten auf die Gefühle dieses Kindes und nicht nur auf die Unangemessenheit des eigenen Benehmens.

Ein Kleinkind ist oft über die Kluft zwischen seinem Wollen und seinem Können enttäuscht. Diese Frustration wird oft wütend zum Ausdruck gebracht. In einem solchen Fall sollte man das Kind von dem ablenken, was es zu tun versucht, oder ihm helfen, ohne dabei die Führung zu übernehmen. Loben Sie seine Bemühungen, auch wenn der Erfolg noch ausbleibt!

DISZIPLIN

Die meisten Eltern erkennen, dass etwa ab dem zwölften Lebensmonat eine gewisse Anleitung notwendig ist und Grenzen gesetzt werden müssen, um das Kind vor Gefahren zu schützen, seine Selbstkontrolle zu fördern und ihm Respekt vor den Gefühlen anderer beizubringen.

Wann man Disziplin durchsetzen sollte

Welche Regelverletzungen Ihnen wichtig sind und welche Ihnen trivial erscheinen, sollten Sie dem Kind deutlich machen. Nur so vermeiden Sie ständige Konflikte mit ihrem Kind. Beschränken Sie die Regeln bei sehr kleinen Kindern auf ein Minimum; die ersten Regeln sollten solche sein, die für ihre eigene Sicherheit notwendig sind, wie z.B. sich von Steckdosen fernzuhalten. Führen Sie weitere Regeln schrittweise ein.

Wie man Disziplin durchsetzt

Man sollte unerwünschtes Benehmen dann, wenn es auftritt, zum Anlass nehmen, um in entschiedenem Ton zu erklären, dass und warum etwas nicht in Ordnung ist. Die meisten Eltern haben allerdings das Gefühl, dass sie

gelegentlich Sanktionen verhängen sollten. Erfolgreiche Disziplin sollte:
- innerhalb einer sicheren, liebevollen Beziehung durchgeführt werden.
- stimmig sein — Beide Elternteile sollten sich einig sein, was erlaubt ist und was nicht und wie sie in bestimmten Situationen reagieren.
- ruhig und mit Überzeugung angewandt werden — Schlagen, Schreien und Drohungen funktionieren selten, weil der Elternteil wütend ist und die Situation nicht wirklich unter Kontrolle hat; das Kind fühlt dies.
- prompt angewandt werden — Verzögerte Reaktionen wie der Entzug von Privilegien zeigen bei kleineren Kindern keine Wirkung, da sie den Zusammenhang zwischen ihrem Verhalten und den Konsequenzen nicht erfassen können.

FRÜHERZIEHUNG

Im Alter zwischen einem und drei Jahren ist das Kind noch nicht zum Unterricht bereit, lernt aber ständig durch Beobachtung und Spiel. In diesem Stadium sind Eltern oder Bezugspersonen seine wichtigsten Lehrer. Spielzeuge helfen dem Kind, seine motorischen Fähigkeiten zu schulen und tragen wie alle möglichen Aktivitäten zum Lernprozess des Kindes bei. Etwa ab dem vierten Lebensjahr kann ein Kind von einer stärker organisierten Lernumgebung wie der Kindertagesstätte oder der Spielgruppe profitieren.

Persönliche Notizen:

Soziale Beziehungen unter die Lupe genommen!

Kindheit

Kinder im Alter zwischen etwa fünf und zehn Jahren entwickeln sich sehr schnell. Der Beginn ihrer Schullaufbahn bringt große neue Herausforderungen mit sich; das Kind verlässt die vertraute Umgebung seines Zuhauses und betritt eine Welt zunehmend unterschiedlicher sozialer Beziehungen. Von jetzt an gewährt man dem Kind mehr Unabhängigkeit. Die Rolle der Eltern besteht nicht nur darin, sich um die praktischen und emotionalen Bedürfnisse der Kinder zu kümmern, sondern das Lernen und die geistige Entwicklung zu erleichtern, indem sie Unterstützung, Ermutigung und Lob gewähren.

Die Schule und die Freunde, die das Kind dort findet, haben großen Einfluss auf sein Leben; trotzdem bleiben die Eltern während der Kindheit die wichtigsten Bezugspersonen und Vorbilder. Sie haben die besten Voraussetzungen, um die emotionalen Bedürfnisse ihres Kindes zu verstehen und diesen Rechnung zu tragen. Sie können ihm die notwendigen Fähigkeiten vermitteln, um Freundschaften zu schließen und mit neuen Erfahrungen fertig zu werden. Sie können ihm Moral, Disziplin und Begeisterung für das Lernen beibringen.

EMOTIONALE BEDÜRFNISSE

Die Kindheit sorgt für eine ständige Flut neuer Erfahrungen, mit denen das Kind zurechtkommen muss. Eltern sollten versuchen, ihr Kind auf diese Veränderungen vorzubereiten. Wenn das Kind dann mit einer neuen Situation konfrontiert wird, weiß es, was es zu erwarten hat und wie es sich verhalten soll und wird sich sicherer fühlen. Steht z. B. die erste Übernachtung im Haus eines Freundes an, sollte das Kind darauf vorbereitet werden, an einem fremden Ort ohne seine Eltern aufzuwachen.

Mit dem Eintritt in den Kindergarten und mit der Einschulung ergeben sich zwei neue Situationen für das Kind: Es ist täglich regelmäßig für längere Zeit von seinen Eltern getrennt und muss zu Kindern seines Alters eine Beziehung finden.

Der erste Kindergarten- oder Schultag kann für Kinder eine verunsichernde Erfahrung sein. Hier können Eltern helfen, indem sie ihr Kind ermuntern. Sagen Sie Ihrem Kind also nicht, dass Sie es vermissen werden, sonst könnte es auf den Gedanken kommen, dass Sie ihm fehlen werden. Zeigen Sie sich stattdessen zuversichtlich. Verabschieden Sie sich von Ihrem Kind und stehlen Sie sich nicht einfach davon — auch nicht, wenn das Kind ins Spiel vertieft ist. Sagen Sie dem Kind, wann Sie es abholen werden. Besprechen Sie nach der Schule seine Gefühle mit ihm und versichern Sie ihm, dass die Angst, die es womöglich verspürt, normal ist und bald vergehen wird.

Ab dem sechsten Lebensjahr werden Freundschaften mit anderen Kindern zunehmend wichtiger. Insbesondere der Spielplatz bietet vielfältige Möglichkeiten für die Entwicklung der sozialen Fähigkeiten eines Kindes. Durch das Spiel lernen Kinder sich selbst, ihre eigenen emotionalen Reaktionen und die der anderen kennen. Sie entwickeln die Fähigkeit, Informationen und Gefühle mitzuteilen und sich allmählich in andere hineinzuversetzen.

Die Freundschaften eines Kindes verändern sich, wenn es älter wird. Fünfjährige spielen zwar gern mit anderen und können kooperieren, neigen allerdings zur Ichbezogenheit: Sie spielen oft eher nebeneinander als miteinander. So kommt es leicht zu Streitereien. Mit zunehmendem Alter lernen Kinder, ihr Verhalten anzupassen, um soziale Ziele zu erreichen — z. B. zu teilen, damit andere sie mögen. Kinder können leidenschaftlich loyal zu ihren Freunden stehen, ihre Beziehungen können jedoch auch einseitig und von kurzer Dauer sein. Ermutigen und unterstützen Sie daher Ihr Kind, einen großen Freundeskreis zu pflegen. So wird es im späteren Leben vor allzu großen Enttäuschungen bewahrt.

WIE LEHRT MAN SOZIALE UND EMOTIONALE KOMPETENZEN?

Wenn das Kind älter wird, stellen Eltern fest dass sie mit ihm z.B. über seine Handlungen und Gefühle auf zunehmend höherem Niveau sprechen können. Sie wollen ihm helfen, seine Gefühle zu analysieren und mit ihnen umzugehen, Einfühlungsvermögen entwickeln und seine Fähigkeit zu zwischenmenschlichen Beziehungen zu verbessern. Wenn ein Kind heranwächst, muss es sich neuen Herausforderungen stellen: Unbekannte Situationen sind Stressquellen, neue Aktivitäten bergen die Möglichkeit des Scheiterns und neue Gruppen potenzieller Freunde bringen das Risiko mit sich, zurückgewiesen zu werden. Eltern können ihren Kindern auf vielerlei Art dabei helfen, sich diesen Herausforderungen erfolgreich zu stellen und aus ihnen zu lernen.

Umgang mit dem Unbekannten

Wenn ein Kind vor einer unbekannten Situation Angst hat, wie z.B. zum ersten Mal schwimmen zu gehen, betonen Sie die vergnügliche Seite der neuen Aktivität. Sie können dazu beitragen, dass Ihr Kind sich sicher fühlt und Selbstvertrauen aufbaut, um Neues auszuprobieren. Verwenden Sie positive Ausdrücke: Anstatt zu sagen, »Tu das nicht« oder »Sei vorsichtig«, verwenden Sie Sätze wie »Konzentriere dich, dann wirst du es schaffen«, um Ihr Vertrauen in die Fähigkeiten Ihres Kindes zu zeigen und es zu beruhigen. Wenn seine Angst nicht abklingt, lassen Sie es bei einer anderen Gelegenheit den nächsten Versuch wagen. Sie sollten es auf keinen Fall zwingen. Berücksichtigen Sie dabei auch das Alter Ihres Kindes.

Umgang mit Misserfolg

Neue Fertigkeiten kommen nicht immer von selbst, daher sollten Eltern ihrem Kind zeigen, wie man eine neue Aufgabe schrittweise bewältigt, und sie sollten sich geduldig zeigen, wenn es mehrere Versuche braucht, um die Idee aufzugreifen. Widerstehen Sie dem Drang, die Aufgabe selbst zu übernehmen oder Verärgerung zu zeigen, wenn das Kind Schwierigkeiten hat. Loben Sie stattdessen seine ersten Versuche und ermutigen Sie es, die Aufgabe bei einer späteren Gelegenheit erneut in Angriff zu nehmen. Das Vergnügen, das ein Kind aus dem Erwerb einer neuen Fähigkeit zieht, zeigt ihm, dass wiederholte Anstrengungen mit Belohnungen verbunden sind. Ermutigung und Lob können sein Selbstvertrauen steigern, auch wenn es beim ersten Mal keinen Erfolg hat.

Umgang mit Zurückweisung

Der Erfolg von Kinderfreundschaften kann darüber entscheiden, wie gut Menschen im Erwachsenenleben sozial angepasst sind. Eine in den 70er Jahren durchgeführte Studie zeigt, dass die Einschätzung eines Kindes durch seine Klassenkameraden ein guter Indikator für seine psychische Gesundheit ist. Außerdem lässt sich daran auch die Wahrscheinlichkeit ablesen, ob es im späteren Leben eventuell psychiatrische Hilfe benötigt. Dies erwies sich als sichereres Maß als der Intelligenzquotient, die schulischen Leistungen, Bewertungen durch die Lehrer oder psychologische Tests.

Wenn ein Kind in die Schule oder in den Kindergarten kommt, kann es passieren, dass kein anderes Kind mit ihm spielen will. Eltern sollten wissen, dass dies sehr häufig vorkommt. Eine Studie über Schulkinder zeigt, dass sogar die beliebtesten Kinder in 26 Prozent der Fälle zurückgewiesen wurden, wenn sie versuchten, sich einer Gruppe anzuschließen, die sich bereits im Spiel befand.

Einige Kinder werden allerdings fast die ganze Zeit ausgeschlossen, weil es ihnen an wirkungsvollen sozialen Kompetenzen mangelt. Die meisten Kinder die versuchen, sich einer Gruppe anzuschließen, beobachten erst eine Weile, nähern sich dann vorsichtig und treten nach und nach bestimmter auf, während sie sich auf den Fluss eines Spiels »einstimmen«. Kinder, die dazu neigen, sich in eine Gruppe hineinzudrängen, und zu bald versuchen, die Führung zu übernehmen, werden öfter abgewiesen.

Wenn man versucht, andere Kinder zu zwingen, mit einem unbeliebten Kind zu spielen, hat man selten Erfolg. Arbeiten Sie stattdessen daran, das Selbstvertrauen des abgewiesenen Kindes zu stärken und sprechen Sie mit ihm über seine Gefühle. Auch ein Gespräch mit seinem Lehrer kann helfen, obwohl man offizielle Einmischung am besten vermeidet, solange nicht ein größeres Problem auftaucht.

WIE FÖRDERT MAN DIE MORALISCHE ENTWICKLUNG?

Die moralische Entwicklung eines Kindes wird Großteils davon bestimmt, wie häufig es mit moralischen Themen konfrontiert wird. Schon von klein auf hören Kinder wie Erwachsene moralische Beurteilungen abgeben. Menschen werden oft als gut oder schlecht, nett oder selbstsüchtig, fleißig oder faul beschrieben. Kinder hören auch, wie Handlungen danach beurteilt werden, welche Absicht die verantwortliche Person hatte: »Er hat es nicht absichtlich getan« oder »Sie hat es gut gemeint«.

Eltern können das moralische Verständnis eines Kindes fördern, indem sie Ereignisse und Handlungen diskutieren und erklären, warum diese als richtig oder falsch betrachtet werden. Sie sollten allerdings keine einem Erwachsenen entsprechende moralische Einsicht erwarten — bis zum Alter von etwa neun oder zehn Jahren hat ein Kind auf dieser Ebene ein recht einfaches Verständnis.

Mit etwa 18 Monaten beginnt ein Kind sich der Verhaltensmoral gegenüber anderen bewusst zu werden, wenn auch auf sehr elementare Weise. In diesem Alter möchte ein Kind den Wünschen seiner Mutter entsprechen und ist im Allgemeinen in der Lage, sein Spielzeug zu teilen und fröhlich mit anderen zu spielen. Mit etwa vier Jahren kann ein Kind gemeinhin eine elementare Form moralischer Überlegung anstellen. Es kann eine Verbindung zwischen seinen Wünschen — z. B. nicht verletzt werden zu wollen — und seinen Handlungen gegenüber anderen — z.b. ein anderes Kind nicht zu schlagen — herstellen. Während der nächsten Jahre entwickelt sich diese Fähigkeit weiter, bis das Kind das Konzept des Einfühlungsvermögens begreift und ihm klar wird, dass es die Gefühle und Reaktionen anderer ebenso wie seine eigenen berücksichtigen muss.

Forschungen des schweizerischen Psychologen Jean Piaget (1896—1980) geben einen Einblick in die moralische Entwicklung eines Kindes. Er fand heraus, dass Kinder Verhaltensformen nach einem einfachen Kriterienkatalog beurteilen. Piaget bat Kinder, zwei Fälle zu beurteilen: Ein Kind zerbricht unabsichtlich einen Stapel Tassen und ein anderes zerbricht absichtlich eine einzelne Tasse. Piaget fand heraus, dass kleine Kinder den ersten Fall für schlimmer hielten, weil sie die Ungezogenheit der Handlungen nach der Höhe des verursachten Schadens beurteilten. Ab dem neunten Lebensjahr ungefähr lernen Kinder jedoch, auch das Motiv oder die Absicht zu berücksichtigen, wenn sie Urteile abgeben.

DISZIPLIN

Es ist wichtig, Kindern im Schulalter feste Verhaltensregeln zu setzen. Ein Kind kann verstehen, dass bestimmte Vorgaben beachtet werden sollten, unabhängig davon, ob die Eltern anwesend sind oder nicht. Es kann auch erfassen, dass unterschiedliche Regeln an verschiedenen Orten Anwendung finden; dass die Schule und das Zuhause ihre eigenen Richtlinien haben oder dass die Eltern eines Freundes andere Maßstäbe setzen.

Wenn Sie Ihr Verhalten einfach ändern, um sich anderen anzupassen, vermittelt das eine zwiespältige Botschaft: Regeln sind nicht wichtig und können nach Lust und Laune geändert werden. Es ist viel besser, konsequent zu sein und Ihrem Kind — und seinen Spielkameraden — klar zu machen, dass Sie in Ihrem Haus die Regeln festlegen und erwarten, dass sie befolgt werden.

Auch die Bedeutung von Sicherheitsregeln sollte immer wieder betont werden. Denn Kinder überschätzen leicht ihre eigenen Fähigkeiten und wagen auch gefährliche Dinge. Kinder bis zum zehnten Lebensjahr können z.B. die Geschwindigkeit eines herannahenden Fahrzeugs nicht genau beurteilen.

AUSBILDUNG

Neben der Schule können Eltern wichtige Beiträge zur Ausbildung ihres Kindes leisten. Sie können das Zuhause zu einer pädagogisch wertvollen Umgebung machen: Sie können dem Kind anregende Bücher und Spielsachen geben, es in Diskussionen über Gedanken, Konzepte und Moralbegriffe einbeziehen und es ermutigen, sich mit kreativen Aktivitäten, z.B. Zeichnen, Malen oder Kochen zu beschäftigen. Sie können ihm beibringen, seine Freizeit sinnvoll zu verbringen und z.B. Fernseher und Computer nur in Maßen zu nutzen. Allgemein können Eltern dem Kind durch Gespräche die Einsicht vermitteln, dass Ausbildung wichtig und wertvoll ist.

Die Beziehung zwischen Eltern und Schule

Um die Ausbildung eines Kindes zu fördern, ist es wichtiger, eine positive Haltung gegenüber der Schule zu wecken als direkte Hilfe bei den Schularbeiten zu leisten. Eltern sollten unterstreichen, dass die Schule zugleich wichtig und unterhaltsam ist. So sollte man dafür sorgen, dass das Kind genügend Zeit für die Hausaufgaben einplant, dass es pünktlich ist und sich dafür interessiert, was es jeden Tag tut. Darüber hinaus sollte man sich darum bemühen, dass das Kind Begeisterung für schulische Veranstaltungen und Aktivitäten entwickelt.

Eltern können auch bei den Hausaufgaben helfen. Allerdings sollten sie der Versuchung widerstehen, die Arbeit für das Kind zu tun. Nützliche Strategien sind u.a., dem Kind dabei zu helfen, ein Problem zu durchdenken, Hilfestellungen zu geben oder einfach verständnisvolle Unterstützung anzubieten, wenn es sich entmutigt fühlt.

Fernsehen

Im Alter zwischen fünf und zehn Jahren sind Kinder begierige Fernsehzuschauer, was vielen Eltern Sorgen bereitet. Das amerikanische Erziehungsministerium hat Forschungen durchgeführt, die zeigen, dass Kinder, die mehr als drei Stunden pro Tag vor dem Fernseher verbringen, in den Lese- und Schreibfertigkeiten hinter ihre Klassenkameraden zurückfallen und in ihrer mündlichen Ausdrucksfähigkeit eingeschränkter sein können.

Fernsehen verursacht besonders dann Probleme, wenn Kinder passiv und unkritisch zuschauen. Wenn Sie mit dem Kind den Umgang mit dem Fernsehen üben, sorgen Sie dafür, dass es aus dem Erziehungs- und Unterhaltungspotenzial des Fernsehens größten Nutzen zieht.

- Beschränken Sie die Fernsehzeit z. B. auf eine halbe bis eine Stunde jeden Tag und auf vier Stunden am Wochenende. Entscheiden Sie, was vernünftig ist, und bleiben Sie dabei. Wie bei anderen Aspekten des kindlichen Verhaltens ist es besser, im Voraus Regeln festzulegen, als zu warten, bis ein Problem auftaucht.
- Fördern Sie aktives Fernsehen. Helfen Sie Ihrem Kind, seinen Fernsehkonsum im Voraus zu planen und stellen Sie sicher, dass die Sendungen sowohl bildend als auch unterhaltend sind. Sehen Sie so oft wie möglich gemeinsam mit Ihrem Kind fern und diskutieren Sie über die Sendungen.
- Fördern Sie kritisches Fernsehen. Helfen Sie Ihrem Kind, seine Programme objektiv zu sehen, indem Sie mit ihm darüber diskutieren, warum es sie für gut oder schlecht hält. Schalten Sie den Fernseher aus, sobald das Kind das gewünschte Programm gesehen hat — lassen Sie ihn nie als »bewegte Tapete« weiterlaufen. Stellen Sie sicher, dass Ihre eigenen Sehgewohnheiten ein Beispiel geben, dem Ihr Kind folgen soll.

Computer

Computer spielen in der Freizeit der Kinder eine immer größere Rolle. Wenn man sie klug einsetzt, können sie Werkzeug zum Arbeiten, Lernen und zur Unterhaltung sein. Sie können jedoch auch weniger hilfreiche Auswirkungen haben — dann nämlich, wenn die Kinder übermäßig viel Zeit damit verbringen, gewalttätige Spiele zu spielen, oder möglicherweise über das Internet mit Sex und Erotik in Berührung kommen.

Wie beim Fernsehen sollten sich Eltern daher auch für die Computeraktivitäten ihres Kindes interessieren. Ermutigen Sie Ihr Kind, Ihnen beizubringen, seine Lieblingsspiele zu spielen, Sodass Sie am Spaß teilhaben können. Aber gewährleisten Sie auch, dass genügend Zeit darauf verwendet wird, das erzieherische Potenzial des Computers zu erforschen. Es ist wichtig, dass Eltern auch Hobbys fördern, die nichts mit Computern zu tun haben, insbesondere körperliche Aktivitäten.

Persönliche Notizen:

Soziale Beziehungen unter die Lupe genommen!

Pubertät

Die Pubertät — der Lebensabschnitt zwischen Kindheit und Erwachsensein — ist eine Zeit drastischer Veränderungen. Sie ist ebenso durch schnelles Wachstum und einen gravierenden körperlichen Reifungsprozess gekennzeichnet wie durch große Gefühlsschwankungen. Die Pubertät ist oft für alle Familienmitglieder eine Zeit großer Veränderungen und Belastungen, in der neue Rollen und Grenzen geschaffen werden.

Wenn ein Sohn oder eine Tochter sich vom abhängigen Kind zum selbstständigen Erwachsenen entwickelt, muss die Beziehung zwischen Eltern und Kind neu verhandelt werden — was nicht immer reibungslos verläuft. Teenager brauchen zwar immer noch die elterliche Hilfe und Anleitung, haben aber bisweilen Schwierigkeiten damit, darum zu bitten oder sie anzunehmen. Eltern müssen in dieser Zeit soziale und emotionale Kompetenzen vermitteln, aber auch weiterhin Disziplin üben und auf die Ausbildung ihre Kindes achten. Die Zeit der Adoleszenz ist aufregend und spannend.

EMOTIONALE BEDÜRFNISSE

Die Probleme des Teenageralters werden oft überbewertet. Die meisten Kinder entwickeln sich zu Erwachsenen, ohne dass es zu einem ernst zu nehmenden Bruch in der Eltern-Kind-Beziehung kommt. Tatsächlich ist es in den meisten Fällen so, dass das Erwachsenwerden Vorbote einer neuen und erfüllenden Beziehung zwischen Kind und Eltern ist. Trotzdem durchlaufen Kinder in der Pubertät enorme physische und emotionale Veränderungen, die sie launisch oder schwierig machen können. Eltern können den Weg ebnen, indem sie sich um Toleranz und Sensibilität bemühen. Manche Jugendliche neigen jedoch zu Depressionen und es ist wichtig, die Anzeichen hierfür zu erkennen.

Eine neue Beziehung

Wenn ein Jugendlicher selbstsicherer wird und seine eigene Persönlichkeit entwickelt, verschiebt sich die Rolle der Eltern: Sie sind nun weniger Lehrer eher Freunde. Dementsprechend kann der Jugendliche eine andere Beziehung zu seinen Eltern aufbauen als in der frühen Kindheit. Das kann für beide Seiten nützlich sein; die Eltern können z.B. das Verantwortungsbewusstsein und das Selbstwertgefühl des Kindes steigern, indem sie es in familiäre Entscheidungen mit einbeziehen. Umgekehrt kann der Jugendliche die Eltern entlasten, indem er einige Haushaltspflichten übernimmt. Es ist allerdings wichtig, dass die Eltern ihrem Kind weiterhin seelischen Beistand bieten, auch wenn es noch so unabhängig erscheinen mag.

Toleranz ist notwendig

Gefühlsbetontes Verhalten wie Streiten und Schmollen ist ein verbreiteter Ausdruck für die Emotionen der Teenager. Ein gewisses Maß an abwehrender Haltung ist normal und notwendig, wenn Jugendliche eigenständige Charaktere, Meinungen und Ansichten entwickeln sollen, die ihnen in der Erwachsenenwelt Kraft geben werden. Einige Forschungen weisen darauf hin, dass besonders die Jugendlichen, die sich ihren Eltern in den frühen und mittleren Teenager- Jahren fügen und keinerlei Tendenz zu Rebellion zeigen, Hilfe brauchen, um später als Erwachsene zurechtzukommen. Umgekehrt brauchen auch Eltern, die ihr Kind nicht erwachsen werden lassen, Unterstützung, um mit der unvermeidlichen Abnabelung des Kindes umzugehen. Zwar sollten Eltern im Umgang mit Jugendlichen ihre eigenen Einstellungen und Verhaltensstandards nicht umwerfen, sie sollten jedoch so viel Toleranz wie möglich walten lassen.

Unabhängigkeit ist notwendig

In der Pubertät hören die meisten jungen Menschen auf, ihre Familie als das Zentrum ihrer Welt zu betrachten und konzentrieren sich zunehmend auf Freunde und Gleichaltrige. Hier finden sie nun immer öfter ihre Vorbilder. Der Einfluss dieser Gruppen auf Verhalten, Meinungen und Einstellungen von Jugendlichen kann gar nicht hoch genug eingeschätzt werden.

Wenn man einem jungen Menschen Raum und Zeit gibt, seine Unabhängigkeit zu kultivieren, kann ihm dies das Gefühl vermitteln, dass seine Familie eine verständnisvolle und tolerante Umgebung bietet, in die er immer gern zurückkehren wird. Eltern sollten sich mit Kritik an Freunden oder Freizeitaktivitäten sehr zurückhalten — Jugendliche sind leicht verärgert, wenn sie das Gefühl haben, dass man ihre Unabhängigkeit und ihr Urteilsvermögen in Frage stellt. In der Praxis wenden sich Teenies zwar an ihre Freunde, wenn es um Angelegenheiten wie Moral und Wertvorstellungen geht, bleiben aber den Standpunkten ihrer Eltern meist eng verbunden.

Wenn Sie sich über das Leben ihres Heranwachsenden außerhalb der häuslichen Umgebung Sorgen machen, können Sie z. B. sein Zuhause und seine nähere Umgebung miteinander verbinden. Ermutigen Sie Ihr Kind, seine Freunde mit nach Hause zu bringen und stellen Sie ihnen, falls möglich, einen Platz zur Verfügung, an dem sie unter sich sein können. Sprechen Sie mit ihnen wie mit Erwachsenen und zeigen Sie Interesse an den Dingen, für die sich Ihre Kinder begeistern.

Depressionen erkennen
In der Pubertät entwickelt sich die Identität, daher verwendet der Jugendliche oft einen Großteil seiner Zeit auf Selbstbeobachtung und stellt sich Fragen wie »Woran glaube ich?« oder »Welchen Eindruck mache ich auf die Welt?«. Jugendliche können äußerst selbstkritisch sein, wenn sie das Gefühl haben, nicht den von ihnen angestrebten Schönheits- und Persönlichkeitsidealen zu entsprechen. Diese Faktoren können in Kombination mit anderen Problemen, die das Erwachsenwerden mit sich bringt, zu tiefer Frustration führen.

Eltern sollten sich möglicher Depressionen und der Hinweise darauf bewusst sein. Anzeichen für Depressionen sind Appetitlosigkeit, nachlassendes Interesse an früheren Lieblingsbeschäftigungen, exzessive Müdigkeit, sozialer Rückzug, Schlaflosigkeit, übermäßige Lethargie und Erschöpfung, Schwierigkeiten dabei, sich zu konzentrieren und Entscheidungen zu treffen, sowie Schmerzen, die keine offensichtlichen physischen Ursachen haben.

Bei einem Jugendlichen Depressionen festzustellen, bedeutet für manche Eltern das Eingeständnis eigenen Versagens. Das Bewusstsein, dass Depressionen bei Jugendlichen nicht selten vorkommen und nicht unbedingt eine Reaktion auf Erziehungseinflüsse sein müssen, kann dazu ermuntern, professionelle Hilfe zu suchen. Wenn man das Problem mit einem Arzt oder einer Ärztin bespricht, kann man besser zwischen pubertären Stimmungsumschwüngen und ernsteren Schwierigkeiten unterscheiden.

SOZIALE UND EMOTIONALE KOMPETENZEN VERMITTELN

Soziale Kompetenzen sind für einen Teenager überaus wichtig, da in dieser Zeit Beziehungen außerhalb der Familie immer wichtiger für sein Identitätsgefühl werden. Wenn Teenager sich sozial isoliert fühlen, müssen Eltern manchmal zusätzlichen Beistand leisten. Teenager sind durch die beginnende Sexualität oft verwirrt und Eltern sollten über die reine Aufklärung hinaus auch emotionale Hilfestellung geben.

Isolation

Für junge Menschen, die Probleme haben, Freunde zu finden, kann sich dies im Teenageralter noch verschlimmern, vor allem deshalb, weil Jugendliche sich häufig in Gruppen zusammenschließen. Eltern sollten versuchen herauszufinden, ob irgendetwas an dem Verhalten ihres Kindes das Problem verstärkt: Möglicherweise werden andere Teenager durch sein Verhalten abgestoßen. Vielleicht reagiert es unsensibel auf ihre Bedürfnisse oder ist gegenüber ihren Überzeugungen intolerant.

Es kann helfen, ihm andere Wege aufzuzeigen, ohne dabei sein Selbstwertgefühl noch weiter zu unterminieren. Machen Sie Ihrem Kind klar, dass andere Menschen eher zu einer Freundschaft bereit sind, wenn man ihnen genau zuhört, sich für ihre Probleme interessiert und ihnen gegensätzliche Überzeugungen taktvoll vermittelt.

Sexualität

Teenager sind oft wegen ihrer sich entwickelnden Sexualität verwirrt und haben Schwierigkeiten, damit umzugehen. Zudem ist es vielen peinlich, mit ihren Eltern sexuelle Themen zu besprechen. In dieser Situation können Eltern versuchen, ein Klima zu schaffen, in dem Gespräche über Sex offen und ungezwungen stattfinden können.

Ermutigen Sie Ihr heranwachsendes Kind, Fragen über praktische wie emotionale Aspekte der Sexualität zu stellen und seine bereits vorhandenen Kenntnisse mit Ihnen zu teilen. Dabei sollten immer klare und offene Antworten gegeben werden.

Zur Aufklärung gehören sowohl physische als auch emotionale Ratschläge. Jugendliche erhalten Informationen über Sex und Erotik von Freunden und aus den Medien, in zunehmendem Maß auch aus dem Internet. Hier wird Sex in den meisten Fällen auf das rein körperliche Verlangen reduziert, Gefühle spielen dabei keine Rolle.

Versuchen Sie, Ihrem Kind die Einstellung zu vermitteln, dass Sex ein natürlicher und gesunder Ausdruck des Verlangens nach jemandem ist, den man liebt. Machen Sie Ihrem heranwachsenden Kind klar, dass es vollkommen natürlich ist, Geschlechtsverkehr zu haben, wenn man sich verliebt hat und sich gegenseitig körperlich angezogen fühlt.

Zeigen Sie deutlich, dass Sex nicht falsch, schmutzig, sündig oder verboten ist. Dies führt bei Jugendlichen nur zu Schuldgefühlen und Selbstkritik. Die meisten Teenager haben ihre erste sexuelle Erfahrung durch Masturbation. Auch wenn sich dieses Thema im Gespräch nicht ohne weiteres ergibt, sollten Sie durch Ihr Verhalten keine Missbilligung vermitteln.

Geben Sie Ihrem Kind praktische Ratschläge zu Geschlechtskrankheiten, Verhütung und körperlichen Veränderungen in der Pubertät, wie dem ersten Auftreten der Menstruation und dem ersten Samenerguss. Teenager verhalten sich umso verantwortungsvoller und gehen umso eher stabile und liebevolle Beziehungen ein, je mehr Informationen sie über Sexualität, die Möglichkeit einer Schwangerschaft und emotionale Aspekte erhalten.

DISZIPLIN

Als Eltern werden Sie wahrscheinlich feststellen, dass Ihre bislang erfolgreichen Methoden, Disziplin zu erlangen, nicht mehr greifen. Sie müssen neue Wege finden, eine Beziehung zu Ihren Kindern herzustellen, die deren zunehmende Reife berücksichtigen. Hierzu gehört eine Form der Annäherung an den Heranwachsenden, die ihm eine gleichberechtigte Position ermöglicht, ohne dass dabei jedoch alle Grenzen aufgehoben werden.

Eine Beziehung zum Jugendlichen finden

Jugendliche, die von ihren Eltern in familiäre Entscheidungsprozesse mit einbezogen werden — ohne dass sie diese unbedingt letztendlich entscheiden —, werden oft in ihrem Selbstvertrauen bestärkt. Man gibt ihnen die Möglichkeit, ihre eigenen Kompetenzen bei der Entscheidungsfindung zu testen, während sie noch unter elterlicher Aufsicht sind. Hier bewegt man sich auf einem schmalen Grat: Übermäßig autoritäre Eltern können es den Jugendlichen erschweren, Unabhängigkeit zu erlangen und zu nachgiebige Eltern geben Jugendlichen manchmal das Gefühl, dass es keine Grenzen oder Regeln mehr gibt.

Eltern sollten bereit sein, auf einen Teil ihrer Kontrollmöglichkeiten gegenüber den Teenagern zu verzichten und sie gleichzeitig ein Stück Verantwortung übernehmen lassen. Man kann dem Jugendlichen beispielsweise Geld geben, mit dem er all seine Kleidung bezahlen und so auf teurere Stücke sparen muss.

Versuchen Sie, die Gefühlswallungen Ihres Kindes zu verstehen, unvernünftiges Benehmen sollten Sie aber trotzdem nicht tolerieren. Ein Jugendlicher, dessen Eltern passiv auf jeden Ausbruch warten und seine Launen hinnehmen, nimmt sich selbst oft übertrieben wichtig. Das kann schädlich sein, da ein asoziales Verhalten außerhalb des Elternhauses nicht ohne weiteres akzeptiert wird und ihn isolieren kann.

Problemverhalten

Viele Teenager versuchen, ihre Unabhängigkeit dadurch zu beweisen, dass sie Dinge tun, die ihre Eltern verboten haben, z. B. Rauchen oder Trinken oder Drogen konsumieren. Toleranz ist zwar ein wichtiger Teil der Erziehung, Disziplin aber auch — besonders, wenn sich rebellisches Verhalten schädlich auswirken kann.

Rauchen 90 Prozent der Zigarettenraucher fangen mit dem Rauchen an, bevor sie 18 sind. Viele kommen durch äußere Zwänge oder Gegebenheiten wie Gruppendruck zum Rauchen. Vielfach spielen auch Angst und mangelndes Selbstvertrauen eine große Rolle.

Entdeckt man, dass sein Kind raucht, hilft es kaum, wütend zu werden und ihm Vorwürfe zu machen. Hier sind vor allen Dingen gute Argumente wie der Hinweis darauf, dass Rauchen sehr viel Geld kostet und der Gesundheit schadet, sinnvoll. Versuchen Sie herauszufinden, was das Rauchen für Ihr Kind bedeutet und wirken Sie diesen Vorstellungen entgegen. Denkt Ihr Kind z. B., dass es durch Rauchen erwachsener wirkt, geben Sie zu bedenken, dass es seine Reife besser unter Beweis stellt, indem es die Willensstärke hat, einem gesundheitsgefährdenden Laster zu widerstehen.

Sind die Eltern selbst Raucher, ist es natürlich schwierig, die Kinder davon zu überzeugen, das Rauchen nicht anzufangen oder wieder damit aufzuhören. Vielleicht hilft es, wenn Sie zugeben, dass es schwierig ist, das Rauchen aufzugeben, sobald man sich daran gewöhnt hat, oder wenn Sie Ihr Kind um Hilfe und Unterstützung bitten, wenn Sie mit dem Rauchen aufhören wollen.

Alkohol In einer Gesellschaft, in der sich gesellschaftliche Aktivitäten oft ums Trinken drehen, ist es wichtig, eine gesunde Einstellung zum Alkohol zu entwickeln. Fast alle Jugendlichen experimentieren mit Alkohol, oft ohne Wissen ihrer Eltern. In den USA ist Alkohol unter Teenagern die am häufigsten konsumierte Droge. Wenige werden zu Alkoholikern; für alle Jugendlichen ist es jedoch wichtig, die Gefahren übermäßigen Alkoholgenusses zu kennen.

Einen Teenager dadurch vom Alkohol fernzuhalten, indem man z. B. seine gesellschaftlichen Aktivitäten beschränkt, ist meist nicht sehr erfolgreich. Oft ermutigt ihn dies nur, heimlich weiterzutrinken. Es kann ihm helfen, seine eigenen Gefühle zu analysieren und begründete Entscheidungen zu treffen, wenn man mit ihm die Zwänge bespricht, die zum Trinken führen können wie mangelndes Selbstvertrauen und der negative Einfluss Gleichaltriger. Dies ist besonders dann wirkungsvoll, wenn man dem Jugendlichen klar macht, dass die meisten Menschen — sogar Eltern — mit solchen Gefühlen zu kämpfen haben. Eine Entscheidung, die der Jugendliche selbst fällt, hat meist eine dauerhaftere Wirkung als eine von den Eltern auferlegte.

Drogen Viele Eltern fürchten sich weit mehr vor einem Drogenmissbrauch als vor übermäßigem Alkohol- oder Zigarettenkonsum. Eltern sollten ihre Kinder über die Gefahren von Drogen informieren. Darüber hinaus sollten sie auf jedes Anzeichen für Drogenmissbrauch achten und — wenn es Hinweise auf Drogenkonsum gibt — versuchen, so gelassen wie möglich mit der Situation umzugehen.

Eltern sollten ihren heranwachsenden Kindern klar machen, dass sie Drogenkonsum absolut ablehnen, und darüber nachdenken, ob sie selbst hinsichtlich ihres eigenen Konsums von Tabak, Alkohol und Medikamenten ein gutes Beispiel geben. Sie sollten mit den Jugendlichen über die negativen Auswirkungen und enormen gesundheitlichen Risiken von Drogen sprechen.

Wenn Sie Hinweise auf Drogenmissbrauch feststellen, denken Sie daran, dass Ihr Kind zwar ein Drogenkonsument sein kann; das muss jedoch noch nicht heißen, dass es süchtig ist. Viele junge Menschen experimentieren mit Drogen und für viele ist einmal schon genug. Eine Überreaktion wird daher die Situation wahrscheinlich nur verschlimmern. Wenn jedoch klar ist, dass Ihr Kind ein Problem mit Drogenkonsum hat, müssen Sie bereit sein, diese Tatsache zu akzeptieren und Hilfe suchen.

Konfrontieren Sie den Jugendlichen nie mit dem Problem, solange er noch unter dem Einfluss der Drogen steht oder an den Nachwirkungen leidet. Reden Sie später mit ihm in Ruhe. Geben Sie Ihrem Kind Gelegenheit, sich zu äußern und hören Sie aufmerksam darauf, was es zu sagen hat. Ermutigen Sie den Jugendlichen, professionelle Hilfe zu suchen, falls dies nötig ist, und stärken Sie ihr Kind, anstatt es nur zu kritisieren.

Bei Heranwachsenden, die regelmäßig Drogen konsumieren, zeigen sich in der Regel physische und psychische Veränderungen. Eltern sollten gewarnt sein, wenn Jugendliche erweiterte Pupillen haben, ein verändertes oder seltsames Verhalten an den Tag legen, an Lethargie, Apathie, Konzentrationsmangel, Übelkeit, Erbrechen oder Appetitlosigkeit leiden. Warnsignale sind auch, wenn sie sich von der Familie zurückziehen, Geld stehlen oder ihr Äußeres völlig vernachlässigen.

AUSBILDUNG

Mit den weit reichenden körperlichen und psychischen Veränderungen der Pubertät wächst gleichzeitig der Druck, sich um seine berufliche Zukunft zu kümmern. Die meisten Teenager kommen mit den schulischen Anforderungen gut zurecht, andere fühlen sich jedoch überfordert und einige lehnen die Ausbildung von vornherein ab.

Einstellungen zur Schule

Viele junge Menschen nehmen ihre Ausbildung ernst und betrachten akademische Leistungen als erstrebenswertes Ziel; andere sehen in Schularbeiten nur Störfaktoren für ihre Freizeitaktivitäten. Manche Jugendliche betrachten das Ende der Schulpflicht als Zeichen des Erwachsenseins und können es kaum erwarten, die Schule zu verlassen. Sie wollen möglichst schnell finanziell eigenständig und damit unabhängig von den Eltern werden. Darüber hinaus sind sie auch stolz darauf, berufstätig zu sein.

Das beste, was Eltern tun können, ist, heranwachsende Kinder zu ermutigen, ihr intellektuelles Potenzial voll auszuschöpfen. Sie sollten auf die Vorteile einer umfassenden Ausbildung hinweisen und erklären, dass später damit verbundene Vorzüge, z.B. ein gutes Einkommen, das ganze weitere Leben bestimmen können. Eltern sollten nicht zu viel Druck auf ihre Kinder ausüben. Wenn man ein Kind drängt, unmögliche Ziele zu erreichen, kann das zu enormem Stress führen. Finden Sie stattdessen heraus, in welchem Bereich die Begabungen Ihres Kindes liegen und ermutigen Sie es, das zu tun, was es gut kann, was ihm Spaß macht und wo es die meisten Erfolgserlebnisse haben kann.

Schularbeiten bewältigen

Jeder Jugendliche, ganz gleich wie talentiert und motiviert, fühlt sich manchmal von Abgabefristen und bevorstehenden Prüfungen unter Druck gesetzt. Man kann unnötigen Stress vermeiden, wenn man ihm hilft, seine Zeit effektiv einzuteilen und die Arbeit zu organisieren. Eltern können erklären, dass viele Menschen Schwierigkeiten damit haben, Termine einzuhalten, und dass systematisches Arbeiten eine Fähigkeit ist, die man erlernen kann und die im ganzen weiteren Leben nützlich sein wird.

Eltern können ihren Kindern dabei helfen, einen Zeitplan für Schularbeiten und Prüfungsvorbereitungen aufzustellen. Mithilfe sorgfältiger Planungen kann ein Jugendlicher seine Arbeit koordiniert und in aller Ruhe angehen und sicherstellen, dass die Zeit für alle zu erledigenden Aufgaben ausreicht. Außerdem sollte der Jugendliche einen ruhigen Platz zum Arbeiten haben.

Nicht zur Schule gehen

Für manche Kinder ist es schwierig oder unmöglich, zur Schule zu gehen; sie lassen Unterrichtsstunden ausfallen. Es gibt viele Gründe fürs »Schwänzen«; zu den wichtigsten gehören Gruppendruck, Probleme in der Schule wie psychischer Stress, Langeweile, ein Gefühl der Unzulänglichkeit oder Probleme wie Depressionen oder Drogenabhängigkeit.

Wenn Eltern entdecken, dass ihr Kind die Schule »schwänzt«, haben sie oft das Gefühl, bei ihrer Aufgabe, die Kinder zu lenken, zu motivieren und zu disziplinieren, versagt zu haben. Eltern sollten ihren Kindern deutlich machen, dass es inakzeptabel ist, nicht zur Schule zu gehen.

Wenn das »Schwänzen« häufiger vorkommt, sollte man versuchen, das zugrundeliegende Problem auszumachen und zu lösen, anstatt ärgerlich zu reagieren. Sie sollten das Problem bestimmt, aber verständnisvoll angehen; es kann nützlich sein, sich der Hilfe und Unterstützung von Lehrern zu versichern. Wenn Ihr Kind an ernsten emotionalen und Verhaltensproblemen leidet, konsultieren Sie Ihren Arzt.

Persönliche Notizen:

Wenn Kinder erwachsen werden

Manchmal werden erwachsene Kinder ihren Eltern zu Kameraden und Freunden. In vielen Eltern-Kind-Beziehungen jedoch dauern die grundlegenden Konflikte der frühen Jahre an. Oft werden die vorherrschenden Eigenschaften der Beziehung noch verstärkt, wenn es zu entscheidenden Veränderungen kommt: wenn ein Kind eine dauerhafte Partnerschaft eingeht oder Nachwuchs bekommt oder wenn die Eltern von ihrem Kind abhängig werden.

Beziehungen zwischen erwachsenen Kindern und ihren Eltern sind gewöhnlich durch Abnabelungsprozesse gekennzeichnet. Diese können nicht nur zu kleineren und größeren Konflikten führen, sondern bereiten auch häufig den Kindern große Probleme, da ihren Ablösungsversuchen ihre Verbundenheit mit ihren Eltern entgegensteht.

CHARAKTERISTIKA VON ELTERN - KIND – BEZIEHUNGEN

Der Prozess der Abnabelung, der für Heranwachsende und ihre Eltern das Hauptproblem darstellt, führt letztendlich dazu, dass aus dem Kind ein unabhängiger Erwachsener wird. Trotzdem bleibt die Beziehung zwischen Eltern und Kind von grundlegender Bedeutung.

Abnabelung

In der Pubertät entwickeln Kinder ihre eigene einzigartige Identität, die sich im Allgemeinen deutlich von der ihrer Eltern unterscheidet. Dabei sind vier klar er-

kennbare Aspekte dieses Abnabelungsprozesses definiert worden:
- Emotionale Unabhängigkeit: Freiheit von einem übermäßigen Bedürfnis nach elterlicher Zustimmung, Nähe und seelischem Beistand.
- Geistige Unabhängigkeit: die Fähigkeit der Kinder, eigene Werte und Haltungen anzunehmen, ohne das Bedürfnis zu verspüren, entweder mit denen der Eltern konform zu gehen oder gegen sie zu rebellieren.
- Konfliktunabhängigkeit: das Fehlen bestimmter negativer Gefühle, die häufig in der Pubertät auftreten, wie z.B. Misstrauen, Hemmungen und Wut.
- Funktionelle Unabhängigkeit: die Fähigkeit, die praktischen Dinge des Lebens zu bewältigen, ohne auf die Hilfe der Eltern zurückgreifen zu müssen.

Anhänglichkeit

Wenn Jugendliche erwachsen werden, verschwindet die Eltern-Kind-Bindung nicht. Gewöhnlich dauert die Anhänglichkeit bis ins Erwachsenenalter an, wenn auch natürlich nicht in derselben Form wie im Kleinkindalter. Doch kommt es auch nicht selten vor, dass Erwachsene sich noch so stark mit ihren Eltern verbunden fühlen, dass sie z.B. darauf warten, dass diese ihre Handlungen gutheißen und Zuneigung zeigen.

PROBLEME ZWISCHEN ERWACHSENEN KINDERN UND ELTERN

Wenn junge Erwachsene Schritt für Schritt heranreifen und verschiedene Etappen auf dem Weg zum eigenständigen Leben erreichen, z.B. das Elternhaus verlassen, finanziell unabhängig werden und heiraten, erwarten sie von ihren Eltern auch, dass sie einen neuen Status innerhalb der Familie zugewiesen bekommen. Der wichtigste Aspekt dieses neuen Status ist das Recht auf Privatsphäre. Nach Meinung von Psychologen verhandeln erwachsene Kinder und ihre Eltern ihre Grenzen langsam neu. Ein Einbruch in die Privatsphäre — z.B. wenn ein Elternteil zu viele Fragen zu persönlichen Angelegenheiten stellt — gefährdet die neu geschaffene Beziehungsebene, es kann zu Konflikten kommen. Manchmal sträuben sich Eltern gegen den Prozess der Individuierung, der eintritt, wenn ihr erwachsenes Kind seine Unabhängigkeit erlangt, weil sie darin das Ende ihrer Rolle als Versorger und Beschützer sehen.

Manche Eltern belasten die Beziehung zu ihren erwachsenen Kindern auch, indem sie sich ganz aus der Elternrolle zurückziehen und stattdessen eine Interaktion auf gleichberechtigter Basis erwarten. Es ist nicht gut, wenn ein Elternteil z.B. zu viel seelischen Beistand von seinem erwachsenen Kind erwartet. Haben erwachsene Kinder das Recht auf Privatsphäre und persönliche Unabhängigkeit ihren Eltern gegenüber durchgesetzt, bleiben noch zwei größere Etappen zu bewältigen: selbst Kinder zu bekommen und für die Eltern zu sorgen, wenn sie krank oder gebrechlich werden. In diesen Zeiten ist sensible Kommunikation vonnöten, um Rollen und Grenzen neu auszuhandeln.

Erwachsene Kinder und ihre Eltern können folgendermaßen zu guten Beziehungen beitragen:
- Akzeptieren Sie, dass ein Abnabelungsprozess notwendig und gesund ist. Wenn alle Beteiligten sich als unabhängige Individuen respektiert fühlen, fördert dies harmonische Beziehungen.

- Akzeptieren Sie, dass die Grenzen zwischen erwachsenen Kindern und Eltern sich verschieben, wenn bestimmte Phasen im Leben erreicht werden. Auch der Verlust von Rollen, der durch Scheidung oder Arbeitslosigkeit hervorgerufen wird, führt zu Veränderungen der Grenzen.
- Reagieren Sie sensibel auf Zeichen Ihrer Kinder bzw. Ihrer Eltern, wenn es um Ihre Anteilnahme geht. Akzeptieren Sie, dass gut gemeinte Handlungen manchmal als Einbruch in die Privatsphäre verstanden werden.
- Wenn Sie nicht sicher sind, fragen Sie, ob Ihre Eltern/Kinder Ihre Hilfe und Unterstützung wünschen.
- Machen Sie Ihren Eltern/Kindern klar, an welchen Aspekten Ihres Lebens sie teilhaben sollen, und in welchem Maß.
- Erwachsene Kinder, die selbst Kinder haben, sollten ihren Eltern ihre Haltung im Hinblick auf Benehmen und Disziplin darlegen.
- Seien Sie bereit, über verschiedene Haltungen, Überzeugungen und Wertvorstellungen unterschiedlicher Meinung zu sein und akzeptieren Sie Unterschiede als wertvollen Teil jedes Familienmitglieds.

Persönliche Notizen:

Soziale Beziehungen unter die Lupe genommen!

Soziale Beziehungen unter die Lupe genommen!

Schwierige Situationen

Es gibt zahlreiche Momente, in denen Eltern besonders hohen Anforderungen gegenüberstehen. Dazu gehören schwere Erkrankungen ihrer Kinder ebenso wie familiäre Probleme, z.B. wenn Paare sich trennen, die Partner wieder neu heiraten und die Kinder sich an andere Bezugspersonen gewöhnen müssen. Diese besonderen Lebensumstände schaffen Probleme, die viel Verständnis und Einfühlungsvermögen erfordern.

Vor allem Trennung oder Scheidung, Adoption, Stiefelternschaft, Pflegeelternschaft und die Erziehung eines behinderten Kindes stellen außergewöhnliche Anforderungen an Eltern und Kinder.

TRENNUNG UND SCHEIDUNG

Wenn eine Beziehung in die Brüche geht, gilt es, besonders auf die Kinder zu achten. Viele Paare trennen sich vernünftigerweise in aller Freundschaft, manche Partner jedoch haben ernste emotionale Probleme wie chronische Depressionen oder große Wut, einige tragen sich gar mit Selbstmordabsichten. Wie die Kinder mit den Veränderungen zurecht kommen, hängt vor allem davon ab, wie die Eltern mit der Trennung umgehen. Es ist wichtig, dass sie versuchen, mit ihren eigenen Gefühlen fertig zu werden, um ihre Kinder emotional unterstützen zu können.

Viele Familienberatungsstellen fordern die Partner noch vor einer gerichtlichen Regelung auf, einen »Erziehungsplan« aufzustellen. Dabei handelt es sich um eine schriftliche Vereinbarung, die beide Eltern zusammen entwerfen und unterzeichnen, die alle praktischen Aspekte der Erziehung abdeckt. Jeder Elternteil erhält eine Kopie, in manchen Fällen auch der Berater. Es gibt keine feststehende Formel für den Erziehungsplan; er sollte jedoch Vereinbarungen zu Fragen enthalten, wie: Wo werden die Kinder leben, wie oft werden sie den nicht sorgeberechtigten Elternteil besuchen, welchen Beitrag wird jeder Elternteil zu den Kosten der Versorgung leisten, wo werden die Kinder Feiertage verbringen und wie sollen wichtige Entscheidungen über gesundheitliche Fragen und Erziehung getroffen werden. Der Erziehungsplan kann den Gegebenheiten angepasst werden, wenn sich die Lebensumstände oder Bedürfnisse eines Familienmitglieds ändern.

Der Elternteil mit Sorgerecht

Der Elternteil, bei dem die Kinder leben, hat oft mit praktischen Schwierigkeiten zu kämpfen, wie z.B. mit erhöhter häuslicher Arbeitsbelastung, finanziellen Einschränkungen und fehlender Hilfe durch andere. Zusammen mit ungelösten Konflikten der Trennung und Schuldgefühlen gegenüber den Kindern kann dies zu enormem Stress führen.

Der sorgeberechtigte, allein erziehende Elternteil sucht manchmal bei älteren Kindern praktische und emotionale Unterstützung. Es kann gut für ein Kind sein, sich auf diese Weise gebraucht zu fühlen. Allerdings darf von ihm nicht erwartet werden, Verantwortung zu übernehmen, die seinem Alter nicht angemessen ist.

Der Elternteil ohne Sorgerecht

Der abwesende Elternteil ist vielleicht angesichts der Intensität seiner Emotionen erschrocken: Er verspürt Wut darüber, dass ihm seine Kinder weggenommen wurden, Trauer, Verlust- und Schuldgefühle, weil er sich um seine Kinder nicht mehr so kümmern kann wie zuvor — dies insbesondere dann, wenn er die Trennung gewünscht hat.

Der nicht sorgeberechtigte Elternteil sollte die unter den neuen Umständen bestmögliche Beziehung zu seinen Kindern aufbauen. Das kann aus der Entfernung schwierig sein. Manche Eltern versuchen dies, indem sie ihren Kindern besondere Freuden und Geschenke machen. Letztendlich brauchen Kinder jedoch vor allem Liebe, Bestätigung und Aufmerksamkeit beider Elternteile, die durch Verhandlungs- und Kompromissbereitschaft eine harmonische Atmosphäre für die Kinder schaffen können.

Das Kind getrennt lebender Eltern

Kleine Kinder sehen ihre Eltern eher als eine Einheit und nicht als zwei Individuen an und ihr einziger Wunsch ist häufig die Versöhnung der Eltern. Eltern sollten sich dessen bewusst sein und das Kind dahingehend beruhigen, dass sie immer »Mama« und »Papa« sein werden, auch wenn sie getrennt voneinander leben. Man sollte Kindern auch versichern, dass sie an der Trennung keine Schuld tragen. Ein kleines Kind sieht sich selbst oft als Verursacher seiner Lebensumstände und kann — in Ermangelung anderer Erklärungen — zu dem Schluss kommen, dass es für die Trennung verantwortlich ist, weil es ungehorsam oder »böse« war.

Bei Kindern geschiedener Eltern sind Gefühle von Ohnmacht und Wut recht häufig, da sie keine Kontrolle über die Ereignisse haben. Es kann den Kindern helfen, wenn man sie um Rat bittet und ihnen, wo immer das möglich ist, Wahlmöglichkeiten lässt—wenn es z.b. um Dinge wie eine neue Wohnung geht. Manche Kinder können von Mediation (Vermittlung) profitieren — in den USA z.B. ist es üblich, dass ein Psychologe als Mediator oder bei Gericht als Anwalt des Kindes auftritt.

STIEFELTERN

Menschen, die mit einem Lebensgefährten oder einer Lebensgefährtin mit Kindern aus früheren Ehen oder Lebensgemeinschaften zusammenzuziehen, werden für die Kinder des Partners zu Stiefvater oder -mutter. Dabei ist es nicht von Bedeutung, ob die Kinder im gleichen Haushalt oder bei ihrem anderen leiblichen Elternteil leben.

Die Stiefelternschaft kann schwierig sein, besonders wenn die Kinder im Teenageralter sind. Beziehungen in der Stieffamilie sind am einfachsten, wenn die betroffenen Kinder jünger als zehn Jahre sind. Mitglieder von Stieffamilien neigen oft dazu, die Zeit und die Bemühungen zu unterschätzen, die der Aufbau neuer Beziehungen erfordert.

Der leibliche Elternteil

Wenn der leibliche Elternteil seinen Kindern einen neuen Partner vorstellt, muss er sich sicher sein, dass die Beziehung reif, engagiert und über einen längeren Zeitraum aufrechtzuerhalten ist. Kinder haben Schwierigkeiten damit, wenn ihre Eltern mehrere Partner nacheinander haben, die immer nur für eine gewisse Zeit anwesend sind.

Wenn die familiären Beziehungen nicht sofort funktionieren, wird der leibliche Elternteil dem Partner und auch den Kindern gegenüber leicht ungeduldig. Es ist wichtig, sich in diesem Stadium nicht zu sehr einzumischen. Es ist eher abträglich, alle Beteiligten zu ermuntern, »miteinander auszukommen« oder sie zu kritisieren, wenn sie es nicht tun. Man sollte den Beziehungen Gelegenheit gehen, sich über eine gewisse Zeit hinweg zu entwickeln.

Wenn beide Partner aus früheren Beziehungen Kinder haben, neigen sie oft dazu, die Interessen ihrer eigenen Kinder vornan zu stellen. Der Stiefelternteil behandelt die Kinder oft streng und der leibliche Elternteil verwöhnt sie. Daher sollte das Paar im ständigen Dialog stehen, um insbesondere disziplinarische Probleme zu erörtern und gegenüber allen Kindern eine einheitliche Linie zu vertreten.

Der Stiefelternteil

Die Rolle eines Stiefvaters oder einer Stiefmutter ist viel weniger klar definiert als die eines leiblichen Elternteils. Einige Forschungsergebnisse zeigen, dass Stiefeltern allgemein weniger Kontrolle über ihre Kinder ausüben und ihnen weniger Wärme geben als leibliche Eltern. Die Stiefelternschaft kann Gefühle der Inkompetenz bei der Erziehung verstärken und daher zu Unzufriedenheit mit der eigenen Rolle führen. Andere Studien zeigen, dass Eltern, die ihre erzieherischen Fähigkeiten positiv bewerten, eher glückliche Beziehungen zu Stiefkindern haben als diejenigen, die sie negativ bewerten.

Die Entscheidung darüber wie weit sich der Stiefelternteil in die Erziehung einmischen sollte, hängt von vielen Faktoren ab. Einer der wichtigsten Aspekte ist die Beziehung des Kindes zum abwesenden leiblichen Elternteil, der immer noch eine große Rolle im Leben der Kinder spielen kann. Generell ist es sehr wahrscheinlich, dass der Stiefelternteil die volle Verantwortung eines Elternteils übernimmt, wenn die Rolle des abwesenden Elternteils eher gering war. Eine entscheidende Bedeutung hat darüber hinaus das Alter des Kindes; je jünger es ist, desto größer wird die Funktion des Stiefelternteils werden. Für diese Probleme müssen leibliche Eltern, Stiefeltern und Kinder zusammen nach Lösungen suchen.

Die Frage der Disziplin ist in Stieffamilien heikel. Kinder wollen oft die Autorität des neuen Elternteils nicht anerkennen. Wenn sie nicht mehr sehr klein sind, kann es hilfreich sein, wenn vor allem der leibliche Elternteil für Disziplin sorgt. Ein Stiefelternteil kann zwar nicht erwarten, dass seine Stiefkinder ihn sofort lieben, doch sollte allen Beteiligten klar sein, dass gegenseitiger Respekt unerlässlich ist.

Das Stiefkind

Der leibliche Elternteil kann die Stieffamilie für das Kind als wünschenswert betrachten; das Kind selbst jedoch kann sie als Verlust empfinden. Die Entstehung einer Stieffamilie signalisiert das Ende all seiner Hoffnungen, dass sich seine leiblichen Eltern wieder versöhnen. Es kann seinen Platz als Freund und Vertrauter des leiblichen Elternteils verlieren — und es kann, wenn weitere Kinder in die Familie kommen, auch seinen

Platz als ältestes oder jüngstes Kind verlieren. Es kann sich auch darüber ärgern, in ein neues Zuhause umziehen zu müssen. Außerdem kann das Kind in einen Loyalitätskonflikt geraten, wenn es glaubt, dass es den zweiten Elternteil verrät, wenn es die Stiefmutter oder den Stiefvater mag.

In der »Flitterwochenphase« einer neuen Beziehung fühlen sich pubertierende Kinder in einer Stieffamilie oft unbehaglich, wenn sie Zeuge körperlicher Kontakte zwischen dem neuen Paar werden und auf die Sexualität ihres Elternteils hingewiesen werden. Ein Jugendlicher in der Pubertät, der noch auf der Suche nach seiner Identität ist, möchte dann vielleicht mehr Zeit mit dem anderen Elternteil verbringen.

PFLEGEELTERN

Pflegeeltern sind meist geschickte und erfahrene Eltern. Sie werden gewöhnlich von sozialen Einrichtungen überprüft, um festzustellen, ob sie Kindern, die wahrscheinlich benachteiligt und verletzlich sind, eine stabile und pädagogisch sinnvolle Umgebung bieten können. Trotzdem kann die Pflegeelternschaft Probleme aufwerfen.

Die Pflegeeltern

Pflegeeltern haben in der Erziehung der Kinder andere Anforderungen zu erfüllen als leibliche Eltern. Sie müssen den körperlichen und emotionalen Bedürfnissen des Kindes Rechnung tragen und gleichzeitig mit Sozialarbeitern, Therapeuten und der leiblichen Familie des Kindes zusammenarbeiten. Womöglich müssen sie im Team Dinge enthüllen, die normalerweise privat wären, wie z.B. Veränderungen in ihrer eigenen Beziehung, ihrem Gesundheitszustand oder ihrer finanziellen Lage. Pflegeeltern müssen oft in engem Kontakt zur Schule oder auch Ärzten stehen, weil ein hoher Prozentsatz von Pflegekindern Schwierigkeiten in der Schule hat und ärztliche Hilfe benötigt. Sie müssen das Kind zu sozialen Beratungs-, Test- und Einstufungsterminen begleiten und sie können u.a. ersucht werden, das Verhalten des Kindes zu dokumentieren und sich selbst einer Ausbildung zu unterziehen.

Pflegeeltern müssen die Beziehung zur leiblichen Familie sensibel und unterstützend behandeln und dem Kind, das von zu Hause weggeholt wurde, helfen, mit Verlustgefühlen umzugehen. Sie müssen Kindern, die auf diesem Gebiet unter Umständen sehr benachteiligt sind, soziale und emotionale Fähigkeiten beibringen. Schließlich müssen sie akzeptieren, dass ihre Beziehung zu dem Kind keine dauerhafte sein kann. Der rechtliche Status von Pflegeeltern ist von Land zu Land sehr unterschiedlich.

Auch wenn die Beziehung zwischen Pflegeeltern und Pflegekind in vielen Fällen schwierig und problematisch ist, erscheint die Erfahrung den meisten Pflegeeltern als sehr lohnend und befriedigend.

Das Pflegekind

Pflegekinder haben meist irgendein Trauma durchlebt: Viele wurden vernachlässigt oder missbraucht und sie sind oft zwischen Kinderheim, leiblichen Eltern und Pflegeeltern hin und her geschoben worden. Sie haben häufig das Gefühl, keinerlei Kontrolle über ihr eigenes

Leben zu haben. Solche Ohnmachtsgefühle können sich in Aggression und Wut äußern.

Manche Pflegekinder haben nie ein normales Familienleben kennen gelernt und haben daher keine richtige Vorstellung von einer Familie. Sie brauchen Wärme und klare Grenzen sowie Zeit, sich auf diese Dinge einzustellen und mit ihnen umzugehen. Oft möchten sie ihre Pflegeeltern unbedingt zufrieden stellen, wissen aber nicht wie. Anfangs benehmen sich Pflegekinder häufig besonders korrekt, um von den Pflegeeltern Zustimmung zu erlangen. Sie werden jedoch schwieriger wenn sie sich eingelebt haben. Das kann ein gutes Zeichen sein, da es zeigt, dass die Kinder beginnen, die Regeln zu testen und sich ihrer neuen Familie anzuschließen. Pflegekinder zeigen oft Angst oder herausforderndes Verhalten wie Trotz, Unehrlichkeit und Aggression. In einer stützenden Familie sollte dieses Verhalten jedoch mit der Zeit zurückgehen. Eine Studie zeigt, dass am Ende eines Jahres etwa *75* Prozent der Pflegekinder ihr Verhalten verbessert und zu einem oder beiden Pflegeeltern eine gute Beziehung hatten — zwei wesentliche Indikatoren für eine erfolgreiche Unterbringung.

Im Allgemeinen werden Pflegekinder, die zu ihren Pflegeeltern eine gute Beziehung aufbauen, auch mit ihren neuen Geschwistern auskommen, auch wenn es immer mal wieder zu Streitereien kommen kann. Pflegekinder haben häufig Schwierigkeiten, Freundschaften zu schließen und aufrechtzuerhalten, weil sie das typische Verhalten zurückgewiesener Kinder zeigen: Unempfänglichkeit für die Gefühle anderer, Unfähigkeit, Spielregeln zu beachten, und aggressives Spielverhalten.

ADOPTION

Manche Paare, die Kinder adoptieren, haben schon eigene; viele jedoch wählen die Adoption, weil sie selbst keine Kinder bekommen können. Obwohl diese Eltern - Kind - Beziehung weitgehend so ist wie jede andere auch, wächst ein Adoptivkind — sofern es sein Schicksal kennt — in dem Bewusstsein auf, dass es noch ein zweites Elternpaar hat. Dies kann in der Kindheit wichtige Fragen aufwerfen, denen das Kind vielleicht zu einem späteren Zeitpunkt seines Lebens nachgehen will.

Die Adoptiveltern

Die Vorbereitungszeit auf eine Adoptivelternschaft ist ganz anders als die neun Monate der Schwangerschaft und kann sehr anstrengend sein. Das Adoptionsverfahren kann sich sehr lange hinziehen, auf Zeiten der Hoffnung folgen Zeiten der Enttäuschung. Eine Hilfsgruppe für Adoptiveltern kann in dieser Zeit hilfreich sein.

Adoptiveltern fühlen sich zunächst oft nicht wie »richtige« Eltern. Deswegen sollten sie jedoch keine Schuldgefühle haben, sondern sich Zeit geben: Eine gewisse Anpassungszeit — auch emotional — ist einfach nötig.

Adoptiveltern sind oft besorgt, dass das Verhalten ihres Kindes bezeichnend für seinen bisherigen Lebensweg ist. In den meisten Fällen sind Verhaltensformen wie Wutanfälle, Verlassensängste und Widerspenstigkeit typisch für kindliche Entwicklungsphasen und stehen nicht im Zusammenhang mit einer Adoption. Um herauszufinden, was normal ist, sollten sich Adoptiveltern mit Kindesentwicklung befassen und Erziehungsfragen mit anderen Eltern besprechen.

Es kann schwierig sein, den richtigen Zeitpunkt zu finden, um einem Kind zu sagen, dass es adoptiert wurde. Die Meinungen darüber, wann ein Kind dies erfahren sollte, gehen auseinander. Einige raten, es Kindern zwischen zwei und vier Jahren zu sagen. Allerdings wird ein Dreijähriger zwar in der Lage sein, anderen zu erzählen, dass er adoptiert ist, er wird jedoch den Sinn der Worte nicht wirklich erfassen. Andere Experten dagegen sind der Auffassung, dass das Alter zwischen vier und sechs ein besserer Zeitpunkt ist. Mit sechs Jahren sollte ein Kind frühere Verlassensängste überwunden haben und die Bedeutung der Adoption besser verstehen.

Auf Jugendliche in der Pubertät kann es sehr verstörend wirken, wenn man ihnen sagt, dass sie adoptiert wurden. Denn Kinder in diesem Alter haben bereits einen großen Teil ihrer Identität geformt, jetzt müssen sie sich mit ganz anderen Voraussetzungen ihres bisherigen Lebens auseinandersetzen.

Kinder, die nach ihrem zweiten Lebensjahr adoptiert wurden oder eine andere ethnische Herkunft haben als ihre Adoptiveltern, sollten früher über ihre Adoption informiert werden. So können die Adoptiveltern die Erinnerungen des Kindes an sein früheres Leben anerkennen und Unterschiede mit ihnen besprechen.

Wenn ein Kind älter wird, versteht es die Bedeutung der Adoption und die Probleme, die sich daraus ergeben, immer besser. Bevor es alles jedoch voll erfasst, müssen die Adoptiveltern immer wieder mit ihren Kindern über das Thema sprechen. Dabei sollten die Kinder stets das Gefühl haben, dass sie mit ihren Gedanken und Problemen auf ein offenes Ohr stoßen.

Sehr kleine Kinder sind oft begeistert, wenn sie von ihrer Adoption erfahren, ebenso wie andere Kinder wenn man ihnen von ihrer Geburt erzählt. Die Eltern können die positive Einstellung eines Kindes zur Adoption stärken, indem sie ihre eigenen Glücksgefühle mitteilen. Adoptiveltern können z.B. davon erzählen, wie aufgeregt sie waren, als sie das Kind zum ersten Mal sahen.

Das Adoptivkind

Ein kleines Baby fasst zu seinen Adoptiveltern eine solche Zuneigung, wie das auch bei seinen leiblichen Eltern der Fall wäre. Bei einem älteren Baby oder Kind, das adoptiert wird, kann dieser Prozess länger dauern. Die Eltern müssen stärker daran arbeiten, ein Vertrauensband zu knüpfen, weil das Kind möglicherweise schon nicht mehr so spontan und intensiv Beziehungen eingehen kann. Kinder, die spät (womöglich in der Pubertät) adoptiert werden, können große Schwierigkeiten haben, ihre Adoptiveltern zu akzeptieren. Bei aggressivem Verhalten, Schulproblemen oder Drogenkonsum sollten Adoptiveltern professionellen Rat suchen.

Adoptivkinder haben in der Regel nicht mehr intellektuelle oder emotionale Probleme als leibliche Kinder. Kinder aber, die nach den ersten neun Monaten adoptiert wurden oder die vor der Adoption keine angemessene Fürsorge erhielten, können einige Schwierigkeiten haben.

Alle Adoptivkinder müssen mit Verlustgefühlen umgehen. Manchmal treten sie erst auf, wenn das Kind alt genug ist, die Bedeutung der Adoption zu erfassen. Kinder, die sieben Jahre oder älter sind beginnen, über ihre leiblichen Eltern nachzudenken und sich zu fragen, warum sie zur Adoption freigegeben wurden. Sie können enttäuscht und wütend über ihre leiblichen Eltern sein, weil diese sie weggegeben haben. Sie können auch Angst haben, dass es ihre Adoptiveltern verletzt oder verärgert, wenn sie Interesse an ihren leiblichen Eltern bekunden.

Für ein Kind in der Pubertät wird die Aufgabe, ein stabiles Identitätsgefühl zu entwickeln, durch das Wissen über seine Vergangenheit komplizierter. Wenn es einer anderen Rasse oder Kultur als seine Adoptiveltern angehört, kann es sich zusätzlich befremdet oder verwirrt fühlen. Bei seiner Identitätsentwicklung kann es nach mehr Informationen über seine leiblichen Eltern suchen wollen oder den Wunsch äußern, mit ihnen in Kontakt zu treten.

DIE ERZIEHUNG EINES BEHINDERTEN KINDES

Bei etwa drei bis vier Prozent der Neugeborenen zeigt sich in der Kindheit eine Behinderung. Je früher die Behinderung festgestellt wird, desto eher können therapeutische Maßnahmen ergriffen werden, um den medizinischen, psychologischen und erzieherischen Bedürfnissen eines betroffenen Kindes Rechnung zu tragen. Die Behinderung kann zwar bereits bei der Geburt vorliegen, doch lässt sich erst mit der Zeit sagen, wie weit sich diese auf den weiteren Lebensweg des Kindes auswirken wird. So kann z.B. ein Kind, das am Down-Syndrom leidet, sehr große oder nur leichte Lernschwierigkeiten haben. Wie bei jedem Kind ist es wichtig, weder das Potenzial zu unterschätzen noch die Erwartungen so hoch zu schrauben, dass ein Scheitern unvermeidbar ist.

Die spezifischen Fragen und Probleme der Eltern eines behinderten Kindes hier zu behandeln ist schwierig, da die möglichen Behinderungen mit ihren unterschiedlichen physischen und psychischen Problemen so vielfältig sind.

Die Eltern

Die Eltern eines behinderten Kindes haben oft Schuldgefühle und fühlen sich für die Behinderung ihres Kindes verantwortlich — wie irrational das auch sein mag. Häufig sind sie auch wütend. Manchmal sehen sie andere Kinder die »gesund« oder »normal« sind, und fragen sich: »Warum gerade wir?« Vielfach entwickeln sie auch Wut auf Gott, den Arzt oder den Partner und auf das Kind selbst.

Anfänglich können Eltern das Gefühl haben, dass sie ihr behindertes Baby nicht lieben können. Auf diese Ablehnung folgen jedoch gewöhnlich zwiespältige Gefühle, die sich schließlich in Liebe wandeln. Wenn Eltern lernen, mit den Vielschichtigkeiten der Pflege umzugehen, nehmen sie allmählich ihr Kind als einzigartiges Individuum wahr. Sozialberatung kann den Eltern eines behinderten Kindes helfen, ihre Gefühle zu akzeptieren und mit ihnen umzugehen.

Manche Eltern zögern, anderen Menschen von der Behinderung ihres Babys zu erzählen; teils, weil sie kein Mitleid wollen, und teils, weil sie den Stress, mit den Emotionen der anderen umgehen zu müssen, vermeiden wollen. Trotz aller Schwierigkeiten sollte man versuchen, offen und mit einer positiven Einstellung in die Zukunft zu blicken. Das hilft auch der näheren Umgebung, emotionale Hemmungen gegenüber den Eltern und dem betroffenen Kind zu überwinden und die Situation zu akzeptieren.

Die Erwartungen der Eltern spielen gewöhnlich eine bedeutende Rolle für das Selbstvertrauen und Selbstwertgefühl der Kinder. Wenn Eltern von der Behinderung ihres Kindes erfahren, sind sie meist pessimistisch hinsichtlich seines Leistungs- und Glückspotenzials. Sich mit anderen Eltern behinderter Kinder zu treffen und zu besprechen hilft dabei, die Behinderung nicht als einzigartige und unaufhörliche Tragödie zu betrachten. Ältere behinderte Kinder kennen zu lernen kann betroffenen Eltern auch etwas die Angst vor der Zukunft nehmen und ihnen zeigen, dass jedes Kind seine eigenen Stärken hat.

Viele Eltern sind bei einem behinderten Kind überängstlich und vermitteln ihm ein Gefühl der Besorgnis. Wenn ein Kind erwartet, gesellschaftlich zu versagen, kann das seinen ganzen Lebensweg negativ beeinflussen. Das Beste, was Eltern für das Glück ihres Kindes tun können, ist, sein Selbstwertgefühl und seine sozialen Fähigkeiten aufzubauen und zu fördern.

Das behinderte Kind

Behinderte Kinder brauchen Liebe, Zuwendung und Disziplin ebenso wie andere Kinder. Zuneigung ist besonders wichtig für Kinder, die sich vielleicht Geschwistern oder Gleichaltrigen gegenüber unterlegen fühlen.

Ein behindertes Kind muss in jedem Fall lernen, so unabhängig wie möglich zu werden. Das bedeutet nicht, dass es alles selbst tun muss. Es sollte aber weitgehend die Kontrolle über sein Befinden, seine Umgebung und seine Emotionen gewinnen.

Eine Möglichkeit, in solch einer Lebenssituation Hilfe und Unterstützung zu finden, ist die Frühförderung. Sie ist ein Angebot an Familien und hier speziell an die Eltern und beginnt im Leben des behinderten Kindes so früh wie möglich. Frühförderung ist immer auf die speziellen Bedürfnisse und besonderen Probleme des Kindes abgestellt. Daher ist es für die Eltern wichtig, nicht nur mit Kindern zur Frühförderung zu gehen, die stark entwicklungsbeeinträchtigt sind, sondern auch mit Kindern, bei denen kaum eine Entwicklungsbeeinträchtigung zu erwarten ist. Zur Frühförderung kommen Kinder vom Säuglingsalter bis zum Schuleintritt und sie endet, wenn sie nicht mehr notwendig ist. Für dieses Angebot sind je nach Bundesland verschiedene Organisationen wie beispielsweise Sozialbehörde, private Träger (Bundesvereinigung, Lebenshilfe, kirchliche Heime), Gesundheitsämter oder Sonderschulen zuständig. Je nach Träger ist das Angebot kostenlos, vom Staat getragen oder wird über die Krankenkasse abgerechnet.

Auch wenn es vielen Familien im Alltag gelingt, sich auf die neue Situation mit einem entwicklungsbeeinträchtigten oder behinderten Kind einzustellen, so brauchen doch manche Familien und Eltern besondere Unterstützung, um ihre Probleme zu bewältigen. Diese Unterstützung wird z.B. von Familienberatungsstellen gewährt.

Persönliche Notizen:

Soziale Beziehungen unter die Lupe genommen!

Kapitel 3

Die Familiendynamik

Die Familie des beginnenden 21. Jahrhunderts scheint komplizierter zu sein als je zuvor. Liberalere Scheidungsgesetze haben dazu geführt, dass sich Paare, die sich in einer Krise befinden, viel schneller trennen als früher. Daher bestehen heute viele Familien aus allein Erziehenden mit ihren Kindern oder Stiefeltern und Stiefkindern und inzwischen gibt es auch gleichgeschlechtliche Paare, die Kinder großziehen.

Längst hat die traditionelle Rollenverteilung nicht mehr die gesellschaftspolitische Bedeutung wie in vergangenen Zeiten. Auch in dieser Hinsicht sind die Familienstrukturen tief greifenden Veränderungen unterworfen. So kann heute beispielsweise die Mutter die Alleinverdienerin sein, während der Vater die Kinderbetreuung übernimmt. Trotz all dieser Wandlungsprozesse ist jedoch die Hauptfunktion der Familie noch immer die gleiche: Sie stellt insbesondere für die Kinder eine sichere Umgebung dar, in der sie aufwachsen und entscheidende Kompetenzen erwerben können.

Geschwister können die kindliche Entwicklung erheblich beeinflussen. Von ihnen lernt das Kind zahlreiche soziale Fertigkeiten, die ihm im späteren Leben wertvolle Dienste leisten können. Hierzu zählen z. B. die Fähigkeit zu teilen und Probleme zu lösen, die Kunst des Verhandelns oder der sensible Umgang mit den Emotionen anderer. Darüber hinaus können Geschwister Vorbildfunktionen übernehmen und tatkräftige Unterstützung und Anleitung bieten.

Obwohl die Familie überwiegend ein Ort der Zufriedenheit und Sicherheit ist, können immer wieder Probleme auftauchen, zuweilen kommt es auch zu schweren Krisen. Manche dieser Schwierigkeiten treten plötzlich auf wie beispielsweise Krankheiten oder Trauerfälle. Andere, wie eine schlechte Ehe, stellen eine dauerhafte Belastung dar.

Sie können dem Zusammenhalt langfristig sehr schaden. Das Familienleben kann von Streit, verletzten Gefühlen und Feindseligkeit geprägt sein.

Da Kinder viele Verhaltensweisen vor allem durch Beobachtung und Nachahmung erlernen, kommt dem Elternhaus eine wichtige Vorbildfunktion zu. Es bietet zudem eine Art Bühne, auf der sehr unterschiedliches Verhalten ausprobiert werden kann, ohne dass es gleich zu ernsten Konsequenzen führt. Allerdings liegen darin auch viele Fallstricke. Lösen die Eltern beispielsweise Probleme durch körperliche Züchtigung anstatt durch offene Dialoge untereinander und mit den Kindern, so ist die Wahrscheinlichkeit hoch, dass auch ihre Kinder später dieses Verhalten übernehmen und so keine andere Art der Problemlösung kennen lernen.

Neben Meinungsverschiedenheiten über das Zusammenleben zählen vor allem Eheprobleme, sexueller Missbrauch von Kindern, finanzielle Not sowie Drogensucht und Alkoholismus zu den häufigsten familiären Schwierigkeiten. Familien, die mit ihren Problemen nicht allein fertig werden, benötigen Hilfe von außen, um ihren Zusammenhalt zu wahren. Hier sind Familienberatungsstellen sehr wertvoll, die professionelle Lösungsvorschläge bieten und somit helfen, die Krise zu überwinden.

Die moderne Familie

Die moderne Familie — egal in welcher Form — bildet den Grundstein für die kindliche Entwicklung. Durch den familiären Einfluss wird das Verhalten im Erwachsenenalter stark geprägt. Zudem spielt die Familie nach wie vor eine wichtige Rolle im Leben der meisten Erwachsenen. Nach Umfragen hat die Familie in der Gesellschaft einen hohen Stellenwert — auch bei denjenigen, die ihre Karriere und Freizeitaktivitäten als sehr wichtig bewerten.

Die moderne Familie kann aus zwei Elternteilen und ihren Kindern, einem allein erziehenden Elternteil und Kindern, Stiefeltern und Stiefkindern sowie einigen anderen Mitgliedern bestehen. Die Familie hat grundlegende soziale Funktionen. Obwohl jede Familie einzigartig ist, weisen die meisten ähnliche Schemata auf.

DIE AUFGABE DER FAMILIE

Die vordringlichste Aufgabe der Familie ist es, Kindern emotionale, soziale und ökonomische Unterstützung zu bieten. Kinder lernen hauptsächlich in der Familie etwas über Kultur und Werte der Gesellschaft, in der sie aufwachsen. Durch den Umgang mit den unterschiedlichen Familienmitgliedern entwickeln Kinder eine eigene Identität, setzen sich Entwicklungsziele und lernen ihr Geschlecht kennen.

Der Prozess der Identitätsbildung dauert das ganze Leben lang, beeinflusst durch die Erfahrungen innerhalb der Familie als Kind und später als Partner und Elternteil der eigenen Kinder. Familien können in schwierigen Zeiten auch seelischen oder praktischen Beistand leisten.

WIE FAMILIEN FUNKTIONIEREN

Um zu untersuchen, wie Familien funktionieren, konzentrieren sich Familientherapeuten darauf, wie Familienmitglieder sich untereinander wahrnehmen. Sie benutzen oft die Bezeichnungen »Mythen« und »Skripts« oder »Geschichten«, um zu beschreiben, wie eine Familie sich selbst erlebt. Auch die Rollen und Regeln, die eine Familie erzeugt und aufstellt, sind für das Verständnis ihrer inneren Dynamik wichtig.

Mythen

Familien entwickeln starke Grundannahmen oder Mythen, die das innere Bild des Familienlebens ausmachen. Es kann Generationen brauchen, diese Mythen aufzubauen, und obwohl sie in manchen Fällen nie explizit ausgesprochen werden, haben sie meist bestimmte Eigenschaften:
- Sie werden von der gesamten Familie geteilt.
- Sie üben auf alle Familienmitglieder und ihre Beziehungen Einfluss aus.
- Sie werden nicht in Frage gestellt, obwohl sie nicht immer der Realität entsprechen

Ein Beispiel für einen einfachen, aber weit verbreiteten Mythos ist »Wir sind eine glückliche Familie«. Alle Familienmitglieder glauben, dass es absolut erforderlich ist, an diesem Glauben festzuhalten, und Anzeichen für ein Abweichen werden ignoriert oder unterdrückt. Meinungsverschiedenheiten werden eher abgebrochen als weitergeführt und gelöst. Jeglicher Versuch, etwas zu ändern, wird blockiert, weil die unterschwellige Annahme, dass etwas nicht in Ordnung ist, dem Glauben an das Glück widerspricht.

Ein weiteres Beispiel für einen verbreiteten Mythos ist, dass der Vater das Rückgrat der Familie ist, weil er durch seine Berufstätigkeit für Ansehen und Einkommen sorgt.

Skripts

Das Familienleben lässt sich oft mit einem Theaterstück vergleichen und Familientherapeuten sprechen davon, dass Familienmitglieder ein Skript gelernt haben. Dieses Skript lernt man gewöhnlich von der Familie, in der man aufwächst, und man wendet später als Erwachsener in seiner eigenen Familie dasselbe Skript an.

Familienmitglieder verhandeln unbewusst miteinander, um ihre individuellen Skripts kompatibel zu machen. Wenn zwei Menschen eine Familie gründen, übernehmen sie in der Regel eines der beiden verbreitetesten Skripts: Während das eine Skript darauf abzielt, die Vergangenheit zu wiederholen, versucht das so genannte korrigierende Skript, frühere Erfahrungen zu ändern. Wenn z. B. beide Eltern mit 17 das Elternhaus verlassen haben, gehen sie möglicherweise davon aus, dass dies so sein muss und schaffen eine Familie, in der sich dies wahrscheinlich wiederholen wird. Andererseits ist jemand, der als Kind überbehütet war, vielleicht entschlossen, als Erwachsener diesen Aspekt des Skripts bei der Erziehung seiner eigenen Kinder zu korrigieren.

Alle Skripts lassen zu, dass die Vergangenheit die Zukunft bestimmt. Dies kann dazu führen, dass dieselben Muster ständig wiederholt werden

Rollen und Regeln

Familien profitieren meist davon, dass die Rollenverteilung geklärt ist. Von Eltern wird gewöhnlich erwartet, für alle wichtigen Familienfragen die Verantwortung zu übernehmen. Wenn Kinder erwachsen werden, stellen sie diese Rollen allerdings in Frage — das ist normal und bietet eine gute Gelegenheit, den Umgang der Familienmitglieder miteinander zu überprüfen.

Regeln wirken auf verschiedenen Ebenen. Es gibt explizite Regeln, z. B. die, dass jedes Familienmitglied das Haus in Ordnung halten muss. Andere Regeln bleiben unausgesprochen. Meist hat eine Familie Regeln darüber, wie Gefühle ausgedrückt werden und ob Wetteifern unter Geschwistern gefördert wird oder nicht. Abhängig von Alter oder Geschlecht kommen bei verschiedenen Familienmitgliedern unterschiedliche Regeln zur Anwendung. Dabei kann es für eine Familie nützlich sein, diese Gepflogenheiten zu diskutieren.

Familienregeln, besonders unausgesprochene, sind nicht immer vernünftig oder logisch. Manche Familien haben z.B. sehr widersprüchliche Regeln.

Ein Beispiel für solche Widersprüchlichkeiten wäre die explizite Regel, dass elterliche Anordnungen zu befolgen sind, in Verbindung mit der unausgesprochenen Regel, dass man mutig und unabhängig sein soll. Ein Vater verbietet z.B. seinem Sohn, auf einen Baum zu steigen, mit der Begründung, dass es gefährlich ist; steigt der Junge trotzdem auf den Baum, wird er vielleicht wegen Ungehorsams bestraft, tut er es nicht, wird ihm womöglich vorgeworfen, »weich« oder ängstlich zu sein. Auf diese Weise geraten Kinder in Zwickmühlen und können ein Gefühl der Unzulänglichkeit entwickeln.

Widersprüchliche Botschaften stehen oft mit geschlechtsspezifischen Fragen in Zusammenhang. Ein Junge kann z.B. in dem Glauben aufwachsen, emotional stark und gefestigt zu sein und alle Emotionen, die ihn schwach oder verletzlich erscheinen lassen könnten, unterdrücken zu müssen, wenn er ein richtiger Mann sein will. Andererseits kann er auch davon überzeugt sein, dass er sensibel und liebevoll sein muss, um einen guten Ehemann abzugeben. Männer haben oft Schwierigkeiten damit, diesen anscheinend widersprüchlichen Definitionen gerecht zu werden. Frauen haben oft das Gefühl, dass die Attribute, die sie benötigen, damit Männer sie attraktiv finden, nicht mit denen vereinbar sind, die sie für ihre Karriere brauchen.

Familien schaffen Zwickmühlen nicht absichtlich. Kontroversen können auftauchen, wenn ein Familienmitglied an zwei oder mehr widersprüchlichen Überzeugungen festhält, wenn zwei Familienmitglieder — gewöhnlich die Eltern — verschiedener Meinung sind oder wenn zwischen den Wertvorstellungen der Familie und denen der Außenwelt eine Diskrepanz besteht.

Funktionale Familien

Das Interesse an der Frage, was funktional ist, taucht immer dann auf, wenn in einer Familie etwas nicht funktioniert, und man dann der Frage nachgeht, wie es in anderen Familien funktioniert.

Ein entscheidendes Kriterium zur Beantwortung dieser Frage liefert die so genannte Problemlösefähigkeit. Auch gut funktionierende Familien lösen Probleme in unterschiedlichen Graden und Zeiträumen, aber sie erstarren dabei nicht, sondern fördern im Gegenteil eigene

Entwicklungsprozesse. Diese Familien können Strategien, die nicht zum Erfolg geführt haben, aufgeben und kreativ neue Strategien erfinden. Dagegen neigen nicht funktionale Familien dazu, an einem bestimmten Lösungsverhalten festzuhalten und stark emotional zu reagieren. So können unlösbare Probleme entstehen.

Familien zeigen ein ganz spezifisches Problemlöseverhalten, das sich in drei Dimensionen — Außenbeziehung, Innenbeziehung, Flexibilität — unterteilten lässt. Sie können zum Ersten die Außenwelt als geordnetes oder als unberechenbares Chaos erleben oder als geordnetes System. Zum Zweiten kann sich jedes Familienmitglied in unterschiedlichem Maß als Teil der Gruppe erleben und sein Verhalten danach ausrichten und drittens fühlt sich eine Familie gegenüber Neuem entweder verunsichert oder aber steht der Neuheit aufgrund guter Erfahrungen aus der Vergangenheit positiv gegenüber. Alle drei Ebenen bestimmen die Struktur einer Familie, ihr Bild von der Welt und die Art und Weise, wie sie Probleme löst. Familien brauchen dabei Flexibilität und Anpassungsfähigkeit ebenso wie Stabilität ihrer Rahmenbedingungen. Diese Bereiche müssen jeweils neu ausgehandelt und ausbalanciert werden.

Die hier geforderte Flexibilität der Familienmitglieder bringt eine ständige Veränderung und Neuorganisation der Familie mit sich, die sich zwischen den Polen Nähe und Distanz, Abgrenzung und Öffnung zwischen den Generationen und den verschiedenen familiären Ebenen bewegt.

Familien haben auch mit unterschiedlichen Kräften zu tun, die auf sie einwirken. Sie lassen sich in zentrifugale und zentripetale Kräfte unterscheiden. So sind Karriereentscheidungen der Eltern Beispiele für zentrifugale Kräfte, ein gemeinsam verbrachter Urlaub dagegen wirkt als zentripetale Kraft. Je besser eine Familie diese Kräfte mischt, sie individuell abgrenzt und offen über sie redet, desto besser funktioniert das System Familie. Dominiert eine der beiden Kräfte, also gibt es beispielsweise nur noch die Karriere der beiden Eltern, steigen die Spannungen innerhalb der Familie an.

Für besonders wichtig halten Familienforscher den Kommunikationsstil, der innerhalb der Familie herrscht. Bei funktionalen Familien lassen sich folgende Merkmale finden: Angefangene Gespräche werden auch beendet, es werden nicht nur Fragen gestellt, sondern auch beantwortet.

Die Meinungen, Hoffnungen, Befürchtungen und Erwartungen aller Familienmitglieder können auch mitgeteilt werden. Es werden nur ganz wenige so genannte versteckte Botschaften ausgesandt, die Familienmitglieder nehmen Anteil am Leben der anderen.

VERÄNDERUNGEN IN DER FAMILIENSTRUKTUR

Das derzeit vorherrschende Familienbild ist deutlich von der Vergangenheit geprägt. Viele Soziologen glauben, dass die moderne Familie stark von dem bürgerlichen Idealbild einer Familie des 19. Jahrhunderts beeinflusst ist, in der die Männer zur Arbeit gingen und die Frauen das Haus hüteten. Diese verklärte Vorstellung hat dazu geführt, dass unbewusst ein »goldenes Zeitalter« der Familie geschaffen wurde.

Die heutige Familie ist immer noch eine einflussreiche und stabile Institution, aber sie ist jetzt viel komplexer, als Bilder aus der Vergangenheit das erwarten lassen. Inzwischen sind Trennung und Scheidung weit verbreitet und traditionelle Geschlechterrollen werden immer häufiger abgelegt. In vielen Gesellschaftsformen jedoch reflektieren bestimmte Regelungen wie Erbfolge und Organisationen der Altersfürsorge noch das traditionelle Familienmodell, in dem Paare ein Leben lang verheiratet sind, in dem die Männer in erster Linie die Versorger sind und die Frauen sich vornehmlich um die Familie kümmern.

Wie sich Scheidungen auswirken

In ganz Europa sind Scheidungen an der Tagesordnung und immer weniger Paare heiraten. Daher geht die Zahl der Haushalte zurück, die auf einer ehelichen Gemeinschaft fußen. Demgegenüber ist ein verstärkter Trend zu Familien spürbar, die jenseits solcher Vorstellungen leben.

Wenig Beachtung finden in der Regel die Familien, die sich nach einer gescheiterten Beziehung bilden. Die meisten allein stehenden Eltern aber gehen eine neue Beziehung ein, bevor ihre Kinder das Haus verlassen. Recht verbreitet sind auch Familien, in denen beide Eltern Kinder aus früheren Beziehungen haben.

Diese neu entstandenen Familien erfordern von allen Mitgliedern beachtliche Anpassung. Die Kinder müssen sich an größere Veränderungen in der Haushaltsroutine gewöhnen und sich damit abfinden, zu einem Elternteil weniger Kontakt zu haben. Ihre Loyalität dem abwesenden Elternteil gegenüber kann bei Versuchen, mit dem Stiefelternteil eine enge Beziehung einzugehen, hinderlich sein.

In der Zwischenzeit müssen die Stiefeltern passende Wege finden, mit den ihnen noch fremden Kindern in Kontakt zu treten. Das kann schwierig werden, wenn sie keinerlei Erfahrungen in Erziehungsfragen haben oder wenn sie ihre eigenen Kinder mit in den Haushalt bringen und damit ein komplexes Geflecht neuer Beziehungen schaffen:

Immer mehr Kinder gehören inzwischen nicht mehr nur zu einer Familie und teilen das Leben mit Halbgeschwistern und Kindern, die nicht zur Familie gehören. Viele messen geschwisterlichen »Blutsbanden« keine überragende Bedeutung mehr bei und verbringen eher ihre Zeit mit denen, die sie gern haben.

Die Auswirkungen veränderter Geschlechterrollen

Im 20. Jahrhundert wurden die Rollen der Geschlechter neu definiert. Dies führte zu einem deutlichen Anstieg der Zahl berufstätiger Frauen. Vor dem Hintergrund weiterer gesellschaftlicher Veränderungen, z. B. den höheren Anforderungen im Berufsleben und geänderten Arbeitszeiten wie im Fall der längeren Ladenöffnungszeiten, kann dies dazu führen, dass Eltern heute deutlich länger als früher von zu Hause fort sind.

So kommen Kinder immer öfter von der Schule in ein leeres Zuhause. Wachsende Bedeutung erlangt dabei die Kinderbetreuung. Auf diese Weise werden manche Kinder — zumindest in Bezug auf ihre physischen Bedürfnisse — zunehmend selbstständiger.

FAMILIENVIELFALT

In der westlichen Gesellschaft entwickeln sich ständig neue Familienformen. Einige sind wirklich neu, andere, z.B. Familien mit einem allein erziehenden Elternteil, gab es schon immer, ohne jedoch genau benannt zu werden.

Familien mit nur einem Elternteil

In der Vergangenheit entstanden Familien mit nur einem Elternteil gewöhnlich durch den Tod des Partners. Heute gehen sie vor allem auf Trennungen und Scheidungen zurück. Abgesehen von kinderlosen Ehepaaren, ist die Scheidungsrate bei jungen Ehepaaren mit kleinen Kindern am höchsten. Da allgemein immer noch die Überzeugung vorherrscht, dass Kinder am besten bei der Mutter aufgehoben sind, sind die meisten allein Erziehenden junge Frauen.

Einige Forschungsergebnisse deuten daraufhin, dass Kinder allein Erziehender in der Schule und im späteren Berufsleben schlechter zurechtkommen. Das kann an einer Vielzahl von Faktoren liegen: Dem Erziehenden fehlt der seelische Beistand eines zweiten Erwachsenen; die Scheidung und das Dasein als allein Erziehender können große finanzielle Schwierigkeiten mit sich bringen und oft fehlt die Zeit, sich den Kindern zu widmen.

Künstliche Befruchtung

Moderne Formen künstlicher Befruchtung haben vollkommen neue und oft sehr schwierige familiäre Verhältnisse geschaffen und darüber hinaus Diskussionen über die Natur der Elternschaft entfacht. Die Möglichkeit der Leihmutterschaft zwingt dazu, die rechtliche und moralische Frage der Mutterschaft neu zu hinterfragen und zu klären.

Aufgeschobene Elternschaft

In der Vergangenheit waren verlässliche Verhütungsmittel nicht immer ohne weiteres verfügbar; so führten sexuelle Beziehungen häufiger zu Schwangerschaft und Geburt. In den Industrieländern sind Mittel zur Schwangerschaftsverhütung mittlerweile so leicht zugänglich, dass man selbst bestimmen kann, wann oder ob man Kinder möchte.

Immer mehr Paare verschieben die Elternschaft auf einen späteren Zeitpunkt in ihrem Leben, einerseits weil sie mehr Wert auf Karriere und finanzielle Sicherheit legen, andererseits weil sie mehr Freizeit genießen möchten. Darüber hinaus geht man generell davon aus, länger gesund zu bleiben. In den späten 90er Jahren zeigte sich bei verheirateten Paaren folgendes Bild: Bei mehr als 50 Prozent aller Geburten waren die Mütter 30 oder älter, im Vergleich dazu waren es 1981 nur 28 Prozent. Auch unverheiratete Paare bekommen ihre Kinder später, meist aber immer noch Anfang 20.

Die Großfamilie

In einer Großfamilie leben auch Verwandte, z. B. Großeltern, Onkel und Tanten, Vettern und Kusinen, unter demselben Dach. Diese Familienstruktur ist in vielen Gesellschaften der Welt vorherrschend und auch in Europa nicht unüblich (etwa zehn Prozent). In manchen Ländern und Regionen stellt die Großfamilie einen wichtigen Teil des religiösen und kulturellen Lebens dar. In anderen beruht der enge Kontakt zu Verwandten hauptsächlich auf praktischen und wirtschaftlichen Gründen.

In der westlichen Welt sind Großfamilien am häufigsten in Gesellschaftsschichten mit geringem Einkommen und niedrigem gesellschaftlichen Ansehen anzutreffen. Hier gibt es auch die meisten allein erziehenden jungen Mütter. Unerfahrene Mütter profitieren manchmal davon, dass ihre eigenen Eltern und Großeltern sie bei Erziehungsfragen unterstützen können und die Last der Kindesbetreuung mit ihnen teilen. So kann die junge Mutter z.B. ihre Ausbildung fortsetzen oder weiter berufstätig sein und zugleich ihrem Kind eine zusätzliche Bezugsperson bieten.

Kommunikation und Reisen werden immer einfacher; so kann sich die Familie in einem größeren Umfeld bewegen und muss nicht unbedingt ein gemeinsames Zuhause haben. Darüber hinaus zeigt sich in den Industriestaaten zunehmend die Tendenz, genetischen Beziehungen weniger Bedeutung beizumessen und nicht mehr so klar zwischen Verwandten und anderen, die mit der Familie zu tun haben, z.B. Freunden und Nachbarn zu unterscheiden.

Persönliche Notizen:

Soziale Beziehungen unter die Lupe genommen!

Geschwisterbeziehungen

Die Familie ist eine geschützte Umgebung, in der ein Kind lernen kann, mit vielen Schwierigkeiten des Lebens umzugehen. Immer wieder ergeben sich Gelegenheiten, zwischenmenschliches Verhalten zu beobachten und auszuprobieren. Psychologen und Psychologinnen halten die alltäglichen Streitigkeiten zwischen Geschwistern für wichtige Situationen, in denen Kinder soziale Kompetenzen erwerben können.

Geschwisterbeziehungen spielen in der Kindesentwicklung eine maßgebliche Rolle. Geschwister können voneinander lernen und in einem sicheren sozialen Rahmen streiten und kämpfen. Rivalitäten sind gewöhnlich ganz normal und wenn die Eltern richtig damit umgehen, können sie einen guten Lerneffekt haben. Die Stellung eines Kindes innerhalb der Familie — sei es das älteste, mittlere oder jüngste Kind — hat wesentlichen Einfluss auf seine Erfahrungen.

DIE ROLLE DER GESCHWISTER

Die Bedeutung von Brüdern und Schwestern für die psychische Entwicklung eines Kindes ist erst in den letzten Jahren genauer erforscht worden. In der Geschwisterbeziehung werden andere Verhaltensweisen eingeübt als in der Eltern-Kind-Interaktion, sie ermöglicht praktisches und emotionales Lernen.

Alternative Formen der Interaktion

Anders als die Eltern-Kind-Beziehung ist die Verbindung zwischen Geschwistern eine weitgehend gleichberechtigte: Sie befinden sich auf derselben Ebene und haben prinzipiell denselben Status. Das Eltern-Kind-Verhältnis ist dagegen gewöhnlich hierarchisch. Geschwister können intime, offene und vertrauensvolle Beziehungen entwickeln. Im Allgemeinen ist die Angst vor Bestrafung, Missbilligung, Vergeltungsmaßnahmen und Kritik geringer als in einer hierarchischen Beziehung.

Während sich Elterngespräche meist auf die praktischen Aspekte des Lebens konzentrieren, z. B. Anziehen, Essenszeiten und Waschen, sind Unterhaltungen unter Geschwistern eher spielerisch, humorvoll und fantasiegeleitet. Je mehr Kinder in einer Familie leben, desto seltener werden die Eltern in ihre Spiele eingeweiht.

Geschwister können ihre Gedanken und Gefühle auf gleichberechtigter Ebene austauschen und zwar in einer Weise, wie sie es mit den Eltern wahrscheinlich nicht täten. Diese »alternativen« Formen der Interaktion vergrößern die emotionale Ausdrucksfähigkeit — das Kind lernt, seine Welt spielerisch zu erforschen, einen Einblick in die Gefühle und Reaktionen Gleichaltriger zu gewinnen und sich in sie hineinzuversetzen.

Fürsorglichkeit

Gewöhnlich sind Kinder gern bereit, sich um ihre jüngeren Geschwister zu kümmern. Dies lässt sich noch verstärken, indem man die Gefühle und Bedürfnisse des Geschwisterchens mit dem Kind bespricht. Auf diese Weise werden Empathie (Einfühlungsvermögen) und Selbstwertgefühl gefördert.

Oft können Kleinkinder von zwei oder drei Jahren schon genau den Gesichtsausdruck und die Laute ihrer kleinen Geschwister interpretieren und sie für die Eltern »übersetzen«.

Vorbilder

Brüder und Schwestern sind für kleine Kinder wichtige Vorbilder. Sie lernen u.a. dadurch, dass sie das Verhalten ihrer älteren Geschwister und Gleichaltriger beobachten und imitieren. So erwerben sie nicht nur praktische Fertigkeiten, sondern auch soziale Kompetenzen wie Teilen und Kooperieren. Ein kleines Kind übernimmt manche Verhaltensmuster von älteren Geschwistern, lehnt andere aber ab. Es erwirbt ein Gefühl von Identität.

Geschwister können einander auch zu größerer Eigenständigkeit ermutigen. Während ein Kind womöglich negative elterliche Beurteilungen fürchtet, wenn es neue Ideen ausprobieren will, können Geschwisterbeziehungen in dieser Hinsicht eine angstfreie Atmosphäre bieten.

Der Umgang mit Konflikten und Aggression

Streitigkeiten unter Geschwistern kommen häufig vor. Sie können nützlich sein, weil sie dem Kind Argumentationstechniken beibringen und ihm helfen, die Regeln der Familie zu entschlüsseln. Die meisten Auseinandersetzungen kreisen um die folgenden Themen:

- Aktivitäten: Woran darf sich das Kind beteiligen (und wann und wie lange)?

• Besitz: Was gehört einem Kind und was wird geteilt? (Hierzu können Räume — z.b. ein Schlafzimmer — ebenso wie Gegenstände gehören.)
• Persönliche Grenzen: Wie viel Privatsphäre und Autonomie besitzt ein Kind? Wer übt Autorität über das Kind aus? Haben ältere Geschwister manchmal die Befehlsgewalt? Ist die Machtverteilung für alle Familienmitglieder akzeptabel?

Durch ihre Interaktion mit Geschwistern lernen Kinder, Konflikte zu lösen. Es hängt weitgehend von der Familiendynamik ab, ob sie dies verbal, mit körperlicher Aggression oder durch Rückgriff auf elterliche Intervention tun. Kinder in zerstrittenen oder geschiedenen Familien neigen zu Kämpfen.

Körperliche Zusammenstöße bei jüngeren Kindern kommen gehäuft vor, wenn das jüngere Kind etwa acht bis zwölf Monate alt ist. In diesem Alter werden die Kinder beweglicher und ihre motorischen Fähigkeiten, z.B. das Festhalten von Gegenständen, sind besser ausgebildet. So können sie die spielerischen Aktivitäten ihrer älteren Geschwister stören, was dann zu Streit führt.

Auch andere Entwicklungsstadien bei jüngeren Geschwistern, wie z.B. Sprechen- lernen, können die Konflikte verstärken. Wenn ein Kind sprechen lernt, kann es sich nicht nur auf Wortgefechte mit älteren Geschwistern einlassen, es kann auch die Aufmerksamkeit der Eltern auf das Fehlverhalten der Geschwister lenken.

Gegenseitige Unterstützung

Geschwister dienen nicht nur als soziale und psychologische Vorbilder; sie können einander auch praktische Hilfe und Anleitung geben. Ältere Geschwister können den Kleineren z. B. beim Essen, Waschen und Anziehen helfen. Geschwister geben sich gegenseitig oft Ratschläge. Sie können einander z.b. vor der schlechten Laune der Eltern warnen oder Tipps geben, wie man mit Problemen mit den Eltern oder Freunden umgeht.

GESCHWISTERDYNAMIK

Manche Geschwister haben harmonische, nicht von Konkurrenzdenken geprägte Beziehungen. Allerdings treten auch immer wieder Rivalität und Eifersucht sowie Gefühle von Unzulänglichkeit auf.

Rivalität und Eifersucht

Rivalität und Eifersucht können sich schon zu einem frühen Zeitpunkt entwickeln. Konkurrenzdenken schafft starke Emotionen und es kann für eine gesunde Entwicklung durchaus förderlich sein, diese Gefühle zu verspüren. Wichtig ist es dabei, das Kind zu beobachten und mit ihm zu besprechen, wie es mit diesen Gefühlen umgeht und wie es sicherstellt, dass diese Emotionen nicht überhand nehmen.

Wird ein Baby geboren, reagieren ältere Kinder manchmal, indem sie klammern, zunehmend Ansprüche stellen und zu Wutanfällen neigen. Sie wollen damit die Aufmerksamkeit der Eltern erregen, die diese nun verstärkt dem Neugeborenen zuwenden. Hier können Eltern helfen, indem sie das ältere Kind ermutigen, sich an der täglichen Fürsorge für das Baby zu beteiligen. Auch Väter und Großeltern können eine nützliche Rolle nach der Geburt eines Babys spielen, indem sie den größeren Geschwistern zusätzliche Aufmerksamkeit, Zuneigung und Unterstützung zukommen lassen.

Wenn Eltern tatsächlich oder scheinbar ein Kind vorziehen, kann das zu tiefen Feindseligkeiten unter den Geschwistern führen. Das Erstgeborene ist meist neidisch auf die Aufmerksamkeit, die ein Schwesterchen oder Brüderchen erhält, besonders wenn das zweite Kind noch ein Baby ist. Ältere Geschwister haben oft Schwierigkeiten damit, ihre Gefühle zu kontrollieren. So kommt es vor, dass die Älteren die Kleinen schlagen, ohne sich dabei der Folgen bewusst zu sein. Das Gefühl der Eifersucht wird noch verstärkt, wenn das ältere Kind getadelt oder bestraft wird, anstatt dass die Eltern auf seine Bedürfnisse eingehen.

Eltern müssen sich darüber im Klaren sein, wie sie das Verhalten eines eifersüchtigen Kindes korrigieren oder kritisieren und welche Auswirkungen das auf ein Kind haben kann. Ständige Kritik kann das Selbstwertgefühl eines Kindes mindern und die Eifersucht auf andere, die privilegierter erscheinen, fördern. Das kann Wut, Neid und Kummer hervorrufen und das unerwünschte Verhalten des Kindes noch verstärken. Es ist konstruktiver, Kinder bei passender Gelegenheit, d.h. bei angemessenem Verhalten zu loben, als sie zu kritisieren und Partei gegen sie zu ergreifen.

Gefühle von Unzulänglichkeit

Eine wesentliche Ursache für Konflikte sind die unterschiedlichen Fähigkeiten der Geschwister. Die jüngeren neigen dazu, sich Gebiete für hervorragende Leistungen auszusuchen, in denen sie nicht die Konkurrenz der älteren Geschwister fürchten müssen. Sie wenden sich z.B. dem Sport zu, wenn sich die älteren schulisch hervortun. Probleme entstehen jedoch, wenn ein jüngeres Kind das ältere zu übertreffen scheint. Wenn die Eltern dann noch zum Wettstreit ermutigen, wird das ältere Kind sich möglicherweise an dem jüngeren rächen. Hilfreicher ist es, wenn die Eltern von Selbstkritik und negativen Vergleichen abraten und Begeisterung für die unterschiedlichen Leistungen jedes Kindes zeigen.

DIE AUSWIRKUNGEN DER STELLUNG IN DER FAMILIE

Zwar herrscht unter den Forschern eine gewisse Uneinigkeit darüber, welche Auswirkungen die Geburtenreihenfolge hat, dennoch sollen hier die allgemein akzeptierten Muster beschrieben werden.

Das älteste Kind

Das erste Kind hat einen Sonderstatus. In vielen Ländern ist das Erstgeborene (bzw. in manchen Fällen der erstgeborene Sohn) Stammhalter, übernimmt die Familiengeschäfte, erbt den Hauptteil des Vermögens und erhält meist einen Namen, der in der Familie Tradition hat. Erstgeborene haben häufig die Verantwortung für jüngere Geschwister und genießen, zumindest eine Zeitlang, die ungeteilte Aufmerksamkeit ihrer Eltern. Von Nachteil ist allerdings die elterliche Unerfahrenheit. Besonders in der Pubertät muss das erste Kind in besonderem Maß darum kämpfen, dass Regeln aus der Kindheit, z.B. zur Kleidung, gelockert werden. Die jüngeren Kinder werden meist nachsichtiger behandelt.

Durch seine besondere Stellung legt das Erstgeborene frühzeitig erwachsene Verhaltensweisen an den Tag, steht aber auch unter größerem Druck. Es erweist sich oft als verantwortungsbewusst, reif, anpassungsfähig und beherrscht. Wegen der hohen Erwartungen der Eltern konzentriert sich das Kind mehr auf Belange der Erwachsenen als die nachfolgenden Kinder. Erstgeborene leiden eher an Angstgefühlen (mit denen sie häufig nicht gut umgehen können), Schuld und Versagensängsten. Sie sind in der Schule meist besser als die jüngeren Geschwister und es gibt einige Hinweise darauf, dass sie im Berufsleben erfolgreicher sind.

Erstgeborene reagieren auf die Geburt eines zweiten Kindes manchmal, indem sie anspruchsvoller unglücklich oder verschlossen werden, weil sie den Verlust der elterlichen Zuneigung fürchten. Bisweilen möchten sie wieder wie ein Baby behandelt werden und kehren zu früheren Verhaltensformen zurück, wie Daumenlutschen, Babysprache und Bettnässen.

Die Eltern sollten das erstgeborene Kind auf die Ankunft eines Geschwisterchens vorbereiten. Die folgenden Methoden können einem Kind dabei helfen, mit der neuen Familiensituation umzugehen:

- Zeigen Sie Ihrem Kind Fotos von ihm selbst, als es ein Baby war.
- Mütter können ein Kind fühlen lassen, wie das Baby sich in ihrem Bauch bewegt.
- Besprechen Sie die Schwangerschaft und die damit verbundenen körperlichen Veränderungen.
- Preisen Sie das Baby nicht als neues Brüderchen oder Schwesterchen an, mit dem man spielen kann. Das ältere Kind wird enttäuscht sein, wenn es feststellt, dass das neue Baby ein dürftiger Spielkamerad ist.
- Wenn Ihr Kind in ein anderes Zimmer umziehen muss, um das neue Baby unter bringen zu können, tun Sie das

lange vor der Ankunft des Babys, damit das ältere Kind sich nicht beiseite geschoben fühlt.
- Vermeiden Sie es, den Tagesablauf Ihres Kindes mit der Ankunft des Babys zu verändern.

Das mittlere Kind

Ein mittleres Kind hat den Vorteil, sowohl mit seinen älteren als auch mit seinen jüngeren Geschwistern interagieren und von ihnen zu lernen zu können. Mittlere Kinder entwickeln häufig ein intensives Einfühlungsvermögen in das Verhalten anderer Menschen und verstehen oft besonders gut, dass Menschen verschiedene Überzeugungen haben. Man geht davon aus, dass mittlere Kinder eher als andere Geschwister Beziehungen außerhalb der Familie suchen.

Das jüngste Kind

Das jüngste Kind hat meist ältere, selbstbewusstere und kompetentere Eltern, die gemeinhin über ein besser ausgestattetes Zuhause und einen größeren finanziellen Spielraum verfügen, als das bei der Familiengründung der Fall war. Die Umstände bewirken oft eine größere Sicherheit und Selbstsicherheit jüngster Kinder, die meist ehrgeizig, einfallsreich und bei Gleichaltrigen beliebt sind.

Später geborene Kinder identifizieren sich in der Regel auch weniger mit der elterlichen Autorität und sind meist nicht so abhängig von elterlicher Billigung wie früher Geborene.

DIE AUSWIRKUNGEN VON ALTER UND GESCHLECHT

Abgesehen von der Geburtenfolge werden Geschwisterbeziehungen auch vom Alter und Geschlecht der Kinder beeinflusst.

Geschlecht

Heutzutage bemühen sich viele Eltern, ihre Söhne und Töchter möglichst gleich zu behandeln. Eltern vermitteln in dieser Hinsicht aber oft Botschaften, ohne es zu merken: Sie kaufen ihren Kindern z.B. geschlechtsspezifisches Spielzeug. Außerdem lernen Kinder aus der Beziehung ihrer Eltern und dem Verhalten ihrer Geschwister etwas über Geschlechterrollen.

Kinder mit älteren Brüdern sind eher aktiv und aggressiv. Ein Mädchen, das einen älteren Bruder hat, zeigt oft mehr Interesse an Jungenspielen und ist ein »Wildfang«.

Mädchen haben allgemein mehr Einfühlungsvermögen als Jungen und man überträgt ihnen eher die Verantwortung für jüngere Geschwister. Jungen, die ältere Schwestern haben, sind bisweilen verschlossen, unselbstständig und auch weniger aggressiv und abenteuerlustig. Bei Geschwistern gleichen Geschlechts gibt es in der Kindheit mehr Rivalität. In der Pubertät jedoch neigen Schwestern dazu, einander zu unterstützen, und werden zu Vertrauten bei Angelegenheiten wie Verabredungen mit Jungen.

Die engste Beziehung besteht anscheinend zwischen Schwestern, gefolgt von Beziehungen zwischen Brüdern. Die lockersten Beziehungen sind solche zwischen Geschwistern verschiedenen Geschlechts.

Alter

Die Natur von Geschwisterbeziehungen hängt oft vom Alter ab. Im Kleinkindalter wetteifern Geschwister um die Aufmerksamkeit der Eltern. Sie entdecken jeden Unterschied in der Behandlung und suchen nach Anzeichen für elterliche Bevormundung. Im Grundschulalter drehen sich die Streitigkeiten meist um die Privatsphäre und materielle Dinge. Das Eindringen in den persönlichen Raum eines Kindes wird zu einem immer heikleren Thema, bietet aber auf der anderen Seite auch viele Gelegenheiten, sich in Verhandlungsgeschick zu üben.

Gegen Ende der Kindheit und in der Pubertät neigen Kinder dazu, ihre jüngeren Geschwister zu dominieren, und möchten auf sie aufpassen. Wenn diese dann selbst in die Pubertät kommen, wird die Beziehung gleichberechtigter. Ein älteres Kind, dem zuviel Verantwortung für seine jüngeren Geschwister aufgebürdet wird, bezeichnet man als »verelterlichtes Kind«. Es verliert seinen Status als Kind und verpasst wichtige Erfahrungen. Erwachsenen erscheint ein solches Kind reif und verantwortungsbewusst, denn die Defizite seiner Rolle zeigen sich oft erst viel später.

GESCHWISTERBEZIEHUNGEN IM ERWACHSENENALTER

In der Kindheit gewinnen Geschwister gegenseitig psychologische Einblicke, die oft ein Leben lang anhalten. Auch wenn sie keinen engen Kontakt pflegen, erhalten sie sich bisweilen doch die Fähigkeit, im anderen zu »lesen«, wenn sie sich dann treffen. Das erklärt vielleicht, warum Geschwister ihre Beziehungen als eng bezeichnen, auch wenn sie weit voneinander entfernt wohnen.

Die Vorbildfunktion lässt nach, wenn die Geschwister in die Pubertät kommen und erwachsen werden. Jedes Individuum entwickelt seinen eigenen Identitätssinn und neigt immer weniger dazu, das Verhalten anderer zu imitieren.

Bei manchen Gelegenheiten im Erwachsenenalter kann es sein, dass die Vorbildfunktion wieder an Bedeutung gewinnt. Hierbei handelt es sich meist um neue Situationen, denen man sich nicht gewachsen fühlt, wenn es z.B. darum geht, eine Langzeitbeziehung zu beenden oder einen neuen Berufsweg einzuschlagen. Die Vorbildfunktion taucht dann wieder auf, wenn man glaubt, der Bruder oder die Schwester sei klüger, talentierter oder er oder sie habe bereits eine ähnliche Erfahrung im Leben gemacht.

Menschen, die in der Kindheit zu ihren Geschwistern eine enge Bindung unterhielten, halten diese Beziehung oft auch als Erwachsene aufrecht, besonders wenn sie unverheiratet sind und keine eigene Familie gegründet haben. Einige Singles beschließen in dieser Situation, zusammen zu wohnen; auch dies ist besonders unter Schwestern verbreitet. Manchmal kommen Geschwister im hohen Alter wieder zusammen, wenn ihre Kinder ihr eigenes Leben führen und die jeweiligen Partner verstorben sind.

Zu bestimmten Zeiten verstärkt sich die gegenseitige Unterstützung unter Geschwistern wieder, besonders wenn die Eltern im Alter gesundheitliche Probleme haben und die Kinder entscheiden müssen, wie die Pflege aussehen soll. Auch beim Tod der Eltern sind Geschwister oft verstärkt aufeinander angewiesen, sowohl in praktischer als auch in emotionaler Hinsicht. Das trifft jedoch nicht immer zu — wenn die Geschwister einander nie besonders nahe standen, können Krankheit und Tod der Eltern die Kluft zwischen den Kindern vertiefen.

Geschwister, die in der Kindheit in heftigem Wettstreit lagen, sehen einander auch als Erwachsene oft als Rivalen. Dieses Konkurrenzdenken kann einseitig sein: Wer sich als schwach sieht, verspürt heftige Feindseligkeit, während der »Erfolgreiche« den Machtkämpfen gleichgültig gegenübersteht oder sie gar nicht wahrnimmt.

Persönliche Notizen:

Soziale Beziehungen unter die Lupe genommen!

Familien in Schwierigkeiten

Fast alle Familien haben hin und wieder größere Schwierigkeiten zu bewältigen, ohne dabei Unterstützung von außen zu bekommen. Viele Familien werden selbst mit den Problemen fertig und kehren später wieder zur Normalität zurück, andere aber brechen unter dem Druck auseinander. Um dies zu verhindern und die Schwierigkeiten zu bewältigen, sollten Familien unter Umständen professionelle Hilfe in Anspruch nehmen.

Etwa die Hälfte aller Ehen wird derzeit innerhalb der ersten sieben Jahre geschieden — Teil des Preises, den wir für geänderte Lebensentwürfe und Selbstverwirklichung zahlen müssen. Nicht nur diese hohe Scheidungsrate und die vielen Fälle von Kindesmissbrauch sind Indikatoren für die Schwierigkeiten, denen sich Familien stellen müssen. Drogenabhängigkeit, ernste körperliche oder psychische Erkrankungen oder Trauerfälle können Familien einem ungeheuren Stress aussetzen. Familiäre Schwierigkeiten werden hauptsächlich in einer Familientherapie behandelt, wobei es eine Vielzahl unterschiedlicher Ansätze zur Bearbeitung der Probleme gibt.

ANZEICHEN FÜR PROBLEME

Familien sind in zunehmendem Maß großen Belastungen ausgesetzt, die zahlreiche Ursachen haben können. Vielfach wird inzwischen sogar die Meinung vertreten, in der westlichen Welt sei die traditionelle Familie als solche bedroht.

Scheidung und Trennung

In Ländern, die ihre Scheidungsgesetze gelockert haben, steigt die Zahl der Trennungen bis zu einer Scheidungsrate von 50 Prozent ständig an. Vielfach brechen Familien dadurch auseinander, dass Elternteile oder auch Kinder einfach weggehen: So schätzt man, dass es in den Vereinigten Staaten gegenwärtig etwa eine Million Kinder gibt, die von zu Hause weggelaufen sind, und insgesamt acht Millionen »weggelaufene« Väter. Es ist also äußerst schwierig, ein intaktes Familienleben zu führen. Dabei ist allerdings umstritten, ob die derzeitigen Trends tatsächlich auf wachsende familiäre Probleme hinweisen, oder ob die Partner einfach weniger als früher bereit sind, in einer Beziehung zu verharren, die sie als unbefriedigend empfinden.

Kaum eine Trennung verläuft ohne Schmerz, Kummer und Ungerechtigkeiten. Die Zahl der Paare, denen es gelingt, sich einvernehmlich scheiden zu lassen bzw. zu trennen, steigt zwar, ist aber immer noch verschwindend gering.

Oft berücksichtigen Erwachsene bei einer Scheidung nicht die Empfindungen ihrer Kinder. Viele denken, Kinder würden die betrüblichen Szenen, denen sie vielleicht ausgesetzt sind, entweder nicht begreifen oder sich später nicht daran erinnern. Die Wahrheit ist, dass sich eine Scheidung schädlich auf die geistige Gesundheit eines Kindes auswirken kann. Kinder leiden besonders dann unter einer Trennung, wenn sie die Gründe nicht begreifen, wenn sie sich in irgendeiner Weise daran schuldig fühlen oder wenn Vater und Mutter versuchen, das Kind negativ gegen den jeweils anderen Elternteil zu beeinflussen.

Es hat sich gezeigt, dass Mediation, Schlichtungs- und Familientherapien Paaren und Kindern wertvolle Hilfestellung geben können, diese Phase ihres Lebens ohne bleibende Schäden zu überstehen. Familien können sich darüber informieren, wie Kinder elterliche Streitigkeiten interpretieren und wie sie Schuldgefühle bei den Kindern vermeiden können. Sie erfahren, wie die Kinder beiden Elternteilen gegenüber loyal bleiben und sie gleichermaßen lieben können, ohne dass der jeweils andere Elternteil eifersüchtig ist oder sich abgewiesen fühlt.

Missbrauch und Gewalt

Trotz der großen gesellschaftlichen Bedeutung der Familie ist sie nicht mehr unbedingt eine sichere Umgebung für Kinder. Körperliche Misshandlungen, Vernachlässigung — und sogar Morde — werden eher von Mitgliedern des eigenen Haushalts als von Fremden begangen. Wegen der zunehmenden Berichterstattung durch die Medien wird das gesamte Ausmaß des körperlichen, emotionalen und sexuellen Kindesmissbrauchs innerhalb der Familie immer deutlicher. Häufig neigen die misshandelten Kinder später selbst wieder dazu, Gewalt zur Lösung von Konflikten einzusetzen.

HÄUFIGE FAMILIÄRE STRESS FAKTOREN

Zu den Schwierigkeiten, mit denen Familien zu kämpfen haben, gehören psychische Probleme, Drogenabhängigkeit, Behinderungen, finanzielle Not, chronische Erkrankungen und Trauerfälle. Dabei kommt es immer wieder vor, dass die Familie die Situation allein nicht bewältigen kann und ohne professionelle Hilfe auseinander bricht.

Psychische Probleme
Wenn ein Familienmitglied an psychischen Problemen leidet, verursacht das oft Stress. Depressionen z. B. treten häufiger bei erwachsenen Frauen als bei Männern auf. Daher sind davon wahrscheinlich am ehesten Mütter betroffen. Familien reagieren darauf zunächst, indem sie die Aufgaben der betroffenen Person übernehmen und ihr in der Hoffnung, den Druck zu lindern, besondere Zuwendung schenken. Das ist manchmal wenig hilfreich und verstärkt nur das Gefühl der Wert- und Hilflosigkeit.

Ein weiteres ernstes psychisches Problem ist die Schizophrenie. Die ersten Symptome treten meist im Alter zwischen 15 und 25 zu Tage, wenn ein junger Mensch normalerweise seine Unabhängigkeit entwickeln sollte. Schizophrenie bringt große Probleme mit sich. Es kann beängstigend sein festzustellen, dass ein Familienmitglied an Halluzinationen, Wahnvorstellungen und anderen Symptomen leidet und es ist für die Familie auch schwierig, psychotischem Verhalten richtig zu begegnen.

Wenn man die Geschwister eines Kindes mit ernsten psychischen Problemen nicht aufklärt, reagieren sie bisweilen verwirrt und aggressiv. Manche zeigen mehr Zuneigung und Sorge, andere entwickeln jedoch feindselige Gefühle. Recht häufig sind Geschwister und manchmal auch Eltern zwischen diesen Gefühlen hin- und her gerissen und verhalten sich daher widersprüchlich.

Suchterkrankungen

Ob Drogenabhängigkeit oder Alkoholismus: Es ist für Familienangehörige ziemlich schwierig, mit diesen Krankheiten umzugehen. Alkoholabhängigkeit ist eine häufig auftretende Suchterkrankung, die sich nicht nur finanziell belastend auswirkt, sondern auch zu Gewalt in der Familie beiträgt. Häufiger übermäßiger Alkoholgenuss kann viele Gründe haben, meist hält er den Betreffenden davon ab, sich Problemen, auch familiären Schwierigkeiten, auf positive Weise zu stellen und sie zu lösen. Mittlerweile ist auch das Phänomen des so genannten Co-Alkoholismus untersucht. Dabei unterstützt der Partner den alkoholabhängigen Teil, indem er dessen Verhalten heimlich gutheißt. Die Folgen: Kommt der Alkoholabhängige nach seiner Entzugstherapie wieder nach Hause, findet er dort Bedingungen vor, die ideal für einen Rückfall sind.

Wenn ein Familienmitglied drogenabhängig ist, entstehen nicht nur erhebliche Kosten. Sucht führt sehr schnell zu Geheimnistuerei und Kriminalität. Das wirkt sich auf die gesamte Familie schädlich aus, denn Kinder wie auch Erwachsene werden manchmal in die kriminelle Unterstützung der Sucht mit verwickelt.

In solchen Situationen kann eine Familientherapie helfen, allerdings benötigt der Abhängige selbst oft zusätzliche individuelle Behandlung. Es gibt auch Selbsthilfe- und Unterstützungsgruppen (wie die „Anonymen Alkoholiker"), die Abhängigen und ihren Angehörigen helfen, mit der schwierigen Situation zurechtzukommen.

Behinderungen

Eine Familie mit einem Körper- oder lernbehinderten Kind ist oft beträchtlichem Stress unterworfen. Hier kann die Familientherapie Beistand bieten. Sie hilft nicht nur emotional, sondern gibt auch praktische Tipps. Die Therapeutin kann z. B. die Familie beraten, wie sie die Unterstützung von Schulen, Frühförderung, Wohnungsvermittlungen, Ärzten und Sozialarbeitern am besten nutzen kann.

Hilfe von außen kann auch notwendig sein, wenn ein Elternteil behindert ist und Schwierigkeiten hat, sich um die Kinder zu kümmern. So hat z.B. ein blinder oder tauber Elternteil oft Probleme damit, die Bedürfnisse eines sehenden und hörenden Kindes zu erkennen und entsprechend zu befriedigen. Kinder behinderter Eltern übernehmen meist auch größere Verantwortung als andere Kinder ihres Alters und kommen so möglicherweise auf anderen Gebieten des Lernens zu kurz.

Finanzielle Not

Armut oder chronische Geldprobleme bedeuten für Familien oft auch eine große psychische Belastung. Häufig geraten Familien mit Kindern unverschuldet in finanzielle Schieflagen. Der chronische Geldmangel wirkt sich zwangsläufig negativ auf die familiären Beziehungen aus, führt oft zu schlechter Ernährung und beengten, unzulänglichen Wohnverhältnissen und einem schlechtem Gesundheitszustand. Männer, die das Gefühl haben, an der traditionellen Rolle des Ernährers zu scheitern, laufen Gefahr, sich in Drogen- oder Alkoholmissbrauch zu flüchten oder starke Depressionen zu bekommen. Zudem scheinen unzureichende und schwierige soziale Verhältnisse mit Kindesmissbrauch sowie Verwahrlosung häufig Hand in Hand zu gehen, um sich auf diese Weise von Generation zu Generation zu »vererben«.

Chronische Erkrankungen

Ebenso wie Behinderungen kann auch eine langwierige Krankheit für eine Familie beträchtlichen Stress bedeuten. Abgesehen von den seelischen Belastungen ist die Pflege eines chronisch kranken Kindes häufig derart aufwändig, dass die Partnerschaft darunter leidet. Geht sie in die Brüche, werden die Probleme noch größer. Die Geschwister eines kranken Kindes müssen oft zusätzliche Verantwortung im Haushalt übernehmen. Daran können sie wachsen und ihr Einfühlungsvermögen und ihre Sorge um andere werden vielleicht gesteigert, aber auch Ärger und wachsender Verdruss können die Folgen sein.

Trauerfälle

Jede Familie muss irgendwann mit einem Trauerfall fertig werden. Manche Familien können trauern, ohne zu verzweifeln, andere erholen sich nie mehr ganz. Besonders schwer wiegend sind der Tod eines Kindes, der vorzeitige Tod anderer Familienmitglieder, Selbstmorde und Morde. Die seelischen Folgen einer solchen Erfahrung dürfen nicht unterschätzt werden. Wenn man über den Todesfall nicht spricht oder ihn nicht wahr haben will (Erwachsene vermeiden es manchmal, den Todesfall mit den Kindern zu besprechen, weil sie sie schützen wollen), wirkt sich das besonders schädlich aus.

Schlechte Erziehungsmethoden

Eltern haben für Kinder Vorbildfunktion. Das ist in der Regel positiv, aber manchmal imitiert ein Kind auch negatives und falsch angepasstes Verhalten. Ein typisches Beispiel dafür ist der Umgang der Eltern mit Meinungsverschiedenheiten. Führen Streitereien zu gewalttätigen Auseinandersetzungen, werden die Kinder dieses Verhalten später nachahmen, denn sie haben ja keine anderen Strategien zur Konfliktlösung kennen gelernt. Familiäre Schwierigkeiten können auch durch ein inkonsequentes Verhalten der Eltern entstehen. Untersuchungen haben ergeben, dass Kinder zu widersprüchlichen Eltern, die immer wieder anders auf das Verhalten des Kindes reagieren, keine echte Beziehung aufbauen. In einer solchen Umgebung wird ein Kind leicht verwirrt, bekümmert oder wütend.

Beziehungsprobleme

Es kann schwierig sein, ein ausgeglichenes Verhältnis der Familienmitglieder untereinander zu schaffen. Dies gilt besonders für Stieffamilien. Wird ein Kind nicht ausdrücklich dazu ermutigt, die Nähe zu den neuen Familienmitgliedern zu suchen, bindet es sich stark an seinen leiblichen Elternteil, geht zum Stiefelternteil oder den Stiefgeschwistern jedoch auf Distanz.

Darüber hinaus ist es wichtig, die Balance zwischen familiärem Zusammenhalt und der Unabhängigkeit jedes Einzelnen zu wahren. So kann sich z. B. eine Familie, für die die gemeinsamen Erlebnisse und das Zusammensein einen hohen Stellenwert haben, durch die Unabhängigkeitsbestrebungen eines Heranwachsenden gestört oder sogar bedroht fühlen. Oft gibt es hitzige Diskussionen über elterliche Regeln, z.B. darüber, wann der Heranwachsende abends zu Hause zu sein hat. Solche Streitigkeiten können sich ausweiten, wenn noch die elterliche Sorge um die Gefahren außerhalb der häuslichen Umgebung sowie der Freundes- und Bekanntenkreis des Jugendlichen mit aufgegriffen wird.

Ebenso können emotionale oder sexuelle Probleme auftauchen und für die ganze Familie zu Stress führen.

Geheimnisse bewahren

In manchen Familien werden bestimmte Themen tabuisiert, also nie angesprochen oder gar besprochen. So können seit Jahren Überzeugungen vorherrschen, die niemals in Frage gestellt wurden, obwohl sie sich eindeutig negativ auswirken. Eltern meiden oder unterdrücken z.B. häufig Gespräche über folgende Themen:
- Bisexualität oder Homosexualität eines Familienmitglieds;
- Adoption eines Kindes;
- sexueller Missbrauch eines Familienmitglieds in Vergangenheit oder Gegenwart;
- ernstliche oder unheilbare Erkrankung eines Familienmitglieds.

In einem Klima der Geheimnistuerei kann sich unter den Familienmitgliedern kein Vertrauen entwickeln, sie entfremden sich. Es kommt zu erheblichen Konflikten und manchmal verinnerlichen Kinder die Tabus so sehr, dass sie sie später bei der Erziehung ihrer eigenen Kinder anwenden.

Machtungleichgewicht

In den meisten Gesellschaften unterliegen die Kinder der Verantwortung der Eltern oder gelten sogar als ihr Eigentum. Das verleiht Eltern innerhalb der Familie eine bedeutende Machtstellung. Üben sie diese Position nicht klug und überlegt aus, greifen sie oft auf körperliche und seelische Bestrafungen oder Manipulationen ihrer Kinder zurück, was sich natürlich schädlich auswirkt.

Im Allgemeinen kann ein Familienmitglied großen Einfluss nehmen, indem es sich gewandt ausdrückt, eine starke religiöse oder politische Überzeugung ins Feld führt oder die Abhängigkeit ausnutzt, die sich womöglich aus einer Körperbehinderung ergibt. Manchmal wird auch Geld ins Spiel gebracht, um andere Familienmitglieder zu beherrschen.

Auch Rollenkonflikte können familiäre Probleme bereiten. Viele Eltern sind ganztags berufstätig und müssen ihre Zeit für Job, Familie und Partner sorgfältig einteilen. Häufig ergeben sich dabei Auseinandersetzungen um die Erledigung der Hausarbeit.

Sündenböcke suchen und Schuld zuweisen

In einer Familie, die sich in Schwierigkeiten befindet, wird häufig eine Person für alle Probleme verantwortlich gemacht, sie wird zum Sündenbock gemacht. In vielen Fällen akzeptiert der Beschuldigte seine Rolle und glaubt schließlich, dass alle Probleme der Familie gelöst wären, wenn er sich anders verhalten würde. Das kann sich auf das Selbstwertgefühl der Person verheerend auswirken und die Familie, die ihren Schuldigen gefunden zu haben glaubt, bemüht sich nicht mehr um die Suche nach alternativen und weniger schädlichen Problemlösungen.

Gewalt
Emotionale ebenso wie körperliche Gewalt kann sich nicht nur auf eine Familie verheerend auswirken, sie kann zudem auch noch von Generation zu Generation weitergegeben werden. Eltern sind für ihre Kinder Vorbilder und wenn Gewalt ein Teil der Familiendynamik ist, werden die Kinder sehr wahrscheinlich ihre eigenen Beziehungen in der gleichen Weise führen. Gewalt und Aggression kommen oft zum Einsatz, weil sie für ein wirksames Kontrollmittel gehalten werden — Überzeugungen, die durch Gewaltdarstellungen in den Medien unterstützt werden.

PROBLEME ANGEHEN

Die systemische Familientherapie ist eine Form der Psychotherapie, die speziell dafür entwickelt wurde, familiäre Probleme zu behandeln. Das Grundprinzip dieser Therapie ist es, jeden Einzelnen als Teil eines Ganzen zu sehen. Haben die Familienmitglieder z.B. Schwierigkeiten untereinander, so wird die Familientherapie bei der Ursachenforschung alle Beteiligten mit einbeziehen und nicht nur Einzelne verantwortlich machen. Normalerweise werden Gruppensitzungen mit allen Familienmitgliedern abgehalten, es kann aber auch notwendig sein, dass Einzelgespräche geführt werden.

Es gibt verschiedene Therapieschulen und jede hat ihren eigenen Ansatz zur Problemlösung. Alle folgen jedoch demselben therapeutischen Prozess.

Systemische Familientherapie

Die systemische Familientherapie wurde in der zweiten Hälfte des 20. Jahrhunderts entwickelt und unterscheidet sich von anderen psychotherapeutischen Behandlungen dadurch, dass sie Probleme und Sorgen innerhalb einer Familie nicht auf Einzelne zurückführt. Stattdessen rückt die gesamte Familie in das therapeutische Blickfeld.

Jede Familie entwickelt, so die Vorstellung, ihr ganz eigenes Verhaltensmuster. Probleme können dann auftauchen, wenn das entwickelte System in irgendeiner Weise fehlerhaft ist oder wenn ein einzelnes Familienmitglied sich nicht anpassen kann. Die Therapie bezieht die drei Hauptebenen in Betracht, auf denen eine Familie operiert:

- den unmittelbaren Haushalt, wobei die Therapie sich auf die Bewältigung interner familiärer Beziehungen konzentriert;
- Generationen übergreifendem Verhaltensmuster; wie diese wiederholt werden und Mythen schaffen;
- weiter gefasste Systeme, in denen Familien funktionieren müssen, z. B. Schule, Arbeitsplatz und soziale Einrichtungen.

Die Konzentration auf die familiären Beziehungen bewirkt meist unmittelbare Problemlösungen. Durch die Untersuchung Generationen übergreifender Verhaltensmuster gewinnt eine Familie Selbsterkenntnis (die vielleicht langfristige Veränderungen ermöglicht) und die Auseinandersetzung mit weiter gefassten Systemen, in denen die Familie operiert, kann dabei helfen, die alltäglichen Lebensumstände einer Familie zu verbessern.

Schulen der systemischen Familientherapie

Es gibt verschiedene Schulen der systemischen Familientherapie; hierzu gehören die psychoanalytisch orientierte Familientherapie, die Mailänder Schule, der strukturelle Ansatz, die lösungsorientierte Kurztherapie und die erzählende Familientherapie.

Psychoanalytisch orientierte Familientherapie Schon der Begründer der Psychoanalyse, Sigmund Freud, erkannte die Bedeutung von Familienbeziehungen für die Gesundheit seiner Patienten. Als nach dem Zweiten Weltkrieg die Familientherapie rasch an Boden gewann, trugen vor allem psychoanalytisch ausgebildete Therapeuten und Therapeutinnen zu ihrer Weiterentwicklung bei, unter ihnen der deutsche Helm Stierlin. Gemeinsam mit Horst-Eberhard Richter Jörg Willi und anderen wurde und wird eine psychoanalytisch orientierte Familientherapie vertreten, bei der die Familie als Einzelpatient gesehen wird und ihre unbewussten Fantasien und Symptome als Einheit betrachtet werden.

Die Mailänder Schule Die systemische Familientherapie, auch als Mailänder Modell bekannt, wurde von einer Therapeutengruppe mit Maria Selvini Palazzolli (1916-1999) entwickelt. Die Familie wird hier als ein sich selbst organisierendes kybernetisches System gesehen, in dem alle Elemente miteinander vernetzt sind.

Die Therapie beginnt damit, dass die Absichten, die Erwartungen und Ziele aller Familienmitglieder untersucht werden. Zusammen mit ihnen versucht der Therapeut, den Ursachen der Probleme auf die Spur zu kommen, und sucht nach neuen und wirksamen Lösungen. Die Therapeutin nimmt eine neutrale Stellung ein und stellt zunächst Vermutungen darüber auf, warum die

Familie problematische Verhaltensweisen entwickelt hat. Diese Überlegungen sollen der Familie helfen, andere Formen eines gesunden Zusammenlebens zu finden.

Der strukturelle Ansatz Bei diesem Ansatz konzentriert sich der Therapeut auf die Machtstruktur und Verteilung innerhalb einer Familie und auf ihre Kommunikationsstile. In einer Situation beispielsweise, in der ein Elternteil in der Familie an den Rand gedrängt wurde und das älteste Kind ein hohes Maß an Verantwortung übernommen hat, würde die Therapeutin vermutlich darauf hinarbeiten, dass beide Eltern wieder die Verantwortung übernehmen und das »verelterlichte« Kind von der Belastung befreien, damit es in eine seinem Alter entsprechende Rolle zurückkehren kann.

Die lösungsorientierte Kurztherapie Dieser Ansatz konzentriert sich nicht darauf, die Ursachen der Probleme in der Familie aufzuspüren, sondern nach Lösungen zu suchen, die mit den vorhandenen Fähigkeiten der Familie vereinbar sind. Der Initiator dieser lösungsorientierten Kurztherapie, Steve de Shazer (1940 – 2005), vergleicht ein familiäres Problem mit einer verschlossenen Tür, die verhindert, dass man an einen besseren Ort gelangt. Die Therapiesitzungen konzentrieren sich auf die Zeiträume, in denen die wenigsten Probleme bestanden, um so herauszufinden, wie man die gegenwärtige Situation verbessern kann. Ziel ist es, schnell zu einem zufriedenstellenden Ergebnis zu kommen.

Die erzählende Familientherapie Ein neuerer Zweig der Familientherapie schenkt den Geschichten oder Mythen, die eine Familie über sich selbst erzählt, besondere Aufmerksamkeit. Sind sie unangemessen oder dysfunktional, hilft der Therapeut der Familie, neue Geschichten zu konstruieren, die alternative Möglichkeiten eröffnen.

Der Prozess der Familientherapie
Gewöhnlich begibt sich eine Familie in Therapie, weil ein Arzt der Meinung ist, dass bestimmte Probleme auf die ungesunde Familienstruktur zurückzuführen sind. Die Familientherapie zählt nicht zum Leistungsspektrum der Krankenkassen und ist daher privat zu bezahlen. Viele Familien erfahren durch Freunde, Bekannte oder die Medien von den Möglichkeiten der Familientherapie. Es kommt auch häufig vor, dass ein Familienmitglied, das in Therapie ist, die Vorteile seiner Behandlung erkennt und sich dafür einsetzt, dass die ganze Familie die Möglichkeiten der Therapie nutzt.

So sollte in den meisten Fällen auch die gesamte Familie an der Therapie teilnehmen, denn jedes Familienmitglied kann zur Problemlösung beitragen.

Familientherapeutinnen gehen oft im Team vor; ein Therapeut z. B. arbeitet mit der Familie, andere beobachten das Verhalten der Familienmitglieder untereinander und bieten anschließend Lösungsansätze zu ihrem Verhalten. Häufig sitzen dabei die Therapeuten hinter einem einseitig verspiegelten Sichtfenster und beobachten, wie die Familie interagiert; so können sie Gedanken diskutieren, ohne die Therapie zu unterbrechen. Nach einer Sitzung trifft sich das ganze Therapeutenteam und bespricht einige Punkte in Gegenwart der Familie.

Anfangs werden alle für das Problem relevanten Informationen zusammengetragen, so z.B. die Interpretation der Schwierigkeiten durch die einzelnen Familienmitglieder, die Art und Weise, wie sie über einander reden oder wie sich frühere Generationen verhielten. Darauf aufbauend können sich die Therapeuten ein Bild davon machen, was geändert werden muss. Die Therapiearbeit wird in der Regel innerhalb der Sitzungen geleistet; die Familie kann aber auch Aufgaben bekommen, die zu Hause erledigt werden müssen. Im Allgemeinen finden Familiensitzungen im Vier-Wochen-Rhythmus statt, damit für die Umsetzung der Anregungen und die daraus resultierenden Veränderungen auch genügend Raum ist.

Die Familientherapie endet, wenn alle Beteiligten übereinstimmend der Meinung sind, dass dringende Probleme nunmehr innerhalb der Familie gelöst werden können. In den meisten Fällen dauert die Therapie etwa sechs Monate. Allerdings gibt es hier auch große Unterschiede.

Manche Familien werden jahrelang durch eine Familientherapie unterstützt.

PROBLEMEN VORBEUGEN

Die meisten familiären Störungen ergeben sich aus schon lange bestehenden Problemen. Vielfach können sich Familien auch selbst helfen, wenn sie Methoden aus der Familientherapie anwenden, um bestehende Schwierigkeiten möglichst frühzeitig zu lösen, bevor sich Verhaltensauffälligkeiten verfestigen. Wichtig sind offene Gespräche, das schnelle Aufgreifen von Problemen, große Achtung vor dem Familienzusammenhalt und Respekt vor den einzelnen Familienmitgliedern sowie gegebenenfalls Hilfe von Außenstehenden.

Offene Gespräche

Wie in allen anderen Beziehungen sind auch in der Familie offene Gespräche von maßgeblicher Bedeutung. So sind z. B. Kinder, die in Familienentscheidungen miteinbezogen werden und das Gefühl haben, Ereignisse in der Familie zu verstehen und mit beeinflussen zu können, in der Regel positiver eingestellt, freundlicher und können sich besser anpassen. Eltern, die selber in einem Klima aufgewachsen sind, in dem offen und ehrlich miteinander umgegangen wurde, können ihren Kindern und ihren eigenen Eltern problemlos Dinge erklären und Schwierigkeiten mit ihnen besprechen. Auch wenn effektive Kommunikationsstrategien in der Kindheit nicht gefördert wurden, können sie immer noch im Erwachsenenalter erlernt und geübt werden.

Die Familie achten

Auch die Politik erkennt die Bedeutung der Familie und die Notwendigkeit, sie zu schützen und zu unterstützen.

Wenn die Familie als Institution gesellschaftlich respektiert und gefördert wird, sind Familienmitglieder eher motiviert, an Problemlösungen zu arbeiten. Sie können ihren Respekt für die Familie dadurch unter Beweis stellen, dass sie ihr Zeit und Energie widmen. Das bedeutet in der Praxis, Arbeit und Freizeit im Gleichgewicht zu halten, sicherzustellen, dass die mit dem Partner und den Kindern verbrachte Zeit auch sinnvoll genutzt und geplant wird und familiäre Probleme ebenso ernst genommen werden wie andere.

Probleme sofort angehen

Alle Familien haben Probleme. Entscheidend ist die Fähigkeit zu verhindern, dass die Schwierigkeiten eskalieren und so die Einheit der Familie bedrohen. Hier helfen regelmäßige Gespräche innerhalb der Familie. Dabei sollten bestimmte Regeln beachtet werden, z.b.:

- Beleidigungen und Schuldzuweisungen sollten auf jeden Fall vermieden werden.
- Jeder sollte sagen, wie er das Problem sieht.
- Man sollte davon ausgehen, dass alle in bester Absicht handeln, auch wenn manchmal etwas schief geht.
- Man lässt sich gegenseitig ausreden, doch sollte niemand lange Reden halten.
- Vereinbarungen werden schriftlich festgehalten und an einem gut sichtbaren Ort angebracht, z.B. am Notizbrett in der Küche. Auch in finanziellen Belangen kann sich eine Familie auf Spielregeln einigen. Ist das Geld knapp, werden Budgets eingerichtet. So wird z.B. das Haushaltsgeld für den Monat auf einmal vom Konto abgehoben und in kleinere Wochenportionen unterteilt, mit denen man dann auch unter allen Umständen auskommen sollte. Auf die gleiche Weise wird mit anderen Ausgaben verfahren und es werden regelmäßig kleine Summen für größere Anschaffungen angespart.

Hilfe von außen

Wenn ein Problem eine Familie aus dem Gleichgewicht zu bringen droht, ist es oft ratsam, Hilfe von außen in Anspruch zu nehmen. In manchen Fällen bedeutet das, sich in eine Familientherapie zu begeben; aber es gibt noch viele andere Möglichkeiten, wie den praktischen und seelischen Beistand von Nachbarn, von Kirchengemeinden , dem weiteren Familienkreis und anderen Beratungs- und Schlichtungsstellen.

Persönliche Notizen:

Soziale Beziehungen unter die Lupe genommen!

Kapitel 4

Freundschaft

Freunde sind für die Menschen eine wichtige Quelle des Lebensglücks und eine große Hilfe bei der täglichen Stressbewältigung. Freunde begleiten uns auf unserem Weg, leisten praktische Hilfe und können uns in Zeiten emotionaler Krisen beraten und unterstützen. Sie tragen auch wesentlich zu unserer Identitätsfindung bei. Im Allgemeinen haben Freunde ähnliche Interessen, so dass sie uns u. a. in unseren Meinungen und unserem Glauben bestätigen.

Freundschaften entstehen nicht immer spontan. Bestimmte »Fähigkeiten« helfen dabei, erfolgreiche Beziehungen aufzubauen und zu pflegen. Es gibt sehr vielfältige Formen der Freundschaft, die demzufolge ganz unterschiedlich funktionieren und verschiedenartigen Regeln unterworfen sind.

Um Freundschaften besser verstehen zu können, ist es wichtig, sich ihre vielfältigen und komplexen Aspekte wie Vertrauen, emotionale Unterstützung, Offenheit, Loyalität und gegenseitiger Respekt klar zu machen. Freundschaften entwickeln sich Langfristig, ähnlich wie Liebesbeziehungen. Aus psychologischer Sicht weist eine Freundschaft mehrere Phasen auf, in denen Vertrauen und Nähe langsam wachsen. Häufig beginnt sie mit einem ersten positiven Eindruck, längere Gespräche über persönliche Angelegenheiten verstärken sie. In späteren Stadien dann wird die Beziehung gefestigt. Die Freunde sind bereit, sich gegenseitig Hilfe zu leisten, auch wenn dies kurzfristig einseitig sein kann.

Freundschaften sind Teil sozialer Netzwerke, deren Wichtigkeit z. B. zum Erhalt der Gesundheit in den vergangenen Jahren untersucht worden ist. Dabei konzentrierten sich die Wissenschaftler nicht mehr auf die Faktoren, die die Menschen krank machen, sondern auf die konkreten Lebensumstände, die dazu führen, dass manche Menschen trotz einer extrem belastenden oder feindseligen Umgebung gesund bleiben. Interessanterweise stellte sich heraus, dass vor allem soziale Netzwerke in Form von intensiven Freundschaften und guten familiären Beziehungen, aber auch Humor und eine positive Grundeinstellung wesentlich dazu beitragen, ob ein Mensch in bestimmten Lebenssituationen krank wird oder gesund bleibt.

In einer Lebenswelt, in der familiäre Beziehungen zunehmend schwieriger werden, sind Freundschaften damit von unschätzbarem Wert. Sie aufzubauen, zu pflegen und zu erhalten, ist für viele Menschen ein Stück Lebensqualität und es gilt, in sie genauso viel Zeit und Energie zu investieren wie in glückliche und lang dauernde Partnerschaften. Entscheidend aber ist nicht, wie viele Freunde man hat, sondern ob diese Freundschaften auch in Krisenzeiten einen echten Halt bieten.

Werden die Grundregeln einer Freundschaft beachtet, kann sie sich weiter entwickeln und dauerhaft bestehen. Werden sie aber verletzt, sind meist Probleme die Folge. Für das Scheitern einer Beziehung kann es vielerlei Gründe geben, angefangen von Meinungsverschiedenheiten bis hin zu Betrug oder Neid. Manchmal leben sich Freunde aber auch einfach auseinander, weil sich ihre Lebensstile in starkem Maß verändern.

Das Wesen der Freundschaft

Bis in die 80er Jahre konzentrierte sich die psychologische Analyse und Forschung auf sexuelle Beziehungen und Familiendynamik. Das führte dazu, dass man — anders als über das Annäherungsverhalten oder Beziehungen zwischen Eltern und Kindern oder Geschwistern — über Freundschaft und die sie bestimmenden Regeln wenig wusste. Seitdem ist die Freundschaft jedoch intensiv erforscht worden.

Freundschaft spielt eine wesentliche Rolle in zwischenmenschlichen Beziehungen. Sie ist, wie in Studien festgestellt wurde, eine der wichtigsten Quellen des Glücklich seins und bedeutsamer als Beruf und Freizeitaktivitäten. Sie nimmt nach der Partnerschaft den wichtigsten Platz ein. Welche Eigenschaften eine Freundschaft haben sollte, wie Freundschaften entstehen und welche Verhaltensmuster in verschiedenen Freundschaften auftreten können, darauf gibt uns die neuere Forschung einige Antworten.

WAS IST FREUNDSCHAFT?

Im Gegensatz zu Ehe, Familie oder Bekanntschaften am Arbeitsplatz ist Freundschaft eine der wenigen Beziehungsformen, die auf freiwilliger Basis unterhalten werden. Sie kann nur durch ständige gegenseitige Rücksichtnahme, Unterstützung, Vertrauen und Gegenseitigkeit der Beteiligten aufrechterhalten werden. Untersuchungen über viele Altersgruppen und Kulturen hinweg zeigen, dass Freundschaften von bestimmten Regeln zusammengehalten werden. Die Freundschaft gedeiht, wenn diese Regeln beachtet werden, zerbricht aber bald, wenn man sich über sie hinwegsetzt.

Eine Studie aus dem Jahr 1989 über die Entwicklung und Aufrechterhaltung von Freundschaft unterscheidet vier Arten dieser Beziehung, Gradmesser war das Ausmaß der Intimität: Bekannte, lose Freunde, enge Freunde und beste Freunde. Bei der Unterscheidung zwischen diesen Arten der Freundschaft sind nicht die Häufigkeit der Begegnung ausschlaggebend, sondern das Verhalten und besonders das Ausmaß von Vertrauen und Unterstützung in der jeweiligen Beziehung.

Die wichtigsten Charakteristika, mit deren Hilfe man den Unterschied zwischen Bekannten und Freunden definieren kann, sind nach dieser Studie Gegenseitigkeit, Rücksichtnahme, Offenheit und Zuneigung.

Gemeinsame Interessen

Ein grundlegender Aspekt von Freundschaft ist, sich in Gesellschaft des anderen wohl zu fühlen oder gemeinsam etwas zu unternehmen. Manchmal kommt es auch über die gemeinsamen Interessen zu einer Freundschaft und viele Freundschaften ranken sich um Freizeitaktivitäten wie das aktive oder passive Ausüben einer Sportart. Diese Interessen können die Freundschaft stärken, indem sie eine gemeinsame Vergangenheit aus alltäglichen Erfahrungen und denkwürdigen Ereignisse schaffen.

Freunde suchen nach Gelegenheiten, miteinander Zeit zu verbringen. Untersuchungen zeigen, dass Freunde auch dann, wenn sie bei einem Treffen über die Arbeit oder andere praktische Dinge sprechen, eher eine gesellige Umgebung wählen, in der gewöhnlich auch gegessen und getrunken werden kann. Es spielt also offensichtlich keine Rolle, wie ernst das zu besprechende Thema ist, das Treffen hat in jedem Fall ein starkes soziales Element und erstreckt sich über den Punkt hinaus, an dem alle wichtigen Angelegenheiten erledigt sind.

Begegnungen mit Menschen, die man nicht mag, hält man eher in unpersönlicher oder nüchterner Umgebung ab, um sicherzustellen, dass die Beteiligten sich auf die verabredeten Themen konzentrieren. Ein solches Treffen ist fest strukturiert und endet in der Regel, sobald anstehenden Fragen besprochen und geklärt sind.

Gegenseitigkeit

Man kann in einer Freundschaft auf unterschiedliche Weise Rücksicht zeigen: Man sorgt sich um das Wohlergehen des anderen, macht Geschenke, bietet Hilfe an und leistet praktischen oder seelischen Beistand. Jemand, der sich selten blicken lässt, in einer Krise aber immer zur Stelle ist, wird mehr geschätzt als ein Bekannter, zu dem man regelmäßig Kontakt hat, der aber nicht da ist, wenn man seine Hilfe benötigt.

Zum seelischen Beistand gehört, dass man sich Probleme anhört und sie bespricht, verständnisvoll ist, wenn nötig Ratschläge gibt und Loyalität zeigt. Praktisch kann man Freunde in jeder Form unterstützen, z.B. indem man die Kinder hütet oder ihnen Geld leiht. In einer Freundschaft ist es sehr wichtig, ungefragt Hilfe anzubieten, wenn sie gebraucht wird. Beziehungsexperten sind der Meinung, dass ein Element in einer Freundschaft der Tauschhandel ist, nämlich der Austausch von Gütern und Hilfeleistungen. Wenn eine Seite immer gibt und die andere immer nimmt, gehen Freundschaften meist bald auseinander.

Menschen, die versuchen, sich Freundschaft z. B. durch Einladungen zu Getränken und zum Essen zu erkaufen, ohne gleichzeitig auch praktischen oder seelischen Beistand zu bieten, entziehen sich diesem Tauschhandel. Andererseits erschweren Menschen, die immer bereit sind, Hilfe zu leisten, aber nie Unterstützung bei anderen suchen, eine Freundschaft.

Offenheit

Ein weiterer wichtiger Aspekt der Freundschaft ist, dass man persönliche Details über sich selbst enthüllt und Gedanken und Meinungen zu kontroversen Themen austauscht. Durch Selbstoffenbarung demonstriert man Vertrauen und stärkt so das Band der Freundschaft. Manchmal ist das Vertrauen zwischen Freunden größer als in anderen engen Beziehungen wie in der Verwandtschaft oder der Partnerschaft.

Studien zeigen, dass es einen geschlechtsspezifischen Unterschied im Ausmaß der Selbstoffenbarung in der Freundschaft gibt: Frauen neigen eher dazu, in Gesprächen persönliche Details preiszugeben als Männer. So erlangen sie oft gleichermaßen intime Informationen von einer Gesprächspartnerin. Demgegenüber stellen Männer häufig eher direkte Fragen, um an Informationen zu kommen, obwohl es ihnen oft unangenehm ist, wenn sie auf die gleiche Weise ausgefragt werden — zumindest, solange die Freundschaft noch nicht sehr gefestigt ist.

Eine Frau, die nur zögerlich Informationen über sich selbst preisgibt, gilt oft als unnahbar oder sogar feindselig, wogegen dasselbe Verhalten bei einem Mann diesen schüchtern oder geheimnisvoll erscheinen lässt. Erzählt eine Frau jedoch zu schnell intime Einzelheiten über sich selbst, lässt eventuell das darauf schließen, dass sie diese Art von Informationen gewohnheitsmäßig preisgibt; ihre intimen Enthüllungen werden dann nicht als ein Zeichen von Freundschaft gewertet.

Zuneigung

Um die emotionale Bindung zwischen Freunden zu bestätigen, ist es wichtig, ihnen die Zuneigung mit Gesten oder Worten zu zeigen.

Freunde signalisieren ihre Nähe oft dadurch, dass sie sich mit einem Kuss begrüßen, einander unterhaken, die Kleidung des anderen berühren, sich an den Händen halten und umarmen, wobei diese Art der Zurschaustellung in manchen Kulturen eher Frauen- als Männerfreundschaften eigen ist. Unter Männern begrüßt man sich eher überschwänglich und weniger intim, z.B. durch Schulterklopfen; in Ländern wie Italien, Spanien und der Türkei zeigen allerdings auch Männer ihre Freundschaft durch engeren körperlichen Kontakt.

DIE ROLLE DER FREUNDSCHAFT

Freundschaften leisten einen wichtigen Beitrag zur Förderung der geistigen und seelischen Gesundheit. Die beiden hauptsächlichen Aspekte sind die seelische Unterstützung, die durch den Freundeskreis gewährleistet wird, und die Rolle, die Freunde bzw. Freundinnen bei der Stärkung der Identität des Einzelnen spielen.

Seelischer Beistand

Freundschaft ist nach Ehe oder Partnerschaft die wichtigste Quelle des Glücklichseins. Nicht jeder Mensch hat jedoch das Glück, eine Ehe oder Partnerschaft zu erleben, die ein Leben lang hält. Wenn eine solche Beziehung fehlt, kann eine enge Freundschaft die emotionale Nähe geben, die für eine gesunde und abgerundete Persönlichkeit notwendig ist. In der westlichen Welt haben steigende Scheidungsraten und der zunehmende Zerfall der verwandtschaftlichen Beziehungen dazu geführt, dass der Freundeskreis als Hauptquelle für seelische Unterstützung in Krisenzeiten an die Stelle der traditionellen Familienstruktur getreten ist.

Freundschaften können auch ein wirksames Mittel gegen Stress und Depressionen sein. Freunde ermöglichen eine zeitweise Flucht vor persönlichen Problemen, sie bieten eine Gemeinschaft von Gleichgesinnten und leisten Gesellschaft in Krisenzeiten. Studien zeigen, dass diejenigen, die über einen eng verwobenen Freundeskreis verfügen, besser mit Stressfaktoren im Leben umgehen können und für Angstzustände, Depressionen und andere Störungen der geistigen Gesundheit weniger anfällig sind.

Identität

Der österreichische Psychologe Alfred Adler (1870—1937) vertrat die Ansicht, dass Freunde bei der Identitätsfindung eines Menschen eine entscheidende Rolle spielen. Die Persönlichkeit besteht seiner Meinung nach aus dem emotionalen und psychologischen Wesen eines Menschen — man ist z.B. extrovertiert oder introvertiert — und einer komplizierten Mischung von Überzeugungen, Haltungen, Zweifeln, Gewissheiten, Hoffnungen und Erwartungen.

Diese Aspekte der Persönlichkeit müssen durch regelmäßigen Austausch mit Gleichgesinnten gestärkt werden, damit ein Mensch seine Identität bewahren kann. Das Selbstwertgefühl eines Menschen hängt also oft von der Unterstützung und Bestätigung seiner Überzeugungen ab, die er von Freunden bekommt. Freunde liefern durch ihre Reaktionen Bezugspunkte für seine Meinungen und sein Verhalten. Dadurch kann er sich seine guten und schlechten Charakterzüge besser bewusst machen.

Der hohe Stellenwert der Meinung von Freunden wird noch dadurch hervorgehoben, dass eine Auseinandersetzung mit jemandem, den man mag, verletzender ist als ein Disput mit jemandem, der einem nichts bedeutet. Ein Streit mit einem Feind kann sogar das Selbstbewusstsein steigern, wenn man annimmt, aus der Begegnung als Sieger hervorgegangen zu sein. Ein Konflikt mit einem Freund führt dagegen häufig zur Verunsicherung und zur Überprüfung der eigenen Position.

WIE FREUNDSCHAFTEN ENTSTEHEN

Gewöhnlich schließen Menschen Freundschaften mit Schulkollegen, Kommilitonen oder Arbeitskollegen. Untersuchungen legen nahe, dass sich Freundschaften unabhängig von ihrem Entstehen in vier verschiedenen Phasen entwickeln: erster Eindruck, Austausch von Informationen, Festigung der Freundschaft und Erhalt der Freundschaft.

Der erste Eindruck

In der ersten Phase, die bei einer einzigen Begegnung ablaufen kann oder sich über mehrere erstreckt, erkennen beide Parteien ein anfängliches Interesse aneinander und beginnen, genauer auf das zu achten, was der andere sagt. Es kann sogar sein, dass ihre Körpersprache die Handlungen des anderen spiegelt.

In dieser Phase geben beide Personen im Gespräch Hinweise, die helfen, sich dem anderen zu erkennen zu geben und ihn auf eine intimere Stufe des Austauschs zu ziehen. Menschen lassen oft Gedanken in das Gespräch einfließen, die nicht unbedingt relevant sind, aber dazu dienen sollen, sich selbst oder eine Eigenschaft, die sie für entscheidend halten, erkennen zu lassen. Es kann für den Beginn einer Freundschaft von grundlegender Bedeutung sein, auf solche versteckten Hinweise zu achten.

Die anfängliche Anziehung kann noch verstärkt werden, indem man eine bestimmte Art der Kommunikation, eine Körperhaltung oder ein Verhaltensmuster wählt, um dem anderen seine Befangenheit zu nehmen. Man kann seine Stimmung der des Gegenübers anpassen und z.B. überschwänglich und kontaktfreudig oder nachdenklich und selbstbeobachtend sein.

Wenn der Kommunikationsstil von förmlicher Höflichkeit zu entspannter Vertraulichkeit wechselt, beginnen beide Personen, Meinungen und Haltungen in einer Weise zu wählen und zu offenbaren, die das Gegenüber auffordert und ermutigt, zu reagieren. Umstrittene Themen, wie beispielsweise Politik oder Religion, werden in dieser frühen Phase oft gemieden.

Austausch von Informationen

In der zweiten Phase stärken beide Parteien die entstehende Freundschaft, indem sie zunehmend persönlichere und intimere Informationen über sich selbst preisgeben. Das Ausmaß der Offenheit ist wichtig. Menschen, die nur zögerlich »auftauen«, können eine Freundschaft im Keim ersticken. Enthüllt man andererseits zu viele persönliche Einzelheiten, bevor die Beziehung entsprechend eng geworden ist, kann man den anderen in Verlegenheit bringen oder sogar abstoßen.

Wer daran interessiert ist, eine Freundschaft zu entwickeln, sollte nicht nur selbst persönliche Informationen preisgeben, sondern in der Regel auch aufmerksam und verständnisvoll den Enthüllungen des Gegenübers zuhören.

Festigung der Freundschaft

Sobald Freunde sich genügend Informationen mitgeteilt haben um festzustellen, dass sie einander mögen, kommt es in der nächsten Phase zu einer Veränderung, die anderen gegenüber signalisiert, dass man Freundschaft geschlossen hat. Die Freunde treffen z. B. Verabredungen außerhalb der Umgebung, in der sie sich kennen lernten, und sprechen über eine größere Auswahl von Themen. Das Wechseln von der förmlichen zu einer informellen Form der Anrede signalisiert Außenstehenden, dass eine neue Beziehung entstanden ist.

Wenn die neuen Freunde mehr Zeit miteinander verbringen und mehr gemeinsam unternehmen wollen, müssen sie die Bedingungen der Freundschaft aushandeln. Sie müssen z.B. in einer für beide akzeptablen Weise festlegen, wie häufig sie sich sehen wollen oder darüber entscheiden, wie viel Kontakt zu anderen Freunden und der Familie bestehen soll. Diese Dinge werden im Allgemeinen nicht offen besprochen, sondern durch eine Reihe von unausgesprochenen Signalen festgelegt. Die Verhandlungsphase ist daher sehr heikel. Der erfolgreiche Umgang damit ist eine sehr komplexe Kunst, da sie von beiden Seiten große Sensibilität für die Signale des anderen erfordert.

Ein wichtiger Indikator für das Wachsen einer Freundschaft ist, dass die Freunde immer mehr bereit sind, etwas für den jeweils anderen zu tun — Informationen, praktische Hilfe oder seelischen Beistand zu bieten —, ohne eine sofortige Gegenleistung zu erwarten. Flüchtige Bekannte erwarten eher kurzfristig belohnt zu werden, aber wenn Freunde sich näher kommen, sehen sie die Beziehung über einen längeren Zeitraum und vertrauen darauf, dass ihre Unterstützung auf lange Sicht vergolten wird.

Der Prozess der Selbstöffnung geht weiter, während sich die Freundschaft festigt. Die Freunde fühlen sich weniger verletzlich und werden zunehmend vertrauensvoller im Umgang miteinander; sie erzählen beispielsweise auch von Schwächen und Fehlschlägen aus der Vergangenheit, die sie in einem unvorteilhaften Licht erscheinen lassen.

Erhalt der Freundschaft

Studien zeigen, dass dauerhafte Freundschaften darauf angewiesen sind, dass die Beteiligten viele Gemeinsamkeiten entdecken. Anfangs können das gemeinsame Erfahrungen sein, einander ergänzende Temperamente oder ähnliche Ansichten über Themen wie Religion oder

Politik. Später sucht man andere Ähnlichkeiten, z.B. einander entsprechende Erwartungen an die Freundschaft. Die Forschung zeigt allerdings, dass zu erfolgreichen Freundschaften Ähnlichkeiten ebenso wie Unterschiede gehören. Es muss ein gewisses Maß an Differenz vorhanden sein, um einen lebhaften Austausch von Standpunkten zu ermöglichen und die Beziehung auf diese Weise anregend zu halten.

Liebenswürdige Konversation allein erhält keine Freundschaft aufrecht. Zur Freundschaft gehört Engagement, das sich in vielerlei Hinsicht zeigt, z. B. dadurch, Zeit miteinander zu verbringen und gemeinsam etwas zu unternehmen. Besonders wichtig ist es dabei, dass beide Partner das Gefühl haben, dass die Beziehung fair und ausgeglichen ist. Es ist unmöglich zu ermessen, ob beide Parteien gleichermaßen ihren Beitrag leisten, bedeutsam ist die eigene subjektive Beurteilung der jeweiligen Freunde.

Hat ein Partner in der Freundschaft das Gefühl, ungerecht behandelt zu werden, beginnt er häufig, den Austausch in der Beziehung genauer zu beobachten und ändert unter Umständen sein Verhalten, indem er eine sofortige Gegenleistung für Freundschaftsdienste erwartet.

Ein Freund, der sich überbewertet fühlt, kann mit einer Freundschaft genauso unglücklich sein wie einer, der sich für unterbewertet hält. Wer mit Aufmerksamkeit und Zuneigung von einem Freund überschüttet wird, die weit über das hinausgehen, was er verdient zu haben glaubt oder als Gegenleistung bieten kann, kann sich in der Freundschaft unwohl fühlen und sich deshalb womöglich zurückziehen.

DIE KUNST DER FREUNDSCHAFT

Gemeinhin wird Freundschaft als eine spontane Beziehung zwischen zwei sich sympathischen Menschen gesehen. Forschungen haben jedoch bestätigt, dass zum Freundschaften schließen spezielle Fähigkeiten gehören. Diese Verhaltensweisen kommen ins Spiel, wenn man sich zum ersten Mal trifft, sind aber auch später noch wichtig, wenn die Freundschaft schon lange gefestigt ist.

Manchen Menschen scheinen diese Fähigkeiten angeboren zu sein; man kann sie aber erlernen. Verbessert man seine Fähigkeit, Freundschaften zu schließen und aufrechtzuerhalten, können dadurch auch andere Beziehungen im Leben, z.B. zum Lebenspartner, zu Verwandten und Kollegen, gestärkt und erhalten werden. Auch der Geschäftswelt ist die Bedeutung der sozialen Kompetenz nicht entgangen. Viele Arbeitgeber sorgen dafür, dass Arbeitskräfte, die wie Verkaufspersonal und Bordpersonal in Flugzeugen viele Kundenkontakte haben, in ihrer Grundausbildung die Kunst der Freundschaft erlernen.

Die Kunst, Freundschaften zu schließen

Am wichtigsten sind diese Fertigkeiten in der Phase, in der eine neue Freundschaft entsteht. Dale Carnegie, Autor des Bestsellers »Wie man Freunde gewinnt« (1937) glaubte, dass ganz einfache alltägliche Höflichkeiten, wie beispielsweise jemanden anzulächeln, wenn man ihm begegnet, einen bleibenden Eindruck hinterlassen, der in keinem Verhältnis zum Aufwand steht.

Zunächst ist ein gewisses Maß an Menschenkenntnis wichtig, d.h. man sollte sich von der anderen Person ein genaues Bild machen und insbesondere ihre Bedürfnisse einschätzen können. Auf diese Weise ist man in der Lage, einen bestimmten Persönlichkeitstyp zu erkennen, der zum Entstehen einer Beziehung beitragen und von ihr profitieren kann. Eine solche Einschätzung wird mit zunehmender Erfahrung immer leichter. Die eigenen Fähigkeiten werden stärker ausdifferenziert, um die Reaktionen des Gegenübers entsprechend interpretieren zu können.

Eine wesentliche Fähigkeit ist, die Signale anderer richtig einzuschätzen. Menschen enthüllen viel über ihre Persönlichkeit, Ansichten, Geduld und Toleranz durch gesprochene Worte, aber auch durch ihre Körpersprache, wie z.B. Gesichtsausdruck, Körperhaltung und Handbewegungen. Wer nicht aufmerksam auf diese verbalen und körperlichen Hinweise achtet, hat oft Schwierigkeiten, zu anderen Menschen eine Beziehung aufzubauen.

Die Fähigkeit, die eigenen Haltungen so mitzuteilen, dass niemand verletzt wird, und gleichzeitig den anderen zu ermutigen, sich selbst zu offenbaren, ist eine wichtige Kunst. Wenn Meinungen zu heftig zum Ausdruck gebracht werden, lehnt die andere Person sie von vornherein ab, was die Freundschaft schädigt, bevor sie noch richtig begonnen hat. Wenn man dagegen ein Thema vorsichtig ins Gespräch bringt, gibt man dem anderen Gelegenheit, seine eigene Meinung zu äußern, ohne dass es zur Konfrontation kommt.

Im Gespräch haben nichtverbale Reaktionen wie Nicken oder Kopfschütteln, Lächeln oder das Zeigen von Überraschung oder Schock, wenn sie angebracht sind, zwei wichtige Funktionen. Sie zeigen, dass man aufmerksam und an der anderen Person interessiert ist, und sie enthüllen Aspekte der eigenen Persönlichkeit, z. B.

dass man höflich ist und auf die Gefühle des anderen Rücksicht nimmt.

Dale Carnegie glaubte, dass es wichtig ist, ein guter Zuhörer zu sein und andere dazu zu ermuntern, über sich selbst zu sprechen. Auf diese Weise zeigt man seiner Meinung nach, dass man die Wichtigkeit des anderen anerkennt.

Die Kunst, Freundschaften aufrechtzuerhalten

Ist eine Freundschaft gefestigt, muss man sich um die Balance in der Beziehung und die Bedürfnisse des anderen kümmern. Die Fähigkeit, die Signale des anderen zu beachten und zu interpretieren, bleibt also weiterhin wichtig. Bei fortschreitender Freundschaft ist sie mit einer intimeren Kenntnis des Freundes bzw. der Freundin und seiner oder ihrer Erwartungen verbunden.

Der produktive Umgang mit Konflikten ist eine entscheidende Kunst beim Erhalten einer Freundschaft. Auch in den erfolgreichsten Freundschaften tauchen Spannungen auf und das Überleben der Beziehung kann davon abhängen, wie man mit ihnen umgeht. Freunde müssen fähig sein, sowohl das Problem zu erkennen als auch effektiv mit ihm umzugehen. Kommunikative Fähigkeiten sind in einer solchen Situation äußerst wichtig, wobei der Schwerpunkt auf dem Besprechen schwieriger Themen mit Respekt für die Gefühle des anderen und auf verständnisvollem Zuhören liegt.

ARTEN DER FREUNDSCHAFT

Männer und Frauen haben in unserer Gesellschaft verschiedene Haltungen gegenüber Freundschaft, dem Bedürfnis nach emotionalem Engagement und der Art zu kommunizieren. Daher überrascht es nicht, dass sich Freundschaften zwischen Männern, zwischen Frauen sowie zwischen Mann und Frau erheblich unterscheiden können. Untersucht wurden auch die Konsequenzen, die sexuelle Kontakte zwischen Mann und Frau in einer gemischten Freundschaft haben, sei dies vor oder nach der Freundschaft.

Gleichgeschlechtliche Freunde

Studien aus den 80er Jahren haben gezeigt, dass Frauenfreundschaften allgemein enger und intensiver sind als vergleichbare Männerfreundschaften.

In Frauenfreundschaften sind seelischer Beistand, Respekt vor den Gefühlen der anderen und Sensibilität am wichtigsten. Freundinnen reden eher über andere Menschen und Beziehungen, während Männer über Unternehmungen und Dinge sprechen. Dies spiegelt sich in einer Studie aus dem Jahr 1985 wider, wonach Männer ebenso wie Frauen sich eher an eine Freundin wenden, wenn sie Beistand bei Beziehungsproblemen brauchen, jedoch an einen Freund, um praktische Hilfe zu erhalten.

Die Forschung zeigt auch, dass für Frauen bestimmte Bedingungen bei einer Freundschaft wichtig sind. Sie halten es beispielsweise für bedeutsam, die Zeit der anderen Person frei beanspruchen zu können, einander wohlwollende Rücksicht entgegenzubringen und sich gegenseitig seelische Unterstützung zu leisten. Wenn einer dieser Aspekte eingeschränkt ist oder gar fehlt, kann dies zu einem Ende der Freundschaft führen.

Für Männer sind andererseits Kameraden und gemeinsame Unternehmungen für den Erhalt einer Freundschaft wichtig. Mangel an Respekt für die Gefühle des anderen, wie z.b. übertriebenes Witzeln oder Necken auf Kosten des anderen, war bei ihnen ein häufiger Grund für das Ende einer Freundschaft. Männerfreundschaften scheinen nicht besonders intensiv oder mit regelmäßigen Treffen verbunden zu sein, aber es ist wichtig, dass zwei Männer, die befreundet sind, die Gefühle des anderen respektieren und Handlungen vermeiden, die den anderen beschämen oder demütigen.

Männer zeigen gegenüber anderen Männern, die sie als lose Freunde betrachten, selten liebevolles Verhalten, wogegen dies bei Frauen durchaus üblich ist.

Freundschaft zwischen Mann und Frau

Männer enthüllen Frauen gegenüber intimere Informationen als gegenüber Männern, und fühlen sich ihrer Freundin enger verbunden und in der Freundschaft mit ihr zufriedener. Das ergab eine Studie aus dem Jahr 1987. Wenn eine Freundschaft zwischen Mann und Frau dieses Maß an Vertrauen und Intimität beinhaltet, ist es wichtig, dass ihre Begegnungen in einer Atmosphäre stattfinden, die solche Enthüllungen begünstigt. (Im Allgemeinen haben Frauen keine Probleme damit, intime Einzelheiten in der Öffentlichkeit zu besprechen, während Männer sich dabei unwohl fühlen.)

Hieraus folgt, dass es Gelegenheiten für Privatgespräche geben muss, wenn sich eine Beziehung zwischen Mann und Frau zu einer engen Freundschaft entwickeln soll. Die Forschung zeigt, dass in den ersten sechs Wochen der Entstehung einer Freundschaft zwischen Mann und Frau Begegnungen öfter in der Öffentlichkeit als im privaten Rahmen stattfinden, danach jedoch sind private Treffen häufiger.

Untersuchungen aus dem Jahr 1981, die sich mit Beziehungen zwischen Mann und Frau beschäftigen, zeigen, dass Frauen allgemein langsamer als Männer starke Zuneigung entwickeln, aber schneller beschließen, dass eine Freundschaft am Ende ist. Dies nennt man auch das »Zuletzt-rein-zuerst-raus«-Prinzip.

Diese Diskrepanz ergibt sich daraus, dass Männer nicht die gleiche Stufe an Intimität in einer Freundschaft fordern und daher mit weniger Konflikten zu kämpfen haben, wenn die Regeln gebrochen werden. Frauen hingegen warten länger auf Zeichen dafür dass die Freundschaft das erforderliche Maß an Intimität erreicht hat und sind schneller enttäuscht, wenn diese Intimität nicht aufrechterhalten wird.

Diese unterschiedliche Art der Interaktion kann Freundschaften zwischen Mann und Frau problematisch machen. Weitere Schwierigkeiten entstehen, wenn einer der beiden die Beziehung zu einer sexuellen machen möchte. Es kann aber auch sein, dass beide die Beziehung auf eine romantischere Ebene verlagern wollen. In der Regel wird sich die sexuelle Anziehungskraft irgendwann als ein Problem erweisen. Reife Freundschaften können jedoch ebenso wie eine Ehe auch dann weiter bestehen, wenn auf einer Seite unerfüllte Erwartungen vorhanden sind — vorausgesetzt, dass sich beide dessen bewusst sind.

Solche Probleme tauchen seltener auf, wenn sich keiner der beiden vom anderen sexuell angezogen fühlt. Frauen schließen z. B. häufig enge Freundschaft mit homosexuellen Männern, weil Sex zwischen ihnen keine komplizierende Rolle spielt.

Freundschaften, die zu sexuellen Beziehungen werden

Freundschaften zwischen zwei Erwachsenen, sei es zwischen heterosexuellen Männern und Frauen oder zwischen zwei Homosexuellen oder zwei Lesbierinnen, können zu sexuellen Beziehungen werden. Diese Entwicklung kann zu einigen schwierigen Problemen führen, die in der Beziehung behandelt werden müssen.

Zu einer Freundschaft, die auf einer langen gemeinsamen Vergangenheit basiert, gehören Intimität, Engagement, Verständnis, Loyalität, Toleranz und Vertrauen. Besonders stark sind oft solche Freundschaften, die auf gemeinsam durchgestandenen Herausforderungen oder lebensgefährlichen Situationen basieren. Wenn zwei Menschen bereits eine solch starke intellektuelle und emotionale Bindung geschaffen haben, besteht eine solide Basis für eine körperliche Beziehung. Es kann sich allerdings als Fehler erweisen, mit einem Freund oder einer Freundin eine sexuelle Beziehung einzugehen, in der Hoffnung, dass aus Kameradschaft automatisch sexuelle Leidenschaft entsteht. Nach Meinung des Psychologen Robert Sternberg müssen drei Elemente vorhanden sein, damit eine sexuelle Beziehung funktioniert: Engagement, Intimität und Leidenschaft. Er beschreibt die Kombination dieser drei Elemente als »vollkommene Liebe«. Wenn die Leidenschaft fehlt, sagt Sternberg, basiert die Beziehung auf »kameradschaftlicher Liebe«.

Eine langjährige Freundschaft wird häufig dann zu einer Liebesbeziehung, wenn die Ehe oder sonstige sexuelle Beziehung einer der Partner endet. Freunde anderen Geschlechts, die in solchen Zeiten seelischen Beistand leisten, erleben häufig, dass die sexuellen Gefühle des Freundes oder der Freundin auf sie übertragen werden. Es besteht allerdings die Gefahr, dass solch eine sexuelle Beziehung nicht die Basis für eine dauerhafte Partnerschaft bildet und schließlich der Freundschaft schaden kann, weil sie nur auf kurzfristigen Bedürfnissen beruht.

Wie immer, ist auch hier das offene und vertrauensvolle Gespräch sinnvoll, um über mögliche Veränderungen in der Natur einer Beziehung zu verhandeln.

**Sexuelle Beziehungen,
die zu platonischen werden**

Der Übergang Liebender zu Freunden kann gelingen, wenn die Beziehung auf mehr als nur sexueller Anziehung gegründet war. Auch in der Ehe kann die sexuelle Leidenschaft mit der Zeit abkühlen und die Beziehung wird kameradschaftlicher.

Forschungen haben ergeben, dass enge Freundschaften zwischen früheren Liebenden äußerst nutzbringend sein können und viel häufiger vorkommen, als man gemeinhin annimmt. Eine solche Freundschaft kann auch dann andauern, wenn einer oder beide neue intime Beziehungen zu anderen Partnern aufgenommen haben.

Frühere Partner können in Krisenzeiten erfolgreich seelische Unterstützung gewähren, denn sie kennen den anderen sehr genau. Sind aus einer Beziehung Kinder hervorgegangen, ist es besonders wichtig, dass die Eltern eine Freundschaft pflegen.

Ob sexuelle Beziehungen zu Freundschaften werden

können, hängt von einigen Faktoren ab, so z.B. davon, ob der Entschluss, die sexuelle Beziehung zu beenden, von beiden gefasst wurde und ob noch andere Probleme, z. B. finanzielle Angelegenheiten oder das Sorgerecht für die Kinder geregelt werden müssen. Auch nach einer erbitterten Trennung ist die Freundschaft zu einem früheren Liebespartner unter Umständen später möglich — sobald beide sich ihr Leben unabhängig voneinander eingerichtet haben und neue Partnerbeziehungen haben.

Persönliche Notizen:

Soziale Beziehungen unter die Lupe genommen!

Wenn Freundschaften scheitern

Auch in engsten Freundschaften kommt es immer wieder zu Spannungen und Konflikten. Ungelöste Probleme können sich zwischen die Freunde stellen, wenn sich nicht beide Seiten darum bemühen, eine Lösung zu finden. Wenn eine Freundschaft überleben soll, gilt es sowohl zu lernen, Konflikte schon im frühesten Stadium zu erkennen, als auch die kommunikativen Fähigkeiten zu entwickeln, die man zu ihrer Bewältigung braucht.

Probleme in Freundschaften sind sehr verbreitet. Wenn man verhindern will, dass diese wichtigen Beziehungen auseinander brechen, sollte man sich die Frage stellen, warum Konflikte überhaupt auftauchen und was für Schwierigkeiten sich üblicherweise stellen. Dabei gilt: Wenn tatsächlich Probleme auftreten, können ehrliche Gespräche und persönliches Engagement häufig diese Schwierigkeiten überwinden.

WARUM PROBLEME AUFTAUCHEN
Freunde streiten sich aus vielen Gründen, aber manche Ursachen tauchen häufiger auf als andere. Ein Anlass für Streit liegt im Wesen der Freundschaft selbst. Ein weiterer ist, dass die Beteiligten, wie in anderen Beziehungsformen auch, kritischer gegenüber dem anderen werden, wenn die Phase des anfänglichen Kennenlernens und der ersten Verbundenheit vorüber ist.

Konflikte, die Freundschaften eigen sind

Freundschaft ist sowohl eine Quelle für Anerkennung und Zufriedenheit als auch eine mögliche Ursache für Konflikte. Eine erfolgreiche Freundschaft beruht darauf sicherzustellen, dass die positiven Gefühle nicht nachlassen, während die Konflikte auf ein Mindestmaß beschränkt bleiben.

Das Verzwickte daran ist: Es sind gerade die Aspekte, die Freundschaften erstrebenswert machen, die auch zu Problemen führen können. Die Freundschaft unterscheidet sich von anderen Beziehungen durch drei Aspekte wesentlich; sie ist:

- intim — man erwartet von seinen Freunden seelischen Beistand, Gesellschaft und Engagement
- freiwillig — in Freundschaften wird mehr Verhaltensspielraum erwartet als in anderen Beziehungsformen
- zerbrechlich — es fehlen die Zielstrebigkeit, Rolle, Aufgabe oder Unterstützung, auf die andere Beziehungen sich gründen

Diese drei Aspekte der Freundschaft wirken oft gegeneinander und schaffen dabei unter Umständen große Belastungen, die eine Freundschaft auseinander bringen können. Nach Meinung von Psychologen ist Freundschaft eine einzigartige Beziehung, weil sie die Freiheit, eine Vielzahl anderer Beziehungen auszuleben, mit der Intimität, die sich aus der Unterstützung und Gesellschaft enger Verbündeter ergibt, verbindet. Und es ist die Kombination dieser oft gegensätzlich wirkenden Eigenschaften, die zu besonderen Belastungen führt.

Veränderte Wahrnehmung

Zu Beginn einer Freundschaft neigt man dazu, sich auf Gemeinsamkeiten zu konzentrieren und Unterschiede zu übersehen oder Zugeständnisse zu machen. Man zeigt gegenüber den unangenehmen Charakterzügen eines Freundes mehr Toleranz, solange man aus der Beziehung genügend Nutzen zieht. Steht man mit dem anderen auf weniger freundschaftlichem Fuß, ist diese Toleranzschwelle niedriger.

Einige Psychologen sind der Meinung, dass Freunde einander so sehen, wie sie selbst gesehen werden möchten. Jeder wird von dem besonders wohlwollend betrachtet, den er selbst besonders schätzt, und das verleiht der Freundschaft eine positive Grundlage, auf der sie sich entwickeln kann.

Wenn sich eine Freundschaft gefestigt hat und mit anderen Beziehungen um Zeit und Engagement rivalisiert, werden Freunde sich ihrer Unterschiede und besonders der unangenehmen Charakterzüge des anderen klarer bewusst. Kleine Rücksichtslosigkeiten, die früher übergangen worden wären, wie z.B. das Versetzen bei einer Verabredung oder wenn man geliehene Gegenstände nicht zurückgibt, bekommen eine neue Bedeutung und können die Beziehung langsam unterhöhlen.

Aus einigen Forschungen geht hervor, dass Probleme in der Freundschaft aus einem grundlegenden Missverständnis zwischen Selbst- und Fremdbild entstehen können. In den Studien konnten die Befragten gewöhnlich nicht genau sagen, aus welchen Gründen ihre Freunde sie mochten, obwohl sie selbst keine Schwierigkeiten damit hatten zu beschreiben, warum sie ihrerseits ihre Freunde sympathisch fanden. Wenn jemand nicht weiß, welche Aspekte seiner Persönlichkeit seinen Freunden gefallen oder missfallen, kann er das Bild, das der Freund von ihm hat, dadurch zerstören, dass er einfach »er selbst« ist. Wenn sein Verhalten von früherem Benehmen abzuweichen scheint, wird es von Freunden womöglich als bedeutsame Persönlichkeitsveränderung betrachtet, obwohl der eigentliche Wechsel in ihrer Wahrnehmung seiner Person liegt.

HÄUFIGE PROBLEME

Zu den Problemen, die eine Freundschaft aufs Spiel setzen können, gehören neben Meinungsverschiedenheiten auch die Dominanz eines Beteiligten, Verrat und übertriebene Forderungen von einem eifersüchtigen oder Besitz ergreifenden Freund. Diese Punkte widersprechen den üblichen Erwartungen an Freundschaft. Auch äußere Umstände, wie eine veränderte Lebensweise eines Freundes, können eine Freundschaft schädigen.

Spezielle Meinungsverschiedenheiten

Studien zufolge entstehen Meinungsverschiedenheiten unter Freunden dann am häufigsten, wenn Eifersucht im Spiel ist, vertrauliche Dinge weitererzählt werden, man im Bedarfsfall keine Hilfe anbietet, sich dem anderen nicht anvertraut oder keinen seelischen Beistand leistet.

Die Bedeutung solcher Probleme kann sich jedoch mit zunehmendem Alter erheblich verändern, Jugendliche und junge Erwachsene haben in der Regel die engsten Freundschaften, daher sind emotionale Probleme wie Eifersucht im Freundeskreis — besonders unter Frauen — üblich. Ältere Menschen erwarten mehr Privatsphäre und weniger emotionales Engagement; hier führen also eher exzessive Forderungen nach Zeit und Unterstützung oder Einmischung in persönliche Angelegenheiten zu Konflikten:

Ungleichgewicht
Unbewusst wird unter Freunden Fairness erwartet und geglaubt, dass jeder aus einer Freundschaft so viel erhalten sollte wie er investiert. Tritt das Gefühl auf, mehr zu geben als zu bekommen, können schnell Unzufriedenheit und Ärger entstehen. Solche Gefühle führen unter Umständen zu Streitigkeiten oder Groll und sogar zum Scheitern der Freundschaft.

Auch das Gegenteil kann der Fall sein. Verlangt man von jemandem mehr als dieser zu geben in der Lage oder bereit ist, kann dieser das Gefühl bekommen, eingeengt zu sein und die Freiheit, die als eine der drei wesentlichen Eigenschaften der Freundschaft betrachtet wird, nicht genießen zu können. In Studien sprechen Menschen in dieser Situation oft davon, dass sie sich »unterdrückt« oder »eingesperrt« fühlen.

In einer Freundschaft ergänzen sich häufig die Temperamente der Beteiligten. Willensstarke und dominante Menschen schließen z. B. oft Freundschaft mit vergleichsweise nachgiebigen und unterwürfigen. Solche Beziehungen können allerdings scheitern, wenn der dominante Partner auf die Gefühle oder Interessen des anderen keine Rücksicht nimmt und ihn dadurch verärgert. Andererseits kann auch der dominante Partner mit einer Beziehung unzufrieden sein, in der er alle Entscheidungen allein zu treffen hat.

Verrat

Ein Vertrauens- und Loyalitätsbruch kann aufgrund der Erwartungen, die mit einer Freundschaft verbunden sind, als Verrat betrachtet werden. Solch ein Bruch kann viele Formen haben: Man benutzt persönliches Eigentum ohne Erlaubnis, zahlt einen Kredit nicht zurück, erzählt vertrauliche Dinge weiter oder macht andere Freunde abspenstig.

Auch ein Mangel an Vertrauen kann als Verrat betrachtet werden. Freundschaft erfordert Glauben an die Beweggründe des anderen — auch wenn es Hinweise auf Fehlverhalten gibt. Wenn man die Motive eines Freundes in Frage stellt oder im Zweifelsfall nicht zu seinen Gunsten entscheidet, kann das als Vertrauensbruch angesehen werden. Studien haben gezeigt, dass mangelndes Vertrauen in einen Freund genauso zum Scheitern der Freundschaft führen kann wie ein tatsächlicher Vertrauensverrat.

Angesichts der Wichtigkeit des Vertrauens sollte man keine voreiligen Schlüsse aus dem Verhalten eines Freundes ziehen. Stattdessen sollte man mit dem Freund darüber sprechen, ob es einen Vertrauensbruch gegeben hat oder nicht, und wenn, ob es sich um eine Fehleinschätzung, einen einfachen Fehler oder ein ernsteres Anzeichen für mangelnde Rücksichtnahme handelte.

Eifersucht

Die Bezeichnung »bester Freund« meint oft eine ausschließliche Beziehung, und beste Freunde — gleichen oder verschiedenen Geschlechts — können genauso heftig von Eifersucht gequält werden wie Geschwister Liebende, oder Partner.

Eifersucht ist eine äußerst destruktive Gefühlsregung, die eine Freundschaft sehr schnell untergraben kann. Sie kann bei beiden Freunden zu Groll führen, wobei der eine sich vernachlässigt fühlt und der andere sich in einer Beziehung gefangen sieht, die zu fordernd geworden ist — wiederum eine Verletzung der Freiheit, die als eine der wesentlichen Eigenschaften der Freundschaft betrachtet wird.

Eifersucht rührt oft aus einem tief sitzenden Gefühl der Unsicherheit oder aus mangelndem Selbstvertrauen. Wer eifersüchtig ist, hat das Gefühl, dass er den Freund an jemand anderen verliert. Man kann eifersüchtig sein auf die Zeit, die der andere mit anderen Freunden, dem Partner, Familienmitgliedern oder Kollegen verbringt.

Der eifersüchtige Freund fühlt sich oft anderen Mitgliedern des Bekanntenkreises des Freundes unterlegen. Das kommt häufig bei besten Freunden vor, die sich seit der Schulzeit kennen; neue Freunde vom Arbeitsplatz oder von der Universität scheinen womöglich gebildeter und kultivierter.

Die lange Dauer einer Freundschaft zeigt, welchen Wert beide ihrer Freundschaft zumessen. In langjährigen Freundschaften scheint diese Bedeutung jedoch schnell selbstverständlich und muss ab und zu zum Ausdruck gebracht werden.

Eifersucht kann in der Kindheit und während der Adoleszenz besonders heftig sein, wenn Freundschaften oft sehr eng sind.

Veränderungen der Lebensweise

Manchmal entwickeln Freundschaften sich nach und nach auseinander, anstatt infolge eines Problems plötzlich zu Ende zu gehen. Dies passiert häufig nach Veränderungen der Lebensweise: Studien haben gezeigt, dass sogar scheinbar »unzertrennliche« Freundschaften Veränderungen der persönlichen Lebensumstände oft nicht überstehen. Zwei Menschen können beispielsweise mit 20 enge Freunde sein und kaum noch Gemeinsamkeiten haben, wenn sie älter werden und sich ihre gesamte Lebenswelt ändert. Dann beruhte die Freundschaft nur auf den Interessen, die die beiden während einer bestimmten Lebensspanne teilten. Freundschaften werden besonders strapaziert, wenn Freunde getrennt werden oder sie existentielle Erfahrungen machen, die der andere nicht teilen kann. Soldaten auf Heimaturlaub oder Studenten in den Semesterferien z.B. freuen sich darauf, alte Freunde wieder zu sehen und müssen erkennen, dass die Veränderungen, die sich in der Zwischenzeit bei ihnen und zu Hause ergeben haben, als unsichtbare Barriere zwischen ihnen stehen.

Freundschaften zwischen Studenten im ersten Studienjahr scheinen häufig zu Beginn des zweiten Semesters gefestigt zu werden, nachdem die Studenten aus den Ferien an die Universität zurückkehren. Der Grund dafür könnte sein, dass diese Studenten während der Zeit zu Hause festgestellt haben, dass sie mit ihren alten Schulfreunden nur noch wenig gemeinsam haben. Das bedeutet, dass sie sich bei ihrer Rückkehr an die Universität der neuen Freundschaften mit anderen Menschen versichern wollen, mit denen sie nun die gleichen Erfahrungen und Interessen teilen.

Eine Studie hob den Fall zweier Collegefreundinnen hervor, die in sehr unterschiedliche religiöse und sozioökonomische Gruppierungen einheirateten. Innerhalb eines Jahrs hatten sie das Gefühl, nichts mehr gemeinsam zu haben. Ein ähnliches Beispiel betraf zwei Freunde, deren Beziehung nicht weiter bestehen konnte, als einer von ihnen eine Position mit hohem Prestigewert bekam, durch die er in einen höheren gesellschaftlichen Kreis gelangte.

Manchmal ist es durchaus auch akzeptabel, alte Beziehungen einschlafen zu lassen. Dabei gilt es zu lernen, das Scheitern einer Beziehung auch zu begrüßen, wenn es sich für einen selbst als richtig erweist.

DAS SCHEITERN DER FREUNDSCHAFT

Forscher haben herausgefunden, dass der Bruch, der auf wie auch immer geartete Probleme in einer Freundschaft folgt, fast immer einem bestimmten Muster unterliegt.

Später legen sich beide Parteien eine Version der Geschehnisse zurecht, die es ihnen ermöglicht, mit dem Scheitern der Freundschaft zurechtzukommen, ohne ihre Selbstachtung zu gefährden.

Abbruch einer Freundschaft in vier Phasen

Sobald eine Freundschaft gefestigt ist, muss sie oft ihre erste Zerreißprobe verkraften. Freunde testen in dieser Phase ihre Beziehung, indem sie extremere Haltungen oder Meinungen als bisher an den Tag legen oder mehr Engagement und Zeitaufwand in der Beziehung fordern. Zu diesem Zeitpunkt stellen sie womöglich fest, dass sie unterschiedliche Erwartungen haben.

Psychologen vertreten den Standpunkt, dass es kein Hinweis auf persönliche Unzulänglichkeit sein muss, wenn die Freundschaft diese Probe nicht besteht. Der

Zweck des Tests ist festzustellen, ob die Freundschaft sich für beide Beteiligten lohnt; nutzlose oder langweilige Beziehungen können dann genauso abgebrochen werden, wie man erfolgreiche weiterführen kann. Das Scheitern der Freundschaft läuft nach Meinung von Psychologinnen und Psychologen in vier Phasen ab:

Unzufriedenheit Ein Freund wird unzufrieden mit den Handlungen oder dem Benehmen des anderen und beginnt zu überlegen, ob die negativen Aspekte der Beziehung den Nutzen möglicherweise überwiegen.

Eine Entscheidung treffen Der unzufriedene Mensch muss entscheiden, ob er dem Freund gegenübertreten will oder nicht und ob er versuchen will, die Freundschaft zu kitten oder sie einfach beendet.

Die Freundschaft beenden Der Betreffende entschließt sich vielleicht, die Freundschaft zu beenden und sucht Unterstützung für seine Entscheidung bei anderen Freunden. In diesem Stadium legen sich beide Parteien bisweilen Entschuldigungen dafür zurecht, warum die Beziehung endet, die ihnen helfen, »das Gesicht zu wahren«.

Die abschließende Darstellung Man blickt ausgiebig auf die Beziehung zurück und gibt anderen Freunden eine neue, höchst subjektive Schilderung dessen, was der eigenen Meinung nach zum Scheitern der Beziehung geführt hat.

Wenn der unzufriedene Freund bereit ist, den anderen mit seinem Verhalten zu konfrontieren, bestehen in der zweiten Phase gute Chancen, den Bruch zu verhindern. In vielen Fällen enden Freundschaften allerdings, ohne dass einer der Beteiligten sich den zugrunde liegenden Problemen stellt oder sie zu lösen versucht. Wer unzufrieden ist, bricht oft jeglichen Kontakt ab, ohne dem anderen seine Absicht mitzuteilen, oder er meidet das Thema, indem er sagt, er wolle sich später melden, ohne dass er dies wirklich beabsichtigt. Die tatsächlichen Gründe für den Bruch werden womöglich erst später über Dritte aufgedeckt.

Nach dem Bruch
In der Phase, die dem Bruch folgt, versuchen die ehemaligen Freunde die offensichtliche Fehleinschätzung, die sie zusammenbrachte, zu rechtfertigen, indem sie den Charakter des anderen neu bewerten. Wurde z. B ein ehemaliger Freund früher einmal als »lebenslustig« und »aufregend« beschrieben, behauptet man nunmehr, er habe »sich verantwortungslos verhalten« und »sich wie ein Verrückter aufgeführt«. Gefährten, die man vorher für »zuverlässig« oder »verlässlich« hielt, betrachtet man nun als »fantasielos« oder »lahm«. Sogar Handlungen, die man früher als »nett« oder »großzügig« einstufte, können neu bewertet werden als »durchtrieben« oder »berechnend«.

Eine gescheiterte Freundschaft kann schnell zu Beschuldigungen und Schuldgefühlen führen, wodurch die Beteiligten aus den Augen verlieren, warum die Freundschaft ursprünglich zerbrach. Sie zweifeln, ob eine Freundschaft überhaupt jemals möglich war, und stellen womöglich sogar ihre eigene Fähigkeit, künftig neue Beziehungen aufzubauen, in Frage.

PROBLEME ANGEHEN
In vielen Fällen lassen sich Probleme in Freundschaften lösen, bevor der Bruch unvermeidbar wird. Hierzu

muss man in drei Schritten vorgehen: das Problem erkennen, das Problem konstruktiv besprechen und die Freundschaft wieder aufbauen.

Einige Freundschaften gehen jedoch einfach deshalb in die Brüche, weil sie an ihrem natürlichen Ende angelangt sind. In diesem Fall sollten sich beide Parteien dieser Tatsache bewusst sein und sie akzeptieren, so dass die Freundschaft einvernehmlich auseinander geht.

Probleme erkennen

Befindet sich eine Freundschaft in der Krise, ignorieren die Beteiligten das Problem häufig in der Hoffnung, dass es sich von selbst lösen möge. Dies kann allerdings zu unterdrückten Wut- und Grollgefühlen und zu einem kontinuierlichen Spannungsaufbau führen. Wenn Freunde feststellen, dass sie sich über triviale Dinge zanken oder dass kleine Meinungsverschiedenheiten als heftige Streitereien auflodern, gibt es womöglich tief sitzende Probleme, die behandelt werden müssen. Erkennt man diese Probleme frühzeitig, kann man in der Regel leichter mit ihnen umgehen, bevor sie die Beziehung zu stark belasten und es vielleicht gar zum Bruch kommt. Wenn beide offen ihre Probleme aus ihrer Sicht äußern, können sie sie auch wirksam bekämpfen.

Männer und Frauen nähern sich in unserer Gesellschaft der Freundschaft auf unterschiedliche Weise. Dies wird deutlich an ihrer Bereitschaft, Probleme zu erkennen und mit ihnen umzugehen. Da Frauen in eine Beziehung meist mehr Zeit und Anstrengungen investieren, bemerken sie schneller, wenn etwas schief läuft, und versuchen, die anstehenden Probleme zu klären. Frauen können oft ihre Gefühle besser mitteilen und sind daher unter Freundinnen gewöhnlich eher bereit, Probleme offen anzugehen. In Freundschaften zwischen Mann und Frau muss die Frau oft den ersten Schritt machen, indem sie Probleme zur Sprache bringt, die ihrer Meinung nach behandelt werden müssen. Hierdurch wird der Mann oft ermutigt, »sich zu öffnen« und darzustellen, wie er die Beziehung sieht. In Männerfreundschaften wenden sich Männer oft an eine weibliche Mittelsperson, um sich bei ihren Schwierigkeiten helfen zu lassen.

Über Probleme sprechen

Wie in allen Beziehungen erfordert die Problemlösung mit einem Freund gute kommunikative Fähigkeiten verbaler und nichtverbaler Art, um über die Unstimmigkeiten zu reden, ohne die Situation zu verschärfen. Die Atmosphäre sollte friedlich und frei von Animositäten sein; wählen Sie daher einen Zeitpunkt, zu dem beide Parteien die Themen ausführlich diskutieren können und nicht unter dem Druck stehen, eine schnelle Lösung finden zu müssen. Manchmal ist es hilfreich, einen neutralen Treffpunkt zu wählen, vorzugsweise mit geselliger Atmosphäre, wie z.B. ein Café oder Restaurant.

Vermeiden Sie barsche oder kritische Worte, die den Anschein erwecken, Sie wollten dem anderen Schuld zuweisen. Wenn man Freunde nicht zu hart kritisiert oder beurteilt, akzeptieren sie eher, dass es ein Problem gibt, das geklärt werden muss, und sind eher bereit, eine Lösung zu suchen.

Versuchen Sie, ihre Stimme nicht zu erheben, und greifen Sie auch nicht zu persönlichen Beleidigungen. In der Hitze des Augenblicks geäußerte Worte schaffen oft

Groll, der noch anhält, wenn der ursprüngliche Grund des Streits längst vergessen ist.

Versuchen Sie gleichzeitig, eventuell verletzende Bemerkungen Ihres Freundes zu tolerieren. Häufig sind sie nicht so kränkend gemeint, wie sie erscheinen. Äußern Sie sich abwechselnd über Ihre Klagen und Ihre Erwartungen an die Beziehung. Sie sollten Ihrem Freund genauso viel Zeit zu reden zugestehen wie sich selbst. Konzentrieren Sie sich genau auf das, was Ihr Freund sagt und versuchen Sie, die Dinge von seiner Warte aus zu verstehen. Nutzen Sie die Zeit nicht nur dafür über, Ihren nächsten Punkt nachzudenken. Wenn Sie mit Ihren Erwiderungen an der Reihe sind, gehen Sie auf die Argumente ein, die Ihr Freund angebracht hat, um zu zeigen, dass Sie sie verstanden haben. Wenn Sie dem anderen nicht zuhören oder Ihre eigenen Gefühle nicht adäquat zum Ausdruck bringen, wird es zu keiner Lösung kommen.

Vermeiden Sie verletzende oder peinliche Vergleiche mit anderen und flößen Sie Ihrem Freund keine Schuldgefühle ein, selbst wenn Sie insgeheim denken, dass er schuld sei. Auch wenn Sie selbst der festen Überzeugung sind, dass man Ihnen Unrecht getan hat, seien Sie bereit, um des Kompromisses willen ein bisschen Schuld auf sich zu nehmen, so dass Sie beide sich rehabilitiert fühlen, anderenfalls würden Sie nur einseitige Ergebnisse erzielen, die zu keiner dauerhaften Lösung führen.

Freundschaft wieder aufbauen

Wenn man eine Freundschaft wieder aufbauen will, sollte man sich die positiven Eigenschaften des anderen, von denen man sich zunächst angezogen fühlte, ins Gedächtnis rufen und nicht länger über die negativen Charakterzüge, die vielleicht zu Verbitterung geführt haben, nachdenken. Wenn man die Fehler des anderen einfach nicht vergessen kann, ist es unter Umständen hilfreich, die Charakterzüge des Freundes aufzulisten, mit positiven Aspekten auf der einen Seite und negativen auf der anderen.

Die negative Spalte füllt sich oft sehr schnell, wenn man beim Schreiben immer noch sehr gekränkt ist. Nachdem man jedoch Gelegenheit hatte, sich zu beruhigen und über glücklichere Zeiten in der Beziehung nachzudenken, findet man vielleicht heraus, dass es genug positive Eigenschaften gibt, um die negativen wettzumachen.

Der nächste Schritt besteht darin, zu versuchen, das Verhalten des Freundes zu verstehen. Zum Vertrauensbruch kann es z.B. durch eine Fehleinschätzung kommen oder dadurch, dass man nicht erkannt hat, welches Maß an Vertraulichkeit der andere erwartete. Manchmal wollen Freunde durch das Weitergeben vertraulicher Informationen an andere auch nur damit angeben, wie sehr Sie sie offensichtlich schätzen müssen, da Sie ihnen derart private Dinge anvertrauen. Auch Neid kann der Grund für das negative Verhalten eines Freundes sein — vielleicht möchte er Sie unbewusst verletzen, weil Sie z. B. erfolgreicher, geselliger, intelligenter oder beliebter als er zu sein scheinen. Man kann das Verhalten eines Freundes besser einordnen, wenn man die zugrunde liegende Ursache versteht, und so eine tolerantere Haltung einnimmt.

Wenn das Verhalten eines Freundes oder einer Freundin Sie ärgert, stellen Sie sich die folgenden Fragen:

- Haben Sie alle in Frage kommenden Erklärungen für das Verhalten Ihrer Freundin in Erwägung gezogen?
- Gibt es irgendwelche vorteilhaften Erklärungen für das Verhalten Ihres Freundes?
- Sind Sie sicher, dass eine negative Erklärung die zutreffendste ist?
- Können Sie mit Ihrem Freund die Motivation für sein Verhalten besprechen?

Wenn ein Konflikt richtig bewältigt wird, kann er der Entwicklung einer Freundschaft dienlich sein. Je offener Freunde ihre eigenen Gefühle darlegen und ehrlich sind bezüglich der Fehler des anderen, desto mehr kann die freundschaftliche Bindung sich vertiefen und verbessern. Es überrascht nicht, dass Studien gezeigt haben, dass eine Freundschaft geringer bewertet wird, wenn Erwartungen — beispielsweise durch Mangel an Vertrauen oder Loyalität — enttäuscht wurden und die betreffende Angelegenheit unter den Freunden ungeklärt blieb.

Dieselben Studien zeigen allerdings auch, dass die Freundschaft manchmal sogar höher als vor dem Bruch bewertet wird, wenn der Konflikt zu beiderseitiger Zufriedenheit gelöst wurde. Daraus kann man schließen, dass eine Freundschaft langfristig gestärkt wird, wenn die Freunde oder Freundinnen sich einer Krise gemeinsam stellen und sie bewältigen.

Notwendige Verständigung

Damit Freundschaften erhalten bleiben, ist es vor allem wichtig, sich zu verständigen. Die US-amerikanische Sprachforscherin Deborah Tannen hat untersucht, wie Männer und Frauen miteinander sprechen, und dabei deutliche Unterschiede festgestellt.

Männer reden meist zielgerichtet und analytisch, während Frauen versuchen, sich in andere hineinzuversetzen und eine angenehme Atmosphäre zu schaffen. Jedes Gespräch zwischen Freunden läuft wie ein Ritual ab. Wer die Regeln kennt und richtig deutet, kann Missverständnisse vermeiden und Probleme aus dem Weg räumen. Die wichtigste Voraussetzung hierfür ist gegenseitiges Verständnis.

Persönliche Notizen:

Kapitel 5

Beziehungen am Arbeitsplatz

Im Gegensatz zu Freundschaften beruhen Beziehungen zu Kollegen zunächst nicht auf einer freien Willensentscheidung. Der moderne Arbeitsplatz führt Menschen unterschiedlichen Geschlechts und Alters sowie verschiedenen sozialen, ethnischen und kulturellen Hintergrunds zusammen. Das Einzige, das sie anfänglich gemeinsam haben, ist die Aufgabe, effektiv zusammenzuarbeiten. Ganz egal, was wir von unseren Kollegen halten — wir müssen positive Arbeitsbeziehungen zu ihnen aufbauen, wenn wir unser Berufsleben so angenehm und lohnend wie möglich gestalten möchten.

Die meisten Menschen verbringen Tag für Tag mehr Zeit mit ihren Arbeitskollegen als mit ihren Familienangehörigen oder Freunden. Gute oder schlechte Beziehungen am

Arbeitsplatz können sich daher erheblich auf unser gesamtes Leben auswirken. Dabei gibt es in der Arbeitswelt die unterschiedlichsten Arten von Beziehungen, so auf der einen Seite die zwischen Arbeitgeber und Arbeitnehmer und auf der anderen Seite die zwischen Kollegen. Je besser wir die Hintergründe und Funktionen dieser Beziehungen verstehen, desto besser können sie sich entwickeln.

Manchmal lassen sich Probleme am Arbeitsplatz nicht vermeiden. Druck, knappe Liefertermine, hohe Umsatzerwartungen usw. können Konkurrenzdenken, Rivalität oder Neid unter Kollegen und Kolleginnen hervorrufen oder ganz einfach Stress und Müdigkeit verursachen. Es können gelegentliche Streitigkeiten zwischen Kollegen auftreten, es kann aber auch zu boshaften Intrigen und Mobbing kommen. Dabei haben die Ursachen solcher Konflikte manchmal gar nichts mit der Arbeit selbst zutun, sondern sind die Folge persönlicher Gefühle oder Vorurteile. Sexuelle Belästigungen oder Ausländerfeindlichkeit werden heute immer ernster genommen, dennoch kann es sehr lange dauern, ein solches Problem aus dem Weg zu räumen.

In letzter Zeit sind auch die sehr unterschiedlichen Kommunikationsstile zwischen Männern und Frauen in beruflichen Beziehungen genauer untersucht worden. Dabei zeigte sich, dass Frauen sich deutlich in ihrer Art zu kommunizieren von Männern unterscheiden. Während Männer zielgerichtet und ergebnisorientiert sind, versuchen Frauen zunächst einmal das Umfeld abzutasten. Wichtige Beiträge zu dem Verhältnis von Frauen und Männern im Beruf lieferte auch die Forschung über jene Faktoren, die zum Erfolg im Beruf beitragen. Dabei stellte sich schnell heraus, dass Frauen eine Reihe von Eigenschaften wie beispielsweise Einfühlungsvermögen mitbringen, die als soziale Kompetenz oder auch als emotionale Intelligenz bezeichnet werden. Neben dem Intelligenzquotienten spielen soziale Fähigkeiten in den modernen Industrieunternehmen eine immer größere

Rolle bei der Bewertung von Fach- und Führungskräften.

Außerdem können Beziehungen am Arbeitsplatz zu engen Freundschaften oder gar Liebesbeziehungen führen. Viele Menschen lernen ihren Lebenspartner am Arbeitsplatz kennen. Hier können sich Freundschaft, Vertrauen und Nähe behutsam entwickeln.

Berufliche Beziehungen

Die meisten Menschen verbringen den Großteil ihrer Zeit mit Arbeitskollegen. Forschungen zeigen, dass durchschnittlich ein Drittel der Arbeitszeit auf spezifische Aufgaben verwendet wird, die restliche Zeit wird hauptsächlich damit verbracht, mit Kollegen zu kommunizieren. Es erstaunt daher nicht, dass gute berufliche Beziehungen für die Gesundheit und das Wohlbefinden einer Person von entscheidender Bedeutung sind. Konfliktreiche berufliche Beziehungen hingegen können die Arbeitsleistung beeinträchtigen, auf das Privatleben übergreifen und ein wichtiger Grund für psychischen Stress sein.

Berufliche Kontakte unterscheiden sich deutlich von den zwischenmenschlichen Beziehungen in anderen Lebensbereichen. Zunächst einmal kann man sich Kollegen, anders als Freunde und Partner im Allgemeinen nicht aussuchen. Außerdem hat man an der Arbeitsstelle weniger Kontrolle über die Zeit, die man mit Kollegen verbringt. Es ist jedoch für die Lebensqualität eines jeden und auch für Unternehmen sehr wichtig, dass berufliche Beziehungen kooperativ und herzlich sind — auch zwischen Menschen, deren Persönlichkeit und Lebensauffassung nicht ohne weiteres vereinbar sind. Allerdings kann man durch die Wahl eines bestimmten Berufs Menschen mit ähnlichen Interessen treffen und möglicherweise Freundschaften schließen, die auf diesen gemeinsamen Interessen basieren.

Berufliche Beziehungen sind förmlicher als die zu Familie, Freunden und Partnern. Gespräche am Arbeitsplatz drehen sich in den meisten Fällen um berufliche Dinge. Man erwartet von Arbeitnehmern, dass sie sich, abhängig von ihrer jeweiligen Funktion, im Umgang mit anderen an einen bestimmten Verhaltenskodex halten.

Berufliche Beziehungen sind häufig auch sehr starr. Zwischen Vorgesetzten und ihren Mitarbeitern herrschen so genannte vertikale Beziehungen mit klar umrissenen Rollen auf beiden Seiten vor. Zwischen Arbeitnehmern, die einen weitgehend gleichberechtigten Status haben und miteinander auf einer Ebene kooperieren, bestehen horizontale Beziehungen. Natürlich können sich aus den beruflichen Beziehungen auch Freundschaften entwickeln.

HIERARCHISCHE BEZIEHUNGEN

Grundsätzlich ist die vertikale Beziehung zwischen Vorgesetztem und Untergebenem klar definiert: Vorgesetzte geben Anweisungen und der Untergebene führt sie aus. In der Praxis ist die Beziehung jedoch komplexer. Die Führungskraft muss ihre Mitarbeiter motivieren, schnell, effizient und ökonomisch zu arbeiten, ohne dass sie dabei Groll oder gar Feindseligkeit hervorruft. Der Untergebene muss seinen Chef ermutigen, ihn optimal zu unterstützen und ein angenehmes und befriedigendes Arbeitsklima zu schaffen.

Als Vorgesetzter arbeiten

Ist die Beziehung zwischen einem Vorgesetztem und seinen Mitarbeitern befriedigend, werden die gesteckten Arbeitsziele sicher erreicht und das Unternehmen wird davon profitieren. Ist sie dies jedoch nicht, wird es zu

Unzufriedenheit, Unproduktivität und hoher Personalfluktuation kommen.

In mancher Hinsicht ähnelt die Beziehung zwischen Führungskraft und Mitarbeiter der zwischen Eltern und Kind. Eltern versuchen beispielsweise, ihre Kinder durch Lob weiter zu motivieren, sich gut zu benehmen; sie werden sie jedoch kritisieren, wenn sie sich unangemessen verhalten. Vorgesetzte motivieren Untergebene ebenfalls durch Lob oder durch Fortbildungsangebote, finanzielle Vergünstigungen und Anerkennung, wenn die Arbeit effizient vonstatten gegangen ist. Sie werden aber Kritik üben, Beförderungen oder Gratifikationen ablehnen, wenn das Arbeitsziel nicht erreicht wurde. Zur Aufgabe einer Führungskraft gehört es auch, die Verantwortung für einzelne Arbeitsschritte an die Mitarbeiter zu übertragen. Dabei muss sie allerdings davon überzeugt sein, dass die betreffenden Personen tatsächlich Verantwortung übernehmen können. Wenn sie dagegen glaubt, dass niemand so gute Leistungen erbringt wie sie selbst, lädt sie sich oft zu viel Arbeit auf und unterfordert damit ihre Untergebenen, die möglicherweise mehr Verantwortung tragen wollen.

Eine weitere Gemeinsamkeit mit der Eltern-Kind-Beziehung besteht darin, dass der Vorgesetzte genau wie die Eltern einer »Sorgepflicht« nachzukommen hat. Letztendlich ist er für das Wohlbefinden und die Sicherheit seiner Mitarbeiter am Arbeitsplatz verantwortlich und muss zugleich darauf achten, dass das Arbeitsziel erreicht wird. Vorgesetzte sollten daher bemüht sein, sich um die Bedürfnisse und Interessen ihrer Unterergebenen zu kümmern.

Eine gute Beziehung zwischen Führungskräften und Mitarbeitern ist eine Quelle der Zufriedenheit und Effizienz am Arbeitsplatz. Um eine solche Beziehung zu erreichen, ist es wichtig, dass Vorgesetzte bestimmte Voraussetzungen erfüllen: Sie müssen fachkompetent sein, über hohe soziale Kompetenz und Führungsqualitäten verfügen. Zudem müssen sie für eine effektive und sinnvolle Verteilung der anliegenden Aufgaben unter den Mitarbeitern sorgen und einen angemessenen Zeitrahmen für die Erledigung der Arbeiten abstecken können. Daneben müssen sie die sozialen Strukturen unter den Mitarbeitern einschätzen und fördern können, um ein gutes Arbeitsklima und einen der Arbeit förderlichen Austausch im Team sicherzustellen.

Die Arbeit und die Fortschritte des Mitarbeiters sollten regelmäßig überprüft werden. Dabei sollte eine Führungskraft in der Lage sein, höflich, aber ehrlich alle die Arbeit und die Beziehung betreffenden Schwierigkeiten zu besprechen und angemessenes Feedback zu geben und auch anzunehmen. Sie sollte erklären und überzeugen, anstatt Anordnungen zu geben. Wo es möglich ist, sollten Untergebene in Entscheidungen mit einbezogen werden.

Eine Führungskraft muss auch das richtige Gefühl für Nähe und Distanz zu den Untergebenen finden. Wenn sie sich zu stark entfernt, erscheint sie leicht unnahbar und verliert den Kontakt zu den Mitarbeitern. Sind die Kontakte zu vertraulich, kann sie ihre Autorität einbüßen und Probleme bei der Überzeugungsarbeit bekommen. Bei den meisten Vorgesetzten entwickelt sich das richtige Gefühl für den Umgang mit den Untergebenen durch zunehmende Erfahrung und bewusste Reflexion des eigenen Verhaltens.

Mit Vorgesetzten arbeiten

Es ist vernünftig, wenn ein Mitarbeiter versucht, eine gute berufliche Beziehung zu seinen Vorgesetzten zu erreichen. Wenn Sie sicherstellen, dass Ihr Vorgesetzter Ihre Bedürfnisse versteht, und Sie ihm beispielsweise klar machen können, warum Sie zusätzliche Unterstützung oder Mittel benötigen, bringt Sie das auf den Weg zu einer befriedigenden beruflichen Beziehung erheblich weiter. Der Schlüssel ist ein offenes und ehrliches Gespräch; es kann allerdings besonderes Fingerspitzengefühl erfordern, dies in angemessener Weise zu führen.

Der Mitarbeiter ist in der Beziehung im Nachteil, wenn eine Führungskraft die Regeln festlegt und bestimmt, ob oder wann ein Gespräch stattfindet. Verfolgt eine Vorgesetzte eine »Politik der offenen Tür« oder ermutigt die Mitarbeiter Probleme zu besprechen, ist eine effektive Kommunikation in beide Richtungen leichter. Bei weniger zugänglichen Vorgesetzten muss man eventuell offizielle Besprechungen fordern.

Der Mitarbeiter sollte gut auf das Treffen vorbereitet sein, sodass er alle Punkte klar benennen und sie erläutern — und nötigenfalls belegen — kann. Vorgesetzten sollten zwar die Interessen der Mitarbeiter am Herzen liegen, sie müssen aber gleichzeitig die Unternehmensziele vor Augen haben. Deshalb werden die Vorschläge eines Mitarbeiters bereitwilliger aufgenommen, wenn sie dem Unternehmen ebenso nützen wie dem Arbeitnehmer.

Wer in einem Gespräch mit einer Führungskraft Erfolg haben möchte, muss bestimmt auftreten, um seinen Standpunkt überzeugend klar zu machen; er sollte allerdings auf Ausdrücke oder Gesten verzichten, die als feindselig ausgelegt werden können. Dabei sollte man auch immer die Persönlichkeit des Vorgesetzten berücksichtigen. Ist er eher introvertiert und unsicher, sollte die Annäherung nicht herausfordernd oder kritisch wirken. Andererseits kann bei einem geselligen und energischen Vorgesetzten ein konkreter und direkter Vorstoß wirkungsvoller sein als subtile Anspielungen, die leicht ignoriert werden können.

Mitarbeiter sollten akzeptieren, dass Vorgesetzte das Recht haben, Entscheidungen zu treffen. Sie sollten allerdings auch die Motive, die hinter der Entscheidung stehen, überprüfen und gegebenenfalls in Frage stellen. Manchmal missverstehen Mitarbeiter Entscheidungen ihrer Vorgesetzten und interpretieren sie als manipulativ, obwohl sie wohl durchdacht sind. Wenn eine Führungskraft z. B. einen Vorschlag ablehnt, bedeutet das nicht automatisch, dass sie diesen für unzweckmäßig oder falsch hält. Die Entscheidung kann sich einfach aus Faktoren ergeben haben, die dem Mitarbeiter nicht bekannt waren.

BEZIEHUNGEN ZWISCHEN GLEICHRANGIGEN

Beziehungen zwischen gleichberechtigten Kollegen, die auf der gleichen hierarchischen Stufe miteinander arbeiten, sind viel weniger klar definiert als Beziehungen zwischen Vorgesetzten und Untergebenen. Die wichtigste Voraussetzung für gut funktionierende Beziehungen unter Kollegen ist, dass sie miteinander kooperieren — ohne eine echte Zusammenarbeit kann die Belegschaft nicht geschlossen arbeiten. Das Unternehmen kann Schaden erleiden und die berufliche Leistungsfähigkeit der Arbeitnehmer nimmt ab. Unzufriedenheit und wachsender Stress sind die Folge. Da zwischen Gleichrangigen keine rigide Machtstruktur besteht, ist es nicht immer einfach, für Kooperation zu sorgen.

In Gruppen arbeiten

Häufig müssen Arbeitnehmer in Gruppen arbeiten. Dabei hat jeder eine spezielle Rolle und muss seine besonderen Fähigkeiten und Kenntnisse einbringen. Die Beziehungen zwischen den Arbeitnehmern werden vor allem durch den jeweiligen Arbeitsbereich der Gruppe bestimmt, aus dem sich z.B. ergibt, wie oft die Gruppenmitglieder sich treffen und wie eng sie zusammenarbeiten.

Verschiedene Studien zeigen, dass die ideale Gruppe am Arbeitsplatz relativ klein sein sollte — bis zu 15 Personen — mit geringen Unterschieden im Status, in der allgemeinen Beteiligung an Diskussionen und Entscheidungen, in der Verteilung von Prämien und im Maß der Supervision. Wenn die Gruppe gut organisiert ist, ist der Zusammenhalt groß, die Kooperation gut, die Belegschaft zufrieden und der Output wird hoch sein. Eine schlecht organisierte Gruppe dagegen hat keinen Zusammenhalt, die Zusammenarbeit funktioniert nicht, der Output wird niedrig sein, es kommt zu vermehrten Ausfällen und starker Fluktuation.

Arbeitnehmer sollten sich bemühen, im Umgang mit der Gruppe bestimmt aufzutreten. Allerdings sollte dies nicht als Aggression empfunden werden. Meist machen sich die Gruppenmitglieder um den Einzelnen — besonders wenn es sich um einen neuen Mitarbeiter handelt — ebenso viele Gedanken wie er um die Gruppe.

Letztendlich nützen Kooperation und Zusammenhalt der ganzen Gruppe — eine Erkenntnis, die man auch klar machen sollte, wenn Probleme entstehen. Wenn man der Etablierung der Gruppe genug Zeit lässt, wird sich in der Regel eine gute Arbeitsbeziehung entwickeln.

Mit Einzelpersonen arbeiten

Es gibt kaum offizielle hierarchische Unterschiede, die Einzelne auf einer horizontalen Ebene am Arbeitsplatz voneinander absetzen. Trotzdem kann eine implizite Machtstruktur vorhanden sein. Manchmal schätzen sich Mitarbeiter mit längerer Betriebszugehörigkeit oder Berufserfahrung oder solche, die sich für begabter halten, als wichtiger ein als ihre Kollegen und bauen so unausgesprochen Hierarchien auf.

Beziehungen zu Kollegen spiegeln oft die Beziehungen zu Geschwistern wider. Wie Geschwisterbeziehungen können sie positive Eigenschaften wie Loyalität und Beschützerdrang beinhalten. Sie können aber auch eine typisch negative Eigenschaft von Geschwisterbeziehungen aufweisen, nämlich den ständigen Kampf um Aufmerksamkeit — in diesem Fall die der Vorgesetzten — und die Sorge um die Frage, wer der »Liebling« ist und deshalb an der Reihe ist, befördert zu werden oder andere Vergünstigungen zu bekommen. So können Arbeitskollegen nicht nur eine Quelle für Aufmunterung, Unterstützung und Anleitung sein, sondern auch ein Grund für gegenseitige Konkurrenz.

Wenn Arbeitnehmer auf Schwierigkeiten stoßen, sollten sie darüber nachdenken, ob diese denen ähneln, die in Geschwisterbeziehungen vorkommen. So kann man mögliche Untertöne in der Situation besser verstehen und Handlungen, die den Konflikt anstacheln könnten, vermeiden. Wenn die Schwierigkeiten andauern, sollten Arbeitnehmer einen Vorgesetzten oder ausgebildete Mitarbeiter der Personalabteilung kontaktieren. Es gehört zu ihren Aufgaben, sich mit solchen Problemen zu befassen.

FREUNOSCHAFTEN AM ARBEITSPLATZ

Angesichts der Zeit, die man am Arbeitsplatz verbringt, überrascht es nicht, dass sich hier oft Freundschaften entwickeln. Sie können durch regelmäßigen Kontakt mit Arbeitskollegen entstehen oder sich aus einer zufälligen Begegnung, z.B. in der Kantine oder der Cafeteria, ergeben.

Arbeit beinhaltet, besonders in den Pausen oder unmittelbar nach Dienstschluss, ein soziales Element. Tratsch, Plaudern und Humor gehören dazu. Freundschaften am Arbeitsplatz wirken sich auf die Kommunikation und Zusammenarbeit positiv aus. Sie können die Produktivität und den Profit des Unternehmens steigern.

Bei Freundschaften am Arbeitsplatz gibt es häufig bedeutende kulturelle Unterschiede. In der westlichen Gesellschaft fühlen sich Menschen wohler mit Kollegen, die eine ähnliche Stellung haben. Es ist ein Teil dieser Kultur, Gleichheit zu betonen. Es gibt sogar Tendenzen, Unterschiede in der sozialen Stellung und der Macht zu verleugnen oder zu minimieren. Westliche Arbeitnehmer scheinen sich von denen angezogen zu fühlen, die ihnen am ähnlichsten sind; dies bezeichnet man als »horizontale Orientierung«.

In der japanischen Kultur gibt es bei Freundschaften am Arbeitsplatz eine » vertikale Orientierung«. Man erkennt den Status eines Mitarbeiters im Betrieb an und schätzt ihn. Japanische Arbeitnehmer neigen dazu, Kontakt zu Kollegen mit einem höheren Ansehen zu suchen — vielleicht, um sie als Vorbild zu nutzen und ihr eigenes Renommee zu verbessern.

INTAKTE BEZIEHUNGEN AM ARBEITSPLATZ

Zu einer funktionierenden Beziehung am Arbeitsplatz gehören im Allgemeinen gegenseitiger Respekt und Sorge um den anderen, unabhängig von seinem Status. Dies ermöglicht einen starken Kooperationsgeist. Um funktionierende Beziehungen am Arbeitsplatz aufzubauen, muss man mögliche Fallen in Betracht ziehen und sich auf sie vorbereiten. Man sollte Berufs- und Privatleben trennen; gewisse Schranken sollten bestehen bleiben, um die Privatsphäre zu schützen und unangemessene Intimität zwischen Arbeitnehmern zu vermeiden.

Trennung von Berufs- und Privatleben

Probleme am Arbeitsplatz wirken sich oft auf das Privatleben aus und verursachen nicht nur bei dem Arbeitnehmer, sondern auch bei seinem Partner und seiner Familie Stress. Ebenso können sich unbefriedigende Beziehungen außerhalb des Arbeitsumfelds negativ auf das Arbeitsleben auswirken. Sie können zu Wutausbrüchen,

Depressionen und Konzentrationsmangel führen und die Arbeitsleistung verschlechtern.

Um dies zu verhindern, sollten Arbeitnehmer versuchen, zwischen ihrem Privat- und Berufsleben klare Trennlinien zu ziehen. Wenn sie den Rat von befreundeten Arbeitskollegen zu Problemen suchen, die nichts mit der Arbeit zu tun haben, sollte das in einem Umfeld geschehen, das nicht mit der Arbeit in Verbindung steht, z. B. in der Mittagspause oder nach Feierabend, so dass private Probleme vom Arbeitsplatz ferngehalten werden. Umgekehrt sollten berufliche Probleme nicht die Zeit dominieren, die man mit Familie, Freunden und Partnern verbringt. Tatsächlich sind diese Schwierigkeiten für Menschen außerhalb des beruflichen Umfelds oft sehr aufreibend, weil sie in der Regel keine praktische Hilfe bieten können.

Unterstützung und Vertraulichkeitsgrenzen

Für eine intakte berufliche Beziehung ist es auch erforderlich, dass man Unterstützung anbieten und gleichzeitig Grenzen gegen eine zu große Vertraulichkeit ziehen kann. Welche Grenzen angemessen sind, hängt von den Einzelnen und der Art des Arbeitsplatzes ab und gewöhnlich braucht es einige Zeit, sie auszuhandeln. Zur Unterstützung eines Kollegen gehört es auch, Hilfe bei berufsbezogenen Aufgaben zu geben, in seiner Abwesenheit für ihn einzustehen und Ratschläge anzubieten. Unterstützung kann auch darin bestehen, sich in einer berufsbezogenen gesellschaftlichen Umgebung freundlich zu zeigen.

Am Arbeitsplatz ist es jedoch wichtig, die Privatsphäre der Kollegen zu respektieren. Anders als in Beziehungen zu Freunden, der Familie oder Partnern sollte man in beruflichen Beziehungen besonders vorsichtig sein, nach persönlichen Angelegenheiten zu fragen oder diese zu kommentieren.

Sexuelle Kontakte zu Mitarbeitern, Vorgesetzten oder Geschäftspartnern sollten auf jeden Fall gemieden werden. Bei sexueller Belästigung gleich welcher Art wird die Intimitätsschranke eindeutig überschritten. Hier muss man früh genug strikte Grenzen setzen, um die berufliche Beziehung intakt zu erhalten.

FRAUENSPRACHE — MÄNNERSPRACHE

In vielen Betrieben hapert es an der optimalen Verständigung, denn Männer und Frauen kommunizieren unterschiedlich. Viele Frauen tun sich mit dem männlichen Führungsstil schwer; sie setzen häufig Fähigkeiten wie Intuition und Einfühlungsvermögen im Umgang mit den Mitarbeitern ein. Dies kann einer der Gründe dafür sein, dass sich weibliche Vorgesetzte manchmal nur schwer durchsetzen können.

Die amerikanische Linguistin Deborah Tannen untersuchte, wie Männer und Frauen am Arbeitsplatz sprechen, und stellte dabei deutliche Unterschiede fest. Männer reden direkt und analytisch, während Frauen versuchen, sich in andere hineinzuversetzen und mit viel Fingerspitzengefühl eine angenehme Atmosphäre zu schaffen. Ihre Art zu Entscheidungen zu kommen, wird von vielen Männern als unentschlossen betrachtet und daher häufig übergangen. Dabei wäre es so leicht, mit gegenseitigem Verständnis neue Ausdrucksformen zu finden und auf diese Weise die anstehenden Probleme zu lösen.

Persönliche Notizen:

Konflikte am Arbeitsplatz

Beziehungen am Arbeitsplatz verursachen oft Probleme, besonders wenn Menschen unterschiedlicher Herkunft, Bildung und Lebensauffassung eine effiziente berufliche Beziehung aufbauen oder aufrechterhalten sollen und dabei mit Termindruck und Verkaufs- oder Produktionszielen zurechtkommen müssen. Probleme mit Arbeitskollegen führen zu Unzufriedenheit, Disharmonie, Stress und schlechten Leistungen. Wer weiß, welche Probleme am Arbeitsplatz entstehen können, kann sich auf sie einstellen und ihnen entgegenwirken.

Um erfolgreich zu sein, benötigen Unternehmen motivierte Mitarbeiter mit dem richtigen Engagement, angemessenen Fähigkeiten und Lebensauffassungen. Nur so können sie sicherstellen, dass die betrieblichen Ziele erreicht werden. Ist dies nicht der Fall oder treten Fehler in einem inakzeptablen Ausmaß auf, kann dies auf unterschwellige Konflikte hinweisen. Diese können in Beziehungen zwischen Vorgesetzten und Mitarbeitern ebenso wie in Beziehungen zwischen gleichberechtigten Kollegen auftreten. In manchen Fällen weisen sie aber auch nur auf unzureichende Arbeitsleistungen bei einem oder mehreren Arbeitnehmern oder auf schlechte äußere Arbeitsbedingungen hin.

Auf dem sich ständig verändernden und zunehmend globalisierten Markt sind Unternehmen oft am erfolgreichsten, wenn sie über einen Mitarbeiterstab verfügen, der sich aus Männern und Frauen unterschiedlichsten

Alters zusammensetzt, die verschiedener sozialer, ethnischer und kultureller Herkunft sind und ein breites Erfahrungsspektrum mitbringen. Vorurteile können in einer derart heterogenen Gruppe allerdings erhebliche Probleme verursachen und zu vielfältigen Diskriminierungen führen.

BEZIEHUNGSKONFLIKTE
AM ARBEITSPLATZ

Berufliche Beziehungen scheinen in strikte Verhaltensregeln eingebunden zu sein. Tatsächlich jedoch spielen dabei auch persönliche Haltungen und Meinungen der einzelnen Mitarbeiter eine große Rolle. Wir alle bringen unsere psychische Disposition mit zur Arbeit, die unsere Wahrnehmung des beruflichen Umfelds und unsere Art, Beziehungen zu Kollegen aufzubauen, bestimmt. So kann sich beispielsweise der Einfluss der Familie auf berufliche Bestrebungen sowohl positiv als auch negativ auswirken. Man hat eher Erfolg am Arbeitsplatz, wenn man in einer Familie aufwächst, in der Leistungen gelobt und gesunder Ehrgeiz gefördert werden.

Außerdem wirken sich zahlreiche andere Beziehungen und Erfahrungen auf unsere Persönlichkeit und unser Verhalten aus. Schulzeit und Studium z.B. können das Selbstwertgefühl und die Art, wie man zu Gleichaltrigen Beziehungen aufbaut, stark beeinflussen. All diese Faktoren können entscheidende Bedeutung im Berufsalltag erlangen und sich auf Probleme auswirken, die sich zwischen Vorgesetzten und Mitarbeitern oder zwischen Kollegen entwickeln.

Unvereinbarkeit der Charaktere

Mitarbeiter, deren Charaktere überhaupt nicht miteinander vereinbar sind, stellen ein Unternehmen vor erhebliche Schwierigkeiten. Oft ist es aber nicht hilfreich, sich mit der Persönlichkeit der jeweiligen Mitarbeiter auseinander zu setzen, wenn man Konflikte am Arbeitsplatz lösen will. Wenn es unumgänglich ist, dass zwei oder mehr Angehörige eines Unternehmens mit stark gegensätzlichen Persönlichkeiten zusammen arbeiten, ist es meist produktiver, ihre Konzentration ganz auf die bestehende Aufgabe zu lenken.

Grundsätzlich ordnen Menschen die Ursache für ein Problem eher einer Person als einer Situation zu. Allerdings gilt es, sich in beruflichen Beziehungen primär mit der Situation zu befassen. Daher sollten Fehler im Betriebsablauf nicht Persönlichkeitsschwächen oder individueller Inkompetenz zugeschrieben werden. Lösungen sollten dort gesucht werden, wo es darum geht, die Unternehmensstruktur zu verbessern und die Arbeit voranzubringen. So macht möglicherweise ein Vorgesetzter Arbeitnehmer, deren Leistung er für schlecht hält, für nicht eingehaltene Termine seiner Abteilung verantwortlich, obwohl das Kernproblem darin liegt, dass sie keine adäquate Ausbildung erhalten oder gar nicht begriffen haben, was von ihnen erwartet wird.

Ungerechtfertigte Kritik

Wenn Kritik konstruktiv ist und auf taktvolle und einfühlsame Weise vorgebracht wird, ist sie ein positiver Faktor im Arbeitsumfeld; negative Kritik jedoch, die nur darauf hinausläuft, die Arbeit der Mitarbeiter abzuwerten und keine Lösungsansätze bietet, kann sowohl dem Einzelnen als auch dem Unternehmen schaden.

Destruktive Kritik ist manchmal die Folge eines schlechten Kommunikationsstils, kann jedoch auch in einem Gefühl von Groll oder Feindseligkeit begründet sein. In der Familientherapie wurde für diese zwischenmenschlichen Abläufe ein Erklärungsmodell entwickelt. Danach werden destruktive Kritik und Feindseligkeit als mögliche Symptome eines tiefer liegenden Problems des Kritisierenden betrachtet, wie z.B. Mangel an Selbstvertrauen oder geringes Selbstwertgefühl. Ein solches Problem wird am besten gelöst, indem seine Ursache erkannt und versucht wird, alternative Denkweisen und Verhaltenswege zu finden. Kaum Erfolg versprechend ist jedoch der Versuch, seine eigenen Probleme zu bewältigen, indem man bei anderen durch bestimmte Handlungen dieselben Gefühle hervorruft. Wenn z.B. jemand ein geringes Selbstwertgefühl hat, kritisiert er die Arbeit eines anderen und erzeugt so in der kritisierten Person ein Gefühl, das den eigenen Emotionen entspricht.

Wenn Sie am Arbeitsplatz kritisiert wurden, sollten Sie sich nicht in diesen Teufelskreis von Feindseligkeiten ziehen lassen, sondern vielmehr die Berechtigung der Kritik prüfen. Überlegen Sie, ob die Kritik dem Problem angemessen ist und holen Sie, falls nötig, eine zweite Meinung von einem Kollegen oder Vorgesetzten Ihres Vertrauens ein.

Wenn sich die Kritik als ungerechtfertigt herausstellt, kann es hilfreich sein, Ihren Gefühlen dem Betreffenden gegenüber Luft zu machen. Sie sollten anstreben, eine unvoreingenommene Diskussion zu führen, in der Sie versuchen, die Gründe für die Kritik herauszufinden, und Ihre eigenen Gegenargumente darlegen. Dadurch, dass Sie Ihre Selbstachtung bewahren, zwingen Sie den Kritiker vielleicht, sein Verhalten zu überdenken.

Mobbing

Mobbing wird generell als Machtmissbrauch definiert, der zwischen verschiedenen Hierarchiestufen, aber auch unter Gleichberechtigten auftreten kann. Derartige Schikanen am Arbeitsplatz werden jedoch erst seit Beginn der 90er Jahre ernst genommen und wissenschaftlich untersucht.

Schikanierungen bei der Arbeit wurden lange nur als ein Problem Einzelner beachtet; mittlerweile weiß man jedoch, dass diese auch durch Gruppen, möglicherweise im Rahmen eines Unternehmens ausgeübt werden.

Manche Unternehmenskulturen fördern aggressive Beziehungen zwischen Arbeitnehmern, wohingegen andere Firmen eine eher kooperative und freundliche Form des Arbeitsumfelds wählen.

Doch nicht jeder harte Umgangston ist sofort als Mobbing zu verstehen. Es handelt sich nur dann um Mobbing, wenn der Betreffende bewusst und mit Absicht den Mitarbeiter psychisch unter Druck setzt. Mit anderen Worten: Sein Verhalten ist darauf ausgerichtet, den anderen persönlich zu schädigen. Allerdings sind die Grenzen zwischen purer Schikane und unbewusstem Fehlverhalten schwer zu definieren.

Mobbing stellt kein Einzelproblem dar, sondern betrifft immer das ganze Unternehmen. Es ist einfach, sich auf den »Tyrannen« und sein »Opfer« zu konzentrieren und dabei zu ignorieren, dass Mobbing selten isoliert auftritt. Kollegen sind sich oft dessen bewusst, dass jemand schikaniert wird, ziehen es jedoch vor, dies zu ignorieren. Wenn Zeugen bereit sind einzugreifen und dem Betroffenen helfen sich zu wehren, kann das Problem vielleicht schon in einem frühen Stadium gelöst werden. Ein Unternehmen sollte sicherstellen und gewährleisten, dass alle Angestellten mit Respekt behandelt werden.

MIT SCHLECHTER ARBEITSLEISTUNG UMGEHE

Manchmal entstehen Probleme am Arbeitsplatz durch mangelnde Arbeitsleistungen eines oder mehrerer Mitarbeiter. Dies kann dazu führen, dass Arbeitsabläufe unterbrochen werden, Termine verpasst und Produktionsziele nicht erreicht werden. Das bedeutet immer mehr Arbeitsbelastung und Stress für die anderen, die meist die Person verantwortlich machen, die sie für inkompetent halten.

Arbeitsleistungen sind oft dann schlecht, wenn es an den notwendigen Fertigkeiten oder Erfahrungen mangelt, die betrieblichen Strukturen wenig organisiert sind oder keine sinnvolle Kommunikation stattfindet. Das macht es dem Arbeitnehmer unmöglich, seine Arbeit effizient auszuführen. Auch unrealistisch angesetzte Produktionsziele können hierfür verantwortlich sein.

Eigene Fehler zugeben

Es gehört Mut dazu, seine eigene schlechte Arbeitsleistung zu reflektieren und zuzugeben, dass man einem bestimmten Aspekt der Arbeit vielleicht nicht gewachsen ist. Wenn ein Arbeitnehmer das kann, ist es weniger wahrscheinlich, dass andere ihn für inkompetent halten. Auch er selbst wird größeres Selbstvertrauen erlangen.

Im beruflichen Umfeld ist es eine Stärke, Schwächen zuzugeben und die Verantwortung für Fehler zu übernehmen.

Manche Menschen sind allerdings zu selbstkritisch. Bei ihnen führen ein Gefühl der Unzulänglichkeit und geringes Selbstwertgefühl zu ungesundem Perfektionismus. In der Regel bürden sie sich bei der Arbeit zu viel Verantwortung auf. Eine Situation, in der kompetente Arbeitnehmer das Gefühl haben, ihre Stellung nicht zu verdienen und früher oder später »entlarvt« zu werden, bezeichnet man als » Hochstaplersyndrom «.

Man kann mit solchen irrationalen Gefühlen persönlicher Unzulänglichkeit besser umgehen, wenn man die Situation realistisch einschätzt und akzeptiert, dass Fehler hilfreich sein können und Teil jedes Lernprozesses sind.

Mit Fehlern anderer umgehen

Man muss sicherstellen, dass die Kritik an anderen auf Fakten beruht und nicht subjektiv gefärbt ist. Klischeehafte Auffassungen über ethnische Herkunft und Geschlecht z. B. können dazu führen, dass jemand fälschlich der Inkompetenz bezichtigt wird.

Wenn Beschwerden begründet sind, sollten sie so feinfühlig wie möglich vorgebracht werden. Kritik sollte auf ein Minimum beschränkt werden, positive Äußerungen sind wichtig. Anstatt einfach darauf hinzuweisen, dass der Mitarbeiter einen Fehler gemacht hat, sollte man lieber Verbesserungsvorschläge machen. Nach Ursachen hinter dem Problem und dann nach Lösungen zu suchen, anstatt einfach Schuld zuzuweisen, ist ein guter Ansatz.

Ein »Keine-Schuld«-Ansatz, bei dem keine Einzelperson für einen Fehler verantwortlich gemacht wird, kann selbst in äußerst ernsten Fällen hilfreich sein: Die Aufmerksamkeit konzentriert sich dann auf das Problem und nicht auf Personen. Anstatt zu drohen oder Strafmaßnahmen zu ergreifen, sollte man darauf abzielen zu überzeugen, damit die Arbeit zufrieden stellend erledigt wird.

Wenn die Fehler auf die offensichtliche Inkompetenz eines Ranghöheren im Unternehmen zurückzuführen sind, kann es angebracht sein, die Angelegenheit mit der Personalabteilung oder mit einem Spitzenmanager zu besprechen, um einen Weg zu finden, das Problem zu lösen. Man sollte die direkte Konfrontation vermeiden, da dies die betreffende Person in eine defensive und unnachgiebige Position bringen kann.

DISKRIMINIERUNG AM ARBEITSPLATZ

Die Einstellung eines Mitarbeiters und der Umgang mit ihm sollte ein objektiver Prozess sein, der auf Faktoren wie Fähigkeit und Erfahrung beruht. Wenn Vorurteile zum Tragen kommen, können Arbeitnehmer zu Diskriminierungsopfern werden. Dies kann auf vielerlei Weise geschehen: Bewerbern wird ein Einstellungsgespräch verweigert oder sie kommen nicht in die engere Wahl, Arbeitnehmer erhalten keine Möglichkeiten sich fortzubilden, ihre Position zu verbessern oder befördert zu werden. Vorurteile sind oft irrational und können sich gegen jeden richten; meist führen sie jedoch zu Diskriminierungen auf sexueller, ethnischer oder altersbedingter Ebene.

Sexuelle Diskriminierung

Sexismus, d. h. geschlechtsspezifische Diskriminierung, kann Männer und Frauen betreffen. Sie tritt dann auf, wenn Menschen starre Auffassungen von »normalem« männlichen und weiblichen Verhalten haben und z.B. davon ausgehen, dass Angehörige eines Geschlechts bestimmte Arbeiten weniger gut ausführen können.

Manchmal entstehen Probleme allein durch die Art und Weise, wie Männer und Frauen am Arbeitsplatz miteinander sprechen. Männer machen z. B. des öfteren unangebrachte Anspielungen auf die äußere Erscheinung oder sexuelle Attraktivität einer Frau. Wenn sich solche Kommentare auch vielleicht nicht direkt auf berufliche Themen beziehen, gehören sie doch zum sexistischen Verhalten. Dies zeigt sich auch in herablassenden oder beleidigenden Bemerkungen oder im Übertragen bestimmter vermeintlich geschlechtsspezifischer Aufgaben. Demnach müssen Frauen z.B. Kaffee kochen und Männer mit wütenden Kunden umgehen. In manchen Fällen wird ein Geschlecht grundsätzlich von der Beförderung ausgeschlossen oder erhält bestimmte Stellungen in Unternehmen nicht.

Sexuelle Diskriminierung kann beruflichen Beziehungen schaden. Mitarbeiter eines Unternehmens hegen oft Groll, da die Aufgaben geschlechtsspezifisch vergeben werden oder sie Vorgesetzte haben, die Positionen abhängig vom Geschlecht verteilen und ihnen somit die Karriere verbauen. Sie können auch auf das Unternehmen wütend sein. Wenn ihre Anstrengungen nicht gewürdigt werden, verlieren sie leicht ihre Motivation und verhalten sich anderen Arbeitnehmern und dem Unternehmen gegenüber unkooperativ und sogar feindselig.

Ethnische Diskriminierung

Zur ethnischen Diskriminierung gehört es, jemanden aufgrund seiner Hautfarbe, seiner kulturellen Herkunft oder seiner Religion mit ganz spezifischen Vorurteilen zu belegen. So kann man einer bestimmten Gruppe z. B. angeborenes kriminelles Verhalten oder Inkompetenz unterstellen. Damit rechtfertigt man anschließend diskriminierende Handlungen wie Stellenbewerbungen abzulehnen, uninteressante Aufgaben zu übertragen oder eine Fortbildung oder Beförderung zu verweigern. Oft beruht die Diskriminierung auf Vermutungen, die man gar nicht erst zu bestätigen versucht.

Im Berufsleben kann ethnische Diskriminierung durch rassistische Bemerkungen oder Ausgrenzungen offen zum Ausdruck kommen. Häufig zeigt sie sich jedoch in subtilerer Form: Institutionalisierter Rassismus ist z.B. ein koordinierter Versuch, eine Person oder Gruppe unterzuordnen, indem man sie von Machtpositionen innerhalb eines Unternehmens ausschließt.

Ethnische Diskriminierung schadet ebenso wie sexuelle Diskriminierung den beruflichen Beziehungen. Groll und Feindseligkeit gegen Einzelne und das gesamte Unternehmen entstehen.

Der Arbeitsplatz bietet ein ideales Umfeld, um gegen ethnische Diskriminierung vorzugehen, da hier Menschen unterschiedlicher ethnischer Herkunft unter dem gemeinsamen Nenner betriebliche Zielsetzungen zu erreichen, zusammenkommen.

Altersbedingte Diskriminierung

Die so genannte Seniorenfeindlichkeit ist ein vergleichsweise junges Phänomen. Früher repräsentierte das

Alter in Ost und West Wissen und Erfahrung und wurde daher hoch geschätzt.

In Industrienationen jedoch sind viele Unternehmer der Meinung, dass ältere Menschen konservativ, gesetzt und in ihrer Lebensauffassung unflexibel sind. Jüngere Menschen hält man dagegen eher für fantasievoll, flexibel und hoch motiviert. Außerdem schreibt man ihnen eine schnelle Auffassungsgabe zu.

Die voranschreitende Computertechnologie und Telekommunikation hat einige darin bestärkt, zu glauben, dass ältere Menschen am modernen Arbeitsplatz nicht zurechtkommen. Aus diesem Grund werden ältere Menschen bei Beförderungen oft übergangen und in Zeiten wirtschaftlicher Rezession in die Arbeitslosigkeit oder den Vorruhestand abgeschoben. Doch es sind auch andere Entwicklungen zu erkennen: Die Einstellungspolitik mancher Unternehmen favorisiert zwar immer noch junge Menschen, dennoch haben viele Betriebe erkannt, dass mit den älteren Mitarbeitern, die das Unternehmen verlassen, ein enormer und schwer zu ersetzender Wissens- und Erfahrungsschatz verloren geht. Auch das Betriebsklima leidet unter dem Phänomen der Altersdiskriminierung. Jüngere können als Bedrohung angesehen werden, ältere Menschen erscheinen oft als unkooperativ.

Auch wenn ältere Menschen vielleicht keine Ausbildung in den neuesten Technologien genossen haben, verfügt eine Vielzahl von ihnen über viele Vorteile für das Unternehmen; z. B. können die Älteren einen guten Überblick beisteuern, wenn Jüngere einen neuen Ansatz in die Arbeit einbringen.

Persönliche Notizen:

Soziale Beziehungen unter die Lupe genommen!

Liebespaare am Arbeitsplatz

Viele Paare lernen sich am Arbeitsplatz kennen. In vielerlei Hinsicht unterscheiden sich solche Beziehungen nicht von Partnerschaften, die an anderen Orten entstehen. Einige Aspekte können allerdings problematisch sein. So missbilligen manche Arbeitgeber »Büroromanzen« und es kann vor allem dann schwierig werden, wenn sich zwei Menschen ineinander verlieben, die sich auf unterschiedlichen Hierarchieebenen des Unternehmens befinden.

In großen Betrieben, die ihrer Belegschaft zahlreiche gesellschaftliche Aktivitäten bieten, gibt es oft reichlich Gelegenheit, einen potenziellen Partner zu treffen. Viele Beziehungen am Arbeitsplatz funktionieren genauso wie andere, allerdings gibt es einige Dinge zu beachten.

EINEN PARTNER AM ARBEITSPLATZ KENNEN LERNEN
Neben Schule oder Universität sowie Bekanntschaften über Freunde bietet auch der Arbeitsplatz große Möglichkeiten, einen Partner kennen zu lernen. Folgende Aspekte sind dabei maßgeblich:
- Gemeinsam verbrachte Zeit — viele Menschen arbeiten sehr lange und haben daher den meisten Kontakt zu ihren Arbeitskollegen.
- Sicherheit — viele Menschen, besonders Frauen, sehen den Arbeitsplatz als einen sicheren Ort an, um Menschen zu treffen, da sie bereits etwas über deren Identität und Herkunft wissen. Lokale, Diskos oder Klubs erscheinen vielen als zu unsicher.

- Freundschaft — wenn man bei der Arbeit Zeit miteinander verbringt, kann man sich langsam näher kennen lernen und einander vertraut werden, bevor man eine sexuelle Beziehung eingeht.
- Übereinstimmungen — Menschen mit gleichem Beruf haben oft ähnliche Temperamente, Weltanschauungen und Interessen. Darüber hinaus haben sie bei demselben Arbeitsplatz dieselben Kollegen und ähnliche Arbeitsprobleme.

HÄUFIGE PROBLEME

Paare, die beruflich zusammenarbeiten, müssen entscheiden, ob die Beziehung geheim gehalten werden soll oder nicht. Sie müssen sich darüber klar werden, wie sie mit ihren möglicherweise unterschiedlichen Positionen am Arbeitsplatz umgehen wollen und bedenken, dass eine solche Liebesbeziehung unter Umständen zu einem Leistungsabfall führen kann. Schließlich gilt es zu bedenken, wie man miteinander umgeht, falls die Beziehung scheitert.

Geheim halten oder offen legen?

Die Entscheidung, ob ein Paar Kollegen und Vorgesetzte von seiner Beziehung in Kenntnis setzt oder nicht, ist oft schwierig. Eine Romanze am Arbeitsplatz ist meist schwer geheim zu halten. Die subtilen Zeichen, die auf eine Beziehung zwischen zwei Menschen hinweisen, sind schwer zu verbergen; außerdem ist es möglich, dass das Paar außerhalb der Arbeit zusammen gesehen wird. Wenn die Verbindung bekannt wird, kann es sein, dass die Geschäftsleitung sie missbilligt. Darüber hinaus muss man mit dem Tratsch und den Witzen von Kollegen rechnen und einkalkulieren, dass alle informiert sind, wenn die Beziehung scheitert. Vorteilhaft ist es aber, dass man keine Lügen über sein Privatleben erfinden muss und offen zu der Partnerschaft stehen kann.

Manche Unternehmen verbieten jegliche Form von Liebesbeziehungen unter Kollegen. Sie befürchten u.a. nachlassende Arbeitsproduktivität, Auswirkungen auf die Moral und mögliche juristische Klagen wegen sexueller Belästigung, die sich als sehr kostspielig erweisen können. Andere Unternehmen verfolgen keine festgeschriebene Politik, dulden jedoch trotzdem keine Liebesbeziehungen.

Oft hilft es Paaren bei ihrer Entscheidung, ihre Beziehung bekannt zu geben oder weiter geheim zu halten, wenn sie sich die Firmengesinnung und den Führungsstil in ihrem Unternehmen vergegenwärtigen. Es kann auch sinnvoll sein, einen vertrauenswürdigen Kollegen zu befragen, um herauszufinden, ob es schon mal einen solchen Fall gab.

Beziehungen und Hierarchie

Beziehungen zwischen Mitarbeitern unterschiedlicher Hierarchieebenen sind eher problembelastet als solche zwischen gleichberechtigten Betriebsangehörigen. In der Regel lehnt die Geschäftsleitung Liebesbeziehungen zwischen leitenden Angestellten und ihren Mitarbeitern ab. Ist der vorgesetzte Partner für Arbeitsaufträge, Gehalt, Beförderung und Disziplin verantwortlich, trifft er möglicherweise voreingenommene Entscheidungen — oder erweckt zumindest diesen Eindruck. Wenn die Beziehung allgemein bekannt ist, können bei den anderen Mitarbeitern Feindseligkeiten aufkommen, es besteht die

Gefahr, dass sie ihrem Chef Günstlingswirtschaft vorwerfen. Ihre Arbeitsmoral wird sich negativ entwickeln.

Auswirkungen auf die Arbeitsleistung

Beziehungen, die am Arbeitsplatz entstehen, können auf vielerlei Art die Produktivität beeinträchtigen. Flirtet das Paar miteinander, so kann dies sowohl auf die Beteiligten als auch auf ihre Kollegen ablenkend wirken. Andererseits können sich auch die Partner nicht mehr wie vorher auf die Arbeit konzentrieren, wenn sie das Gefühl haben, ihre Beziehung geheim halten zu müssen. Je enger zwei Menschen zusammenarbeiten, desto belastender ist diese Art der Geheimniskrämerei. Natürlich kann es auch anders sein: Manche Paare betrachten ihre Beziehung als durchaus förderlich für ihre Arbeitsleistung, da ihr gegenseitiges Verständnis hilft, Schwierigkeiten zu besprechen, Kompromisse zu schließen und Lösungen für Probleme zu suchen.

Beendigung der Beziehung

Wenn Beziehungen am Arbeitsplatz scheitern, kommen die betroffenen Paare, anders als bei vielen anderen Beziehungen, oft nicht umhin, einander weiterhin zu begegnen.

Manche Unternehmen fürchten Trennungen unter Kollegen. Sie haben Angst vor möglicherweise aufkommenden Feindseligkeiten, mangelnder Kooperation zwischen den ehemaligen Partnern oder dem Weggang wertvoller Mitarbeiter.

Wenn Sie die Arbeit mit einem ehemaligen Partner als belastend empfinden, informieren Sie sich über alternative Arrangements, z.B. das Arbeiten zu Hause oder die

Versetzung in ein anderes Büro oder eine andere Abteilung. Wenn das nicht machbar ist, versuchen Sie, die Beziehung zu Ihrem ehemaligen Partner so positiv wie eben möglich zu gestalten — Techniken zum Umgang mit Kummer nach einer Trennung und vermittelnde Gespräche können dabei nützen. Es kann auch hilfreich sein, einen professionellen Berater aufzusuchen.

Persönliche Notizen:

Kapitel 6

Liebesbeziehungen

Oft scheint es, als ob wir unsere Partner rein zufällig durch eine unvorhergesehene, schicksalhafte Begegnung kennen lernen. Tatsächlich ist es aber so, dass es eine ganze Reihe ungeschriebener Gesetze gibt, die bestimmen, zu welchen Menschen wir uns hingezogen fühlen und in welchen Situationen wir mit ihnen zusammentreffen. Psychologen sind der Meinung, dass wir uns mit großer Wahrscheinlichkeit in Menschen vergleichbarer sozialer Herkunft verlieben, die unsere Interessen und Glaubenshaltungen teilen und ähnlich attraktiv sind wie wir selbst.

Treffpunkte sind in den meisten Fällen solche Orte, an denen wir uns täglich über längere Zeit aufhalten: in der Schule, beim Studium, am Arbeitsplatz oder im Haus eines Freundes oder Familien-angehörigen.

Partnerschaften, die sich aufgrund einer rein zufälligen Begegnung entwickeln, sind eher selten.

Wir bringen unseren Kindern schon sehr früh bei, dass eine Liebesbeziehung etwas Erstrebenswertes ist. Romantik, Liebe und Eheschließung mit dem Partner unserer Träume werden von fast allen Menschen als ein entscheidendes Ziel im Leben angegeben. Besonders Mädchen wachsen häufig mit der Vorstellung auf, dass Liebe und Romantik die Garantie zu lebenslangem Glück im Erwachsenenalter sind — dies, obwohl die Scheidungsrate in der westlichen Welt sehr hoch ist.

Soziologen und Psychologen vertreten die Auffassung, dass das Fundament einer gut funktionierenden Partnerschaft aus Kooperation, Kameradschaft und gegenseitigem Verständnis besteht — Eigenschaften, die sehr viel wichtiger sind als überwältigende Leidenschaft. Die intensiven Gefühle, die den Beginn einer Liebesbeziehung kennzeichnen, lassen im Allgemeinen im Lauf der Zeit etwas nach. In dieser Situation werden die Vorstellungen von Liebe und Romantik häufig auf eine schwere Probe gestellt. In einer guten Zweierbeziehung jedoch bleiben sich die Partner auch weiterhin zugetan und arbeiten zusammen an der Erhaltung und Pflege ihrer Liebe und Zuneigung.

Eheberater meinen, dass der Schlüssel für eine dauerhaft funktionierende Liebesbeziehung die Kommunikation ist. In einer langjährigen Beziehung ist man oft versucht davon auszugehen, dass einer den anderen gut kennt und in jeder Situation genau weiß, was der andere denkt oder fühlt. Für eine lebendige Beziehung ist es aber von größter Bedeutung, sich auch nach Jahren immer wieder über die Wünsche und Bedürfnisse beider Partner auszutauschen.

Eine Beziehung ist im Lauf der Zeit sehr unterschiedlichen Strömungen ausgesetzt. So können Kinder eine Partnerschaft zusammenschweißen, aber auch auseinander treiben und der Weggang der Kinder stellt viele Beziehungen erneut vor eine heftige Zerreißprobe. Wichtig für den Zusammenhalt einer Partnerschaft scheint es zu sein, die nach außen wie die nach innen gerichteten Kräfte immer wieder neu in Balance zu bringen und zu begreifen, dass Stillstand auch die Gefahr birgt, dass die Liebe abhanden kommt. Daher sollte man sich immer austauschen und dem anderen aufmerksam zuhören.

Mögliche Partner kennen lernen

Manche Partner in langjährigen Beziehungen scheinen zufällig zusammengekommen zu sein, andere kennen sich schon aus dem Sandkasten. Die meisten Menschen gehen mit jemandem eine Partnerschaft ein, den sie über gemeinsame Freunde oder geteilte Interessen kennen gelernt haben. Aber auch die modernen Formen der Partnerfindung spielen eine immer größere Rolle dabei, in unserer geänderten Lebenswelt Partner zu finden.

Für viele Menschen ist es ein wichtiges Ziel, eine Liebesbeziehung einzugehen. In der Pubertät ist sie oft einfach ein wichtiger Aspekt auf der Suche nach der eigenen Identität. Mit zunehmendem Alter wollen wir aber eher einen Partner für eine Langzeitbeziehung oder Ehe. Auch wenn Menschen nicht bewusst einen Partner suchen, planen sie ihre Aktivitäten und ihr gesellschaftliches Leben oft so, dass sie jemanden kennen lernen können.

WO SICH PARTNER KENNEN LERNEN
Die meisten Menschen erwarten, ihre Partner im beruflichen und privaten Alltag kennen zu lernen. Oft wählen sie ihre gesellschaftlichen Aktivitäten oder Treffpunkte nach den Möglichkeiten aus, auf einen potenziellen Partner zu treffen. Andere entscheiden sich aber auch für eine Partnervermittlung oder Kontaktanzeige.

Übliche Wege des Kennenlernens

Die meisten Menschen lernen ihre Partner durch gemeinsame Freunde und ihr weiteres gesellschaftliches Umfeld kennen, z.b. am Arbeitsplatz, in Bildungsinstitutionen (Paare kennen sich oft von der Schule oder von der Universität), Versammlungen, Klubs und Vereinen, Kneipen, Diskos oder bei Freunden.

Viele dieser Orte stehen mit romantischen Gefühlen in Zusammenhang. In einer Disko kann man sich beispielsweise auf vielerlei Art und Weise annähern. Man kann sich freundschaftlich oder offen sexuell begegnen.

Aus einer Disko-Begegnung entstehen jedoch relativ selten lange andauernde Liebesbeziehungen Studien zeigen, dass passende Partner gewöhnlich ähnlicher Herkunft sind; daher ist es viel wahrscheinlicher, einen Partner über gemeinsame Freunde kennen zu lernen als durch ein zufälliges Ereignis.

Selektive Treffpunkte

Es gibt zahlreiche unterschiedliche Orte, an denen wir mögliche Partner kennen lernen können. Sie unterscheiden sich in der Wahrscheinlichkeit, dort Menschen mit gleichen Interessen, gleicher sozioökonomischer Herkunft und gleichem Bildungsniveau zu begegnen. Eine Einteilung in nichtselektive, halbselektive und selektive Treffpunkte hilft, einen besseren Überblick zu bekommen. An einem nichtselektiven Ort treffen sich Leute zufällig — z. B. im Zug, im Supermarkt oder in einer Bar. An einem halbselektiven Ort treffen Menschen mit ähnlichen Interessen aufeinander, ohne dabei aber unbedingt in näheren Kontakt zu kommen. Solche Treffpunkte könnten eine Bibliothek, ein Museum, eine Kunstgalerie oder ein Gottesdienst sein. Eine höchst selektive Umgebung wie eine Schulklasse oder Arbeitsgruppe an der Universität, berufliche Zusammenarbeit oder ein Klub bringt Menschen mit gleich gearteten Zielen meist regelmäßig zusammen.

Bürgerinitiativen, Parteien oder wohltätige Organisationen können Menschen mit gleichen Weltanschauungen zusammenbringen.

Aktive Suche

Manche Menschen suchen lieber aktiv einen Partner, anstatt dies dem Zufall zu überlassen, besonders wenn es ihnen schwierig erscheint, andere allein Stehende kennen zu lernen. Zu den Möglichkeiten, die sich in diesem Fall bieten, gehören Kontaktanzeigen, Partnervermittlungen, Singleklubs und das Internet.

Annoncen Zeitschriften, Zeitungen und Webseiten im Internet enthalten oft Kontaktanzeigen. Wer inseriert, liefert gewöhnlich einige Informationen über sich selbst und grenzt den Kreis möglicher Partner durch Angaben zum gewünschten Alter, zu den erwarteten Interessen, zum Aussehen und zur Art der angestrebten Beziehung ein. Wer sich mit Interessenten treffen will, sollte ausreichende Vorsicht walten lassen, denn es gibt keine Kontrollinstanz wie z.B. bei einer Agentur.

Partnervermittlungen Es gibt örtliche und landesweite Agenturen, manche operieren auch im Internet. Der Suchende gibt entweder in einem Interview oder über einen Fragebogen detaillierte Informationen über sich selbst und äußert seine Wünsche über einen potenziellen Partner. Dann versucht die Agentur, den Interessenten mit anderen Kunden zusammenzubringen und arrangiert

Verabredungen mit passenden Kandidaten. Manche Agenturen halten auch Abendveranstaltungen ab, bei denen für die Kunden ein gemeinsames Essen veranstaltet wird. Dies hat den Vorteil, dass sich Menschen in einer weniger verkrampften Umgebung als bei einer Verabredung zu zweit treffen können.

Immer mehr Berufstätige mit hohem Sozialstatus greifen auf Vermittlungsagenturen zurück. Eine 1990 in Großbritannien durchgeführte Studie verglich Mitglieder einer Partnervermittlung mit der allgemeinen Bevölkerung und fand heraus, dass sie einen höheren Bildungsstand und besser angesehene Berufe hatten.

Singleklubs Singleklubs arrangieren Veranstaltungen, bei denen allein Stehende unter Leute kommen — vom Kneipenbesuch bis zum Urlaub. Man sollte einen Klub wählen, der nicht nur den eigenen Interessen am nächsten kommt, sondern auch von den Mitgliedern her interessant erscheint. Bevor Sie sich auf eine teure und zeitaufwändige Veranstaltung wie einen Urlaub einlassen, sollten Sie so viel wie möglich über die Mitglieder des Klubs herausfinden und realistische Betrachtungen darüber anstellen, inwieweit Sie durch solche Events einen Partner finden können.

Chatrooms im Internet Kontaktanzeigen und Vermittlungsagenturen im Internet unterscheiden sich auf den ersten Blick nicht sehr von ihren traditionellen Gegenstücken. Chatrooms im Internet — wo in Echtzeit miteinander »geredet« werden kann — bieten eine neue Möglichkeit, Partner kennen zu lernen. Die meisten Menschen finden an Chatrooms befreiend, dass die sozialen Indikatoren wie Aussehen, Akzent und persönliches Verhalten, mit deren Hilfe Menschen andere einordnen, fehlen. Das fördert Offenheit und Ausdrucksfreiheit. Man kann jedoch einwenden, dass diese Anonymität Menschen mit zweifelhaften Motiven anzieht und dass jemand, den man in einem Chatroom im Internet kennen lernt, nicht auffindbar ist, solange er keine E-Mail- Adresse angibt — und selbst wenn diese bekannt ist, kann es sein, dass sich der Betreffende dem Zugriff entzieht. Die flüchtige Natur der Kommunikation im Chatroom macht es einfacher, zu übertreiben oder zu lügen. Dies ist nicht so ohne weiteres möglich, wenn das Formular einer Partnervermittlung ausgefüllt werden muss. Im Internet kann jeder auf sehr einfache Weise ein falsches Bild von sich entwerfen.

Für viele jedoch ist das Internet die ideale Art, Beziehungen zu beginnen, man sollte nur die entsprechenden Vorsichtsmaßnahmen ergreifen.

HINDERNISSE BEI DER PARTNERSUCHE

Viele Menschen haben Probleme damit, einen Partner zu finden, auf den sie sich einlassen können. Einige dieser Schwierigkeiten sind Folge des sozialen Wandels und der gesteigerten Mobilität. Andere sind persönliche Lebensumstände, mangelnde soziale Kompetenzen oder emotionale Barrieren.

Die Auswirkungen sozialen Wandels

In Europa heiraten immer mehr Menschen mehrfach. Viele stehen also vor der Aufgabe, nach dem Scheitern einer Beziehung eine neue einzugehen, womöglich mit der zusätzlichen Erschwernis, die Kinder beider Partner zusammenzubringen.

Durch wachsende sexuelle und wirtschaftliche Unabhängigkeit hat die traditionelle Ehe für die Frauen viel von ihrer Attraktivität verloren. Dies gilt besonders für junge Frauen in Nordeuropa, die sich immer öfter dafür entscheiden, allein oder in einer eheähnlichen Gemeinschaft zu leben. Daraus folgt, dass Männer, die eine traditionelle Ehe anstreben, besonders eine, in der sie Hauptverdiener sind, oft Schwierigkeiten haben, eine geeignete Partnerin zu finden. Manchmal müssen sie erkennen, dass sie ihre Ansichten über die Ehe und die Rollenverteilung überdenken müssen.

Zu einer ähnlichen Situation kommt es oft bei Immigranten oder Gastarbeitern der zweiten Generation, die überwiegend von traditionellen Werten geprägt sind, aber in einer vom Westen beeinflussten Kultur aufgewachsen sind und leben. Häufig nehmen junge Frauen die offensichtlichen Vorteile, die ihnen die neue Kultur bietet, an und lehnen die althergebrachten Strukturen der Ehe ab. Auf diese Weise haben die Männer ihrer Gemeinschaft Schwierigkeiten, die passende Partnerin zu finden.

Gesteigerte Mobilität und veränderte Arbeitsbedingungen können dazu führen, dass Menschen die gewohnte Umgebung ihrer Heimatstadt verlassen, um in einer anderen Stadt oder im Ausland zu arbeiten. Dabei kann es besonders schwierig sein, an einem neuen und unbekannten Ort einen Partner zu finden.

Persönliche Lebensumstände

Viele Menschen haben das Gefühl, dass mangelnde Gelegenheiten das Haupthindernis sind, einen Partner zu finden. So haben eine geschäftige Lebensweise und ein anspruchsvoller Beruf zur Folge, dass viele Menschen immer weniger Zeit haben, einen Partner kennen zu lernen. Dieses Problem wird mit der Zeit oft größer, wenn nämlich die Freundeskreise kleiner werden und die verbleibenden Freunde sich in Langzeitbeziehungen einrichten.

Wenn eine Partnerschaft scheitert und man plötzlich vor vielen neuen Aufgaben steht und nach vielen Jahren wieder Single ist, hat man oft den Glauben daran verloren, einen neuen Partner finden zu können. Wenn Kinder da sind, schränkt ihre Betreuung die Möglichkeiten zu sozialen Kontakten erheblich ein und erschwert neue Partnerschaften. Einem frisch gebackenen Single kann es helfen, sein soziales Umfeld zu vergrößern, wenn er alte Freundschaften wieder aufleben lässt und neuen Interessen nachgeht.

Wer in kleinen abgelegenen Gemeinden lebt oder in seiner Mobilität eingeschränkt ist, sieht sich mit zusätzlichen Schwierigkeiten konfrontiert, weil der Zugang zu einem ausgedehnten Bekanntenkreis erschwert ist. Das Gefühl der Isolation kann das Selbstwertgefühl stark beeinträchtigen. Hier gilt es, an seinem Ego zu arbeiten.

Emotionale Barrieren

Ein häufiges Problem bei der Partnersuche sind emotionale Barrieren. Manche Menschen vermeiden es, ihre Ängste anzugehen, indem sie beispielsweise durch zu hohe Ansprüche an potenzielle Partner Beziehungen von vornherein verhindern.

Große Angst kann z.B. davor bestehen, sich langfristig zu binden. Das kann sowohl ein Hinweis auf die persönliche Reife eines Menschen sein als auch Ausdruck früherer Probleme in der Eltern-Kind-Beziehung.

Manche Menschen können sich einem potenziellen Partner einfach nicht nähern, weil sie Zurückweisung fürchten. Diese Furcht hat ihre Wurzeln oft in niedrigem Selbstwertgefühl oder in früher erlebten Zurückweisungen. Auch die Angst vor intimer Nähe kann ein Hindernis sein: Manchmal fürchtet man die Verletzlichkeit, die mit sexueller oder emotionaler Nähe einhergeht.

Persönliche Notizen:

Was ist Anziehung?

Suche nach einem passenden Liebespartner ist für viele Menschen ein wichtiger Teil des Lebens und wenn sie einen solchen Partner finden, kann sich das auf ihr Wohlbefinden positiv auswirken. Jeder hat andere Vorstellungen davon, welche Eigenschaften und Vorzüge er in einem Partner sucht und was Menschen für andere attraktiv macht. Obwohl viele glauben, dass ihre Wahl auf ihren individuellen Wertvorstellungen beruht, spielen dabei zahlreiche körperliche und gesellschaftliche Faktoren eine Rolle.

Anziehung ist der Grundstein für eine Beziehung. Sie wird von zahlreichen körperlichen und seelischen Aspekten beeinflusst. Dazu zählen körperliche und emotionale Übereinstimmungen sowie die Nähe und Vertrautheit eines Partners. Fühlen sich Menschen zueinander hingezogen, so läuft der Prozess der Annäherung immer sehr ähnlich ab. Allerdings finden Männer und Frauen ganz unterschiedliche Eigenschaften attraktiv.

KÖRPERLICHE ANZIEHUNG

Obwohl die meisten Menschen behaupten, der Attraktivität keinen hohen Stellenwert beizumessen, wenn es darum geht, andere zu mögen oder zu lieben, zeigen Forschungen, dass die äußere Erscheinung häufig ein entscheidender Auslöser für anziehende oder abstoßende Empfindungen ist. Gutes Aussehen — entsprechend kulturell definierter Normen — bringt ein Gefühl der Stärke mit sich. Besonders in der westlichen Welt gilt es als erstrebenswert, ein Leben lang schön zu bleiben.

Biologische Attraktivität

Männer mit muskulösen Körpern und Frauen mit schmalen Taillen und breiten Hüften galten immer schon als besonders anziehend, dies vermutlich weil solchen Männern Gesundheit und Stärke, Frauen dagegen Fruchtbarkeit und nährende Qualitäten zugeschrieben werden.

Menschen können sich auch durch unsichtbare Kräfte wie Körpergeruch voneinander angezogen fühlen. Pheromone strömen — mit Schweiß verdünnt — aus verschiedenen Drüsen am ganzen Körper, besonders an den Brustwarzen, den Achselhöhlen sowie am Anal- und Genitalbereich, einen individuellen Duft aus. Pheromone werden vor allem bei sexueller Anziehung abgesondert, da Schwitzen oft eine Reaktion auf Erregung ist.

Pheromone können durch Körperkontakt ausgetauscht werden — beim Küssen oder bei einer Umarmung übertragen sich diese Düfte von einem Menschen auf den anderen. Der Geruch kann, wenn auch unbewusst, dazu führen, dass sich zwei Menschen voneinander angezogen fühlen. Man vermutet, dass der Geruch der Pheromone die Hormone beeinflusst, die die sexuelle Erregung steuern.

Gesellschaft und Attraktivität

Schönheitsideale unterliegen einem ständigen Wandel und können von Land zu Land sehr unterschiedlich sein. Je mehr die Zivilisation voranschritt, desto geschätzter wurden üppigere Frauen, weil ihre Körpermaße auf einen wohlhabenden Lebensstil schließen ließen. Dies hat auch heute noch in vielen orientalischen Ländern Gültigkeit und in Dritte-Welt-Gesellschaften, in denen die Nahrungsbeschaffung jeden Tag aufs Neue ein Problem darstellen kann. In den industrialisierten Ländern jedoch ist inzwischen eine schlanke Figur ein entscheidendes Zeichen für Schönheit, weil sie mit Sportlichkeit und Gesundheit in Verbindung gebracht wird.

Ein weiteres prägendes Phänomen des 20. Jahrhunderts ist der wachsende Einfluss der Medien, die die Bedeutung von Attraktivität noch verstärkten. Auch wenn es Ausnahmen gibt, der Erfolg von entsprechenden »Pin-ups« zeigt, dass die moderne westliche Gesellschaft an Schönheitskonventionen festhält. So sprechen Männer besonders auf schlanke Frauen mit dickem, langem Haar und großen Brüsten an und Frauen fühlen sich am ehesten von Männern mit breiten Schultern, kräftigem Kinn und gut geformtem Hintern angezogen.

Zu einem attraktiven Gesicht gehören große, weder zu dicht noch zu weit auseinander stehende Augen, eine kleine Nase, volle Lippen und zarte, faltenfreie Haut. Auch das Haar ist für gutes Aussehen entscheidend. Dichter, üppiger Haarwuchs spricht bei Männern wie Frauen für sexuelle Attraktivität, ungeachtet der Frisuren.

In der westlichen Welt spielt auch gebräunte Haut eine große Rolle. Bis etwa Mitte des 20. Jahrhunderts wurde sonnengebräunte Haut gleichgesetzt mit Armut und einfachem Lebensstil — eine Eigenschaft derer, die schlecht bezahlte Landarbeit verrichten mussten. Als jedoch Urlaubsreisen in südliche Länder zunahmen, symbolisierte die Sonnenbräune einen gewissen Wohlstand: Man konnte sich eben Urlaub in warmen, exotischen Klimazonen leisten. In den letzten Jahren jedoch ist Sonnenbräune nicht mehr unbedingt ein erstrebenswertes Schönheitsideal. Zu offensichtlich sind inzwischen die schädlichen Auswirkungen langer Sonneneinstrahlung auf die Haut.

Ähnlichkeiten in der äußeren Erscheinung

Forschungen zeigen, dass wir uns körperlich am ehesten von den Menschen angezogen fühlen, die uns ähneln und die wir als gleichermaßen attraktiv empfinden. 1972 führte der Psychiater Murstein dazu Untersuchungen durch. In seiner Studie fotografierte er 99 verlobte oder langjährig gebundene Paare und 98 Singles. Die Probanden beurteilten jedes Foto nach äußerer Schönheit, ohne zu wissen, wer einen Partner hatte und wer nicht. Anschließend wurden die Fotos der Partner nebeneinander gelegt und es stellte sich heraus, dass sie jeweils eine sehr ähnliche Beurteilung erhalten hatten. Murstein schloss daraus, dass sich Menschen mit, wie er es nannte, »gleichem Marktwert« hinsichtlich äußerlicher Attraktivität häufiger voneinander angezogen fühlen und intime Beziehungen eingehen als Menschen mit unterschiedlicher Attraktivität.

EMOTIONALE ANZIEHUNG

Dem bekannten Sprichwort »Gegensätze ziehen sich an« zum Trotz sind die meisten Beziehungsberater der Ansicht, dass Unterschiede normalerweise nicht Grundlage emotionaler Anziehung zwischen zwei Menschen sind. Auch wenn Unterschiede durchaus von Wert sein können, ist für erfolgreiche Beziehungen eine gewisse Interessengleichheit von entscheidender Bedeutung. Daher suchen Menschen im Allgemeinen nach Partnern, die ihnen im Verhalten ähnlich sind.

Viele Menschen behaupten, dass ihre Partner ganz anders sind als sie selbst — was in manchen Fällen auch durchaus zutreffen mag—, aber bei näherer Betrachtung werden häufig grundlegende Ähnlichkeiten entdeckt, die nur von den Betroffenen nicht wahrgenommen werden.

Es kann Monate oder sogar Jahre dauern, bis Paare ihre grundlegenden Gemeinsamkeiten entdecken. Häufig spielen dabei Herkunft, Bildung, Intelligenz und Wertvorstellungen eine große Rolle.

HERKUNFT

Der unbewusste Wunsch, Partner gleicher Herkunft zu finden, kommt aus der frühen Kindheit. Das erwachsene Selbst möchte die Gefühle des Vertrauens und der Geborgenheit, die es in der Familie erfahren hat, erneut erleben und sucht daher nach einer Beziehung, die dem nacheifert, was es bislang von der Welt kennen gelernt hat und dementsprechend auch erwartet. Dies kann auch auf Menschen zutreffen, die eine unglückliche Kindheit hatten. In der Tat finden viele Menschen bekannte Erfahrungen — egal wie belastend oder schlecht sie waren — meist weniger bedrohlich als das Unbekannte. Forschungen darüber, nach welchen Kriterien man Partner oder Freunde aussucht, zeigen, dass sich häufig Menschen mit vergleichbarer Herkunft finden.

Rohin Skynner und andere Familientherapeuten sind der Auffassung, dass dieses Phänomen verallgemeinerbar ist. Es ist als »Familiensystemübung« bekannt und wird oft bei Familientherapie-Seminaren verwendet.

Bildung und Intelligenz

Allgemein neigen Menschen dazu, Partner zu wählen, die sie hinsichtlich Bildung und Intelligenz als gleichrangig betrachten. Eine von Brown 1986 durchgeführte Studie vertritt die These, dass sich Paare gleicher Intelligenz im Gespräch miteinander meist wohl fühlen, während Paare, deren Bildung, Intellekt oder Weltanschauung sehr unterschiedlich sind, eher Mühe haben, sinnvolle Gespräche zu führen. In einer solchen Situation fühlen sich beide Partner oft frustriert und unfähig, ihre Gedanken oder Gefühle mitzuteilen, weil sie befürchten, missverstanden zu werden.

Einstellungen

Häufig werden beim Partner ähnliche Lebensauffassungen gesucht. Das ist besonders wichtig, wenn es um Themen wie Religion, Politik oder Geld geht. Insbesondere unterschiedliche Einstellungen zum Geld können die Vertrauensbildung erschweren.

SOZIALE NÄHE

Nähe und Vertrautheit eines Menschen können das Entstehen einer Beziehung ebenso beeinflussen wie körperliche und emotionale Ähnlichkeit. Infolge der individuellen sozialen und gesellschaftlichen Bedingungen kann jeder Mensch im Lauf seines Lebens nur bestimmten Menschen begegnen. So wird schon eine Vorauswahl über mögliche Partner getroffen.

Nähe

Anscheinend begünstigt die Nähe anderer Menschen das Entstehen von Übereinstimmungen in Lebensauffassung und emotionalen Wertvorstellungen. Dies wurde 1950 in einer von Festinger, Schachter und Back durchgeführten Studie über Freundschaft deutlich, In ihren Untersuchungen beobachteten die drei Wissenschaftler die Bewohner in einem Wohnkomplex für verheiratete Studenten und fanden heraus, dass zwischen den unmittelbaren Nachbarn ein freundliches Verhältnis bestand, während zwischen Studenten, die zwei Türen auseinander wohnten ein weniger freundliches und zwischen denen, die jeweils am Ende des Flurs wohnten, noch weniger freundliche Kontakte bestanden. Eine 1981 von dem Psychologen Argyle durchgeführte Studie vertiefte diese Ergebnisse. Er fand heraus, dass die Gefühle der Menschen zueinander immer stärker werden und die Wahrscheinlichkeit für weitere Interaktionen und größere Anziehung steigt, je mehr die Menschen miteinander in Kontakt stehen

Vertrautheit

Die Nähe anderer Menschen macht sie uns eher vertraut, ein wesentlicher Punkt für das Anknüpfen von Liebesbeziehungen. Generell mögen wir Menschen und Dinge, die uns vertraut sind, eher als Unbekanntes, dem wir oft ablehnend oder misstrauisch gegenüberstehen. Der Psychologe Zajonc zeigte 1968, dass beständige Kontakte zwischen Menschen auch die Wahrscheinlichkeit erhöhen, dass diese Freunde oder Liebespartner werden. In seiner Untersuchung legte Zajonc Probanden Porträts vor und fragte sie anschließend, inwieweit sie sich vorstellen könnten, die gezeigte Person zu mögen. Je häufiger sie ein bestimmtes Gesicht gesehen hatten, desto häufiger sagten sie, dass es ihnen gefiele und dass sie sich vorstellen könnten, die Person zu mögen. In einer anderen von Mita, Dermer und Knight 1977 durchgeführten Studie fotografierte man Studentinnen — ihre Gesichter und ihre Spiegelbilder. Die Fotos wurden den Frauen und ihren Freunden und Partnern gezeigt. Die Mehrheit der Frauen bevorzugte das Spiegelbild, die meisten Freunde und Partner das echte Bild. In beiden Fällen wählten also die Teilnehmer die Ansicht, die ihnen am meisten vertraut war.

GESCHLECHTSSPEZIFISCHE UNTERSCHIEDE BEI DER ANZIEHUNG

Forschungen haben gezeigt, dass Männer und Frauen bei der Partnersuche auf unterschiedliche Eigenschaften achten — dies zeigt sich oft auch in Kontaktanzeigen. Männer suchen z. B. eher junge, hübsche Frauen und messen Charaktereigenschaften nur sekundäre Bedeutung zu. Männer mit attraktiven Partnerinnen werden meist als erfolgreich, gesund und stark angesehen, weil sich schöne Frauen von ihnen angezogen fühlen. Wenn Männer die Persönlichkeit einer Frau berücksichtigen, suchen sie meist fürsorgliche und liebevolle Frauen.

Demgegenüber steht für Frauen die Persönlichkeit ganz oben an, obwohl sie durchaus auch Gesundheit, Kraft und gutes Aussehen berücksichtigen. Frauen suchen zwar gewöhnlich Partner, die Kinder zeugen können, legen jedoch nicht mehr unbedingt Wert auf körperliche Kraft. In einer Zeit, wo viele Frauen finanziell unabhängig sind, suchen sie mehr nach gefühlvollen Männern, die eher seelischen als körperlichen Beistand leisten können. Sogar Frauen, die reiche oder mächtige Männer wählen, tun dies oft, weil sie glauben, mit

Wohlstand oder Ansehen auch emotionale Geborgenheit zu finden.

Einander ergänzende Unterschiede

Einige Beziehungsberater sagen, dass geschlechtsspezifische Unterschiede auch darauf Einfluss haben, wie Menschen sich gefühlsmäßig engagieren. Männer betrachten eine Partnerschaft oft als isoliertes Ereignis, das mit anderen Fragen in keinem Zusammenhang steht. Sie überlassen Frauen auch häufig die Regelung emotionaler Angelegenheiten in der Beziehung und konzentrieren sich lieber auf praktische Dinge wie Wohnungssuche oder Finanzfragen. Frauen sehen die Bindung eher als Teil anderer Lebensentscheidungen und wägen diese oft sorgfältig ab, bevor sie einen Partner für einen längeren Zeitraum wählen.

Diese unterschiedliche Art, an Dinge heranzugehen, kann zu Unstimmigkeiten führen, weil beide Partner das Gefühl haben, dass der andere an der Zukunft der Beziehung kein Interesse hat. Man sollte jedoch keinen der beiden Ansätze als richtig oder falsch betrachten, sie sind nur anders. In der Tat sind viele Paare der Meinung, dass diese unterschiedlichen Vorgehensweisen die Beziehung verbessern; man kann Aufgaben teilen und sich gegenseitig unterstützen. Häufig haben Paare auch das Gefühl, dass sie sich in ihren unterschiedlichen Eigenschaften gut ergänzen und so eine Einheit bilden. Dies kann zu einem Gefühl der Geborgenheit durch Interdependenz (wechselseitige Abhängigkeit) führen.

Veränderte Kriterien bei der Partnersuche

In den westlichen Ländern z.B. haben sich die Lebensauffassungen durch die Industrialisierung im

19. Jahrhundert stark gewandelt. Viele Menschen suchen heutzutage Partner um des Zusammenseins willen und nicht, weil sie z. B. eine finanzielle Absicherung vom Partner erwarten. Die unterschiedlichen Ansätze bei der Partnerwahl sind daher nicht angeboren, sondern durch soziale Konditionierung erlernt.

Persönliche Notizen:

Soziale Beziehungen unter die Lupe genommen!

Soziale Beziehungen unter die Lupe genommen!

Das Gefühl der Liebe

Jeder Mensch erlebt die Liebe auf eigene Weise. Die meisten Menschen sind ständig auf der Suche oder bemüht, ihr Gefühl der Liebe zu erhalten, aber nur wenige sind in der Lage, ihre Emotionen zu begreifen und zu definieren. Für das Wohlbefinden eines Menschen spielt die Liebe eine große Rolle, wobei schlechte Erfahrungen schwer wiegende Auswirkungen auf das Seelenleben haben können.

Die Natur einer Beziehung bestimmt Art und Intensität der erlebten Gefühle. Die Liebe zu einem Familienmitglied oder engen Freund z. B. ist verschieden von der, die ein Liebespaar verspürt. Man muss verstehen, was Liebe ist, um mit all den verschiedenen positiven und negativen Emotionen umgehen zu können, die sie erzeugen kann.

WAS IST LIEBE?

Im Lauf der Geschichte haben Gelehrte, Künstler und Wissenschaftler immer wieder versucht, Liebe zu definieren. Manche halten sie für eine rein physiologische Reaktion, andere hingegen behaupten, es handle sich um ein höheres Gefühl, das nur tief empfunden, nicht aber beschrieben werden kann. Darüber hinaus schätzen die Menschen ihre Gefühle auch sehr unterschiedlich ein. Was der eine Mensch als »Liebe« bezeichnet, wird von jemand anderem vielleicht als Lust, Zuneigung oder einfach Anziehung definiert. Liebe hat viele Facetten.

Die Theorien darüber reichen von der Dreieckstheorie der Liebe nach Sternberg und den Spielarten der Liebe nach Lee bis zu verschiedenen Untersuchungen zum Kräftespiel der Liebe im Gehirn. Die soziologischen Aspekte der Liebe und der Freud'sche psychoanalytische Ansatz bieten weitere Perspektiven der Liebe.

Die Dreieckstheorie nach Sternberg

Robert Sternberg, ein kanadischer Psychologieprofessor sah sich durch die rapide ansteigenden Scheidungsraten in Nordamerika und Nordeuropa veranlasst, funktionierende Partnerschaften zu erforschen. Dabei entwickelte er 1988 die Theorie, dass die Liebe in einer monogamen Beziehung auf drei wesentlichen Komponenten basiert: Bindungsbereitschaft, Intimität und Leidenschaft — wie die Seiten eines Dreiecks.

Eine funktionierende Liebesbeziehung, die vollkommene Liebe, vereint nach Sternberg diese drei Komponenten in sich. In der romantischen Liebe fehlt, so Sternberg, die Bindungsbereitschaft, die kameradschaftliche Liebe beinhaltet Intimität und Bindungsbereitschaft ohne Leidenschaft und bei der törichten Liebe sind zwar Leidenschaft und Bindungsbereitschaft vorhanden, aber es fehlt die Intimität.

Bindungsbereitschaft Für langjährige Beziehungen hält Sternberg die Bindungsbereitschaft für wesentlich, da sie es Paaren ermöglicht, allen Widrigkeiten, die ihnen in der Partnerschaft oder anderen Bereichen ihres Lebens begegnen, zum Trotz zusammenzubleiben. Die Bindungsbereitschaft hilft Paaren, eine Vielzahl alltäglicher Probleme zu überstehen, z.B. Geldsorgen und Erziehungsprobleme.

Intimität Vertrauen ist für Sternberg die wichtigste Komponente der Intimität. Man muss miteinander ehrlich umgehen, um eine stabile Partnerschaft zu erhalten, in der sich beide Partner geborgen fühlen. Diese Sicherheit ermöglicht es ihnen, sich auf emotionaler Ebene sehr nahe zu kommen und gibt ihnen das Gefühl, dass ihre Hoffnungen und Erwartungen vom Partner erfüllt werden.

Sexuelle Leidenschaft Die sexuelle Leidenschaft ist meist die erste und intensivste Liebeserfahrung; sie kann jedoch auch schnell wieder nachlassen. Drückt ein Paar seine Zuneigung nur auf diese Weise aus, ist die Beziehung oft von kurzer Dauer. Paare, die ein gewisses Maß an Leidenschaft in ihrer Partnerschaft aufrechterhalten können, werden feststellen, dass die Beziehung kaum an Langeweile oder sexuellem Frust zerbricht.

Die Spielarten der Liebe nach Lee

Nach Meinung des kanadischen Soziologen John Lee gibt es verschiedene Spielarten der Liebe. 1974 beschrieb er sechs Formen und bezeichnete sie mit den griechischen Begriffen Eros, Storge, Agape, Pragma, Ludos und Mania.

Eros Zu Eros, auch als romantische Liebe bezeichnet, gehören starke körperliche und sexuelle Bindungen. Wer auf diese Weise liebt, ist oft eifersüchtig und verlangt viel von seinem Partner. Dies führt manchmal dazu, dass die Beziehung zwar intensiv, aber nur von kurzer Dauer ist.

Storge Die Storge oder kameradschaftliche Liebe beinhaltet eine tiefe Zuneigung, die aus einer Freundschaft erwächst. Die Beziehung entwickelt sich langsam über einem gewissen Zeitraum hinweg und führt schließlich zu einen starkem Gefühl von Vertrauen und Wärme.

Agape Der selbstlose oder Agape- Typ sorgt liebevoll für seinen Partner und erwartet dafür kaum Gegenleistungen. Agape wird meist eher von altruistischem Pflichtgefühl oder Mitleid als von starker Leidenschaft getragen.

Pragma Die Pragma oder Logik äußert sich in einer leidenschaftslosen Annäherung an die Liebe. Der pragmatisch Liebende benutzt seinen Intellekt, um einen Partner zu finden, anstatt der Leidenschaft ihren Lauf zu lassen. Hierzu gehört die Suche nach gemeinsamen Interessen, Geistesverwandtschaft und möglichst gleicher Bildung, Religion oder ethnischer Herkunft.

Ludos Der ludisch oder verspielt Liebende lässt sich gewöhnlich nur wegen sexueller Erregung auf Beziehungen ein. Er ist oft von Natur aus charmant, hat aber meist nicht den Wunsch, eine langfristige Bindung einzugehen.

Mania Der manisch oder vernarrt Liebende ist meist wie besessen und extrem eifersüchtig. Oft betrachtet er seinen Partner als sein Eigentum und fordert ein übertriebenes Maß an Aufmerksamkeit.

Die Neurochemie der Liebe

Wissenschaftler haben festgestellt, dass Liebe weit davon entfernt ist, lediglich eine rein gefühlsmäßige Reaktion zu sein; vielmehr wirken auch chemische Prozesse auf das Gehirn ein. Die erste Reaktion auf sexuelle Erregung und das Gefühl der Anziehung ist die Freisetzung des Neurotransmitters Phenylethylamin (PEA). Er ruft Glücksgefühle, Aufregung, Unsicherheit, aber auch Zufriedenheit hervor. PEA kann auch den Metaholismus (Stoffwechsel) ankurbeln und den Appetit reduzieren.

Neben PEA werden zwei weitere Chemikalien, Dopamin (ebenfalls ein Neurotransmitter) und das so genannte Kuschelhormon Oxytocin, freigesetzt, das zu erhöhtem sexuellen Verlangen und einem Gefühl der Nähe führt.

Für viele der physiologischen Veränderungen, die auftreten, wenn zwei Menschen sich zum ersten Mal begegnen, anziehend finden, ist eine weitere Gruppe von Chemikalien verantwortlich. Die Nebennieren setzen Hormone wie Adrenalin frei, die Symptome nervöser Erwartung verursachen, z. B. einen revoltierenden Magen, rasenden Puls, trockenen Mund und übermäßiges Schwitzen. Diese physischen Veränderungen sind Teil der »Kampf oder Flucht« Reaktion des Körpers. Sie wird immer dann aktiviert, wenn man etwas Besorgnis erregend, aufregend oder beängstigend findet.

Ist eine Liebesbeziehung erst einmal etabliert und lässt die anfängliche Leidenschaft in ihrer Intensität nach, werden vom Gehirn spannungslindernde Chemikalien, die Endorphine, freigesetzt. Diese haben beruhigende Wirkung und helfen dem Einzelnen, sich entspannt und sicher zu fühlen. Gleichzeitig sinken die PEA- Werte. Manchen Menschen gibt der Verlust der starken sexuellen Erregung das Gefühl, dass die Beziehung ihren Reiz verloren hat, und so suchen sie sich bisweilen eine neue. Anderen hingegen sind die weniger intensiven Gefühle willkommen und sie sehen darin die Gelegenheit, die Partnerschaft zu festigen.

Die Soziobiologie der Liebe

Die Biologie der Liebe äußert sich hauptsächlich in der Fortpflanzung der Spezies. Die sexuelle Anziehung dient also dazu, Geschlechtsverkehr und damit eine mögliche Befruchtung zu ermöglichen.

Soziobiologen gehen davon aus, dass die positiven emotionalen und physischen Erlebnisse, die mit Liebe und Erotik in Verbindung stehen, Menschen dazu ermutigen, sich fortzupflanzen und Kinder aufzuziehen. So betrachtet ist der letztendliche Zweck der Liebe die Fortpflanzung. Daher sagen Soziobiologen, dass Menschen Partner wählen, die zeugungsfähig sind und vermutlich gute Eltern abgeben werden.

Die Freud'sche Auffassung von Liebe
Der österreichische Psychoanalytiker Sigmund Freud (1856—1939) revolutionierte das Denken über die Liebe. Er behauptete, der Wunsch, Liebe zu geben und zu bekommen, sei im Unterbewusstsein begründet, und die Art und Weise, wie Menschen lieben und geliebt werden wollen, sei durch Erfahrungen im Kindesalter bestimmt.

Freud glaubte insbesondere, dass ein Großteil des Lebens durch den sexuellen Trieb beherrscht werde. Er behauptete, dass die Unterdrückung des sexuellen Verlangens zu Kompensationen in anderen Lebensbereichen wie Arbeit, Sport oder Kunst führe. Freuds Nachfolger haben ihn jedoch häufig wegen seiner Überbetonung des sexuellen Aspekts kritisiert.

DIE EMOTIONEN DER LIEBE
Bei Erwachsenen folgen die meisten Liebeserfahrungen einem bestimmten Muster. Zu Beginn einer Beziehung sind die Gefühle meist intensiv und gepaart mit Empfindungen wie Vitalität, Verlangen, Zittern, Appetitlosigkeit und Schlaflosigkeit. Einige dieser Empfindungen

kann man chemischen Veränderungen im Körper zuschreiben. In diesem Stadium dominieren idealistische Vorstellungen: Man stellt den Partner auf ein Podest und hält ihn für perfekt.

Wer verliebt ist, achtet meist weniger auf die Menschen und Gegebenheiten in seinem Umfeld; stattdessen konzentriert man sich fast ausschließlich auf alles, was mit dem geliebten Menschen zusammenhängt. Viele Paare halten dies für die schönste Phase, weil die starken Emotionen Euphorie und großes Wohlgefühl hervorrufen. Manche Psychologen vergleichen die Intensität einer neuen Beziehung mit einem Drogenrausch: eine Zeit intensiven Glücksgefühls, die jedoch von Natur aus nur von kurzer Dauer ist.

Wenn eine Beziehung reift, lassen gewöhnlich die leidenschaftlichen Gefühle nach und verschiedene positive und negative Emotionen treten an ihre Stelle. Gemeinsame Interessen und Ziele können die Euphorie ersetzen. Das perfekte Bild, das beide Partner voneinander hatten, wird nun oft durch die Realität getrübt. Wer z.B. anfangs als freundlich und kontaktfreudig galt, wird vielleicht plötzlich als laut und unsensibel betrachtet, oder eine scheinbar stille, fürsorgliche Persönlichkeit wird plötzlich als langweilig empfunden. Es kommt zu ersten Meinungsverschiedenheiten, da die Partner versuchen, die Bindungsbereitschaft des anderen in der Beziehung zu testen — ein wichtiger Prozess für die Beziehung. Wenn man die unverschleierte, weniger attraktive Seite des Partners tolerieren kann, lernt man, das Gute und Schlechte an der geliebten Person gleichermaßen zu akzeptieren; man begreift die ganze Person und gelangt so zu größerer Nähe und Geborgenheit. Dies wiederum kann den Gedanken an eine gemeinsame Zukunft aufbauen helfen. Eine Beziehung, die mit Verliebtheit und sexueller Leidenschaft begann, kann sich schrittweise zu einer gegenseitigen Wertschätzung entwickeln.

Manche Beziehungen überstehen die Zeit des Testens und der Instabilität nicht. Geht man davon aus, dass beiden an einer gut funktionierenden Beziehung gelegen war, weist ein Scheitern in dieser Phase darauf hin, dass die Liebenden nicht zueinander passten. Wenn Beziehungen an diesem Punkt scheitern, fällt die Toleranzbereitschaft dem anderen gegenüber beträchtlich. Die Unduldsamkeit bei kleinen Charakterschwächen oder Angewohnheiten nimmt immer mehr zu, bis die Beziehung nicht mehr aufrechterhalten werden kann.

Positive Emotionen der Liebe

Gewöhnlich schreibt man der Liebe zu, positive Gefühle hervorzurufen. Verliebte sind gemeinhin glücklich und fühlen sich mit der Welt im Reinen. Sie verwenden viel Zeit, Energie und Aufmerksamkeit auf ihren Liebsten. Es kommt häufig vor, dass Liebende Interessen nachgehen, die dem Partner Spaß machen, wie eine bestimmte Sportart oder ein Hobby.

Geborgenheit steht ebenso mit Liebe in Verbindung. Wenn man sich in seiner Beziehung geborgen fühlt, ist man selbst fürsorglicher und umsichtiger gegenüber anderen. Manche Menschen neigen stark dazu, ihr Glücksgefühl an andere weiterzugeben, wobei sie bisweilen versuchen, allein stehende Freunde zu verkuppeln oder Menschen zu helfen, die ihnen weniger vom Glück begünstigt scheinen als sie selbst.

Geborgenheit gibt in einer Beziehung auch ein Gefühl der Freiheit: Man braucht keine Angst zu haben, verlassen oder betrogen zu werden, und man muss keine Energie in die Partnersuche investieren.

Liebesgefühle wirken sich auch positiv auf das Selbstwertgefühl aus, das ein lebenswichtiger Aspekt des seelischen Wohlbefindens ist und dabei hilft, effektiver zu arbeiten, ein glückliches Familienleben zu genießen und Freizeitaktivitäten voll auszukosten. Auch die Fähigkeit zu lieben beruht auf einem positiven Selbstwertgefühl und dieser Austausch positiver Emotionen kann beiden Partnern helfen, mit ihrem Selbstbild, ihrem Intellekt, ihren Fähigkeiten und ihrem Lebensstil zufrieden zu sein.

Negative Emotionen der Liebe

Liebe assoziiert man zwar gewöhnlich mit positiven Gefühlen, sie kann jedoch auch negative hervorrufen. Manche Menschen haben z. B. das Gefühl, dass die Liebe Zwang und emotionale Klaustrophobie mit sich bringt. Sie fürchten sich vor Abhängigkeiten und dem Verlust ihrer Eigenständigkeit. Sie sind besorgt, weil ihre Bindungsbereitschaft nicht so groß ist, wie ihr Partner erwartet.

Abhängigkeit ist ein weiteres negatives Gefühl, das die Liebe mit sich bringen kann. Liebe ist zwar keine Droge wie Alkohol oder Nikotin, sie kann aber zusammen mit den dazugehörigen Verhaltensformen und Emotionen süchtig machen. Manche Menschen sind z.B. nach der ersten leidenschaftlichen Phase der Liebe süchtig und genießen die intensiven Gefühle, die mit diesem frühen Stadium in Zusammenhang stehen. Wer süchtig ist nach diesen Emotionen, findet oft die nächste Phase, wenn sich die Partnerschaft stabilisiert, langweilig und nimmt das zum Anlass, die Beziehung zu beenden. Man kann eine Zeit lang von einer Beziehung zur nächsten ziehen, aber das führt unvermeidlich zu Unzufriedenheit. Dies kann den Liebessüchtigen dazu treiben, immer erregendere Situationen zu suchen, ebenso wie Alkoholiker immer mehr trinken, um ihre Gelüste zu befriedigen.

Intensive Liebe kann auch zu Eifersucht und Unsicherheit führen. Je mehr man einen Partner begehrt, desto größer ist die Angst, ihn zu verlieren. Eifersüchtige Menschen haben meist ein geringes Selbstwertgefühl und halten sich selbst häufig für nicht liebenswert. Eifersucht und Unsicherheit können sich auf den Partner negativ auswirken, da er sich von den Ansprüchen überwältigt fühlen kann. So führt die eifersüchtige Person des öfteren selbst das Ende der Beziehung herbei, obwohl sie das gerade vermeiden wollte. Hier gilt das Sprichwort: Eifersucht ist eine Leidenschaft, die mit Eifer sucht, was Leiden schafft.

Wahnhafte Vorstellungen

Einige Menschen entwickeln in Bezug auf Liebe und Eifersucht derart wahnhafte Vorstellungen, dass vielfach nicht nur ihr eigenes Leben, sondern auch das ihrer Partner heftig gestört werden kann.

Beim Liebeswahn will der oder die Betreffende unbedingt von einer Person auf idealisierte und romantische Weise geliebt werden. Häufig handelt es sich dabei um eine berühmte Persönlichkeit, einen Vorgesetzten oder sogar um einen völlig Fremden. Der Patient oder die Patientin (meist sind es Frauen) versucht, durch Nachspionieren, Geschenke, Briefe und Besuche Kontakt aufzunehmen, und nicht selten werden dabei auch rechtliche Grenzen überschritten. Dies gilt jedoch vor allem für Männer, die geleitet durch erotische Wahnvorstellungen auch mit dem Gesetz in Konflikt kommen können.

Beim Eifersuchtswahn ist der Betroffene ohne jede wirkliche Grundlage davon überzeugt, dass sein Partner oder seine Partnerin sexuell untreu ist. Dabei genügen für diese Wahnvorstellungen schon die kleinsten und irgendwie zusammen gesammelten Beweise. Um die eingebildete Untreue zu verhindern, werden häufig außergewöhnliche Schritte unternommen. So darf der Partner z.B. das Haus nicht mehr alleine verlassen, wird ständig überwacht oder es werden alle möglichen Nachforschungen über mögliche Liebhaber angestellt. Hin und wieder kann es sogar zu körperlichen Übergriffen kommen und die Situation wird für den Beschuldigten Partner zunehmend schwieriger.

Solche wahnhaften Störungen können den Einzelnen ebenso wie die Partnerschaft sehr belasten. Wer darunter leidet, sollte erwägen, professionelle Hilfe in Anspruch zu nehmen, um die Wahnvorstellungen abzuschütteln.

Persönliche Notizen:

Die Liebe aufrechterhalten

Endlich ist der passende Partner gefunden. Nun geht es darum, eine für beide Seiten erfreuliche und befriedigende Beziehung aufrechtzuerhalten. Hierbei ist es wichtig, intensiv miteinander zu kommunizieren und die Bedürfnisse und Wünsche des anderen zu verstehen und — soweit es geht — auch zu erfüllen. Die Bereitschaft eines Paars, sich langfristig zu binden, kann Außenstehenden auf verschiedene Weise gezeigt werden — beispielsweise durch Heirat oder Elternschaft.

Manche Menschen wünschen in einer Liebesbeziehung keine langfristige Bindung und können sich daher freundschaftlich trennen, wenn die Leidenschaft nachlässt. Für die meisten Menschen ist das Scheitern einer Liebesbeziehung jedoch ein schmerzlicher Prozess. Häufig gehen Beziehungen auseinander, weil die Bedürfnisse, die das Paar ursprünglich zusammenbrachten, sich geändert haben. Um eine glückliche und befriedigende Partnerschaft zu führen, ist sexuelles Verlangen ebenso wichtig wie Zuneigung, Ehrlichkeit und Offenheit.

Es ist unvermeidlich, dass sich Beziehungen über die Jahre hinweg verändern. Halten sich beide Partner dabei aber an einen verabredeten Verhaltenskodex, können auch individuelle Erwartungen und Erfordernisse erfüllt werden.

VERTRAUTHEIT AUFRECHTERHALTEN

Eine enge und liebevolle Beziehung kann nur gedeihen, wenn sich die Partner vertraut sind. Den anderen genau zu kennen und zu achten, kann Gefühle wie Angst und Sorge beseitigen und dem Paar eine stabile und sichere Partnerschaft ermöglichen.

Diese Vertrautheit zu bewahren, ist allerdings ein hartes Stück Arbeit. Zu Beginn einer Beziehung verbringen Paare viel Zeit damit, sich ihre Gedanken, Wünsche, Gefühle und Erwartungen mitzuteilen. Dies lässt im Allgemeinen im Lauf der Jahre nach und man glaubt alles zu wissen, was es vom Partner zu wissen gibt. Dies kann in der Beziehung zu einer gewissen Selbstzufriedenheit führen und die Partner laufen Gefahr, davon überrascht zu werden, wenn der andere zu verstehen gibt, dass sich seine Einstellungen, Bedürfnisse oder Ziele geändert haben.

Paare, die ihre Vertrautheit bewahren wollen, müssen immer wieder daran arbeiten, effektiv miteinander zu kommunizieren. Dabei kann es notwendig sein, bestimmte Zeiten einzuplanen, in denen über Gefühle und andere persönliche Fragen anstatt über alltägliche Belange gesprochen wird. Teilt man das Gefühlsleben des anderen, stärkt dies das gegenseitige Vertrauen.

Wer durch Kommunikation lernt, die Erwartungen des anderen einzuschätzen, kann auch seine Motive für bestimmte Handlungen besser verstehen. Wer dies nicht lernt, wird dem anderen schnell böse sein, wenn dieser etwas scheinbar Unverständliches tut. Werden Ziele, Wünsche und Meinungen beider Partner miteinander besprochen, macht das nicht nur die Beziehung dynamischer, es können auch Streitigkeiten verhindert werden, indem gegenseitiges Verständnis und Einfühlungsvermögen gefördert werden.

LEIDENSCHAFT AUFRECHTERHALTEN

Es ist ganz natürlich, dass die zutiefst leidenschaftlichen Gefühle, die Paare zu Beginn einer Beziehung verspüren, mit der Zeit nachlassen. Ein gewisses Maß an Leidenschaft ist jedoch für eine erfolgreiche Beziehung wichtig und den Paaren in langjährigen und erfolgreichen Beziehungen gelingt es auch, sich diese zu bewahren.

Allgemein wird angenommen, die Leidenschaft nehme automatisch ab, wenn Paare über viele Jahre zusammen sind, doch das muss nicht sein. Viele Paare haben auch nach langer Zeit immer noch leidenschaftliche Gefühle für einander. Familiäre Pflichten wie Kinderbetreuung erschweren es allerdings, das Verlangen zu bewahren und zu stillen.

Um die Leidenschaft aufrechtzuerhalten, müssen Paare genauso viel Zeit und Energie auf das Liebesspiel verwenden, wie sie das zu Beginn der Beziehung taten. Dies können sie am besten, indem sie Zeiten einplanen, an denen sie nicht gestört werden. Darüber hinaus sollten Paare auch im täglichen Leben darauf achten, einander ihre Zuneigung zu zeigen. Ein Kuss oder ein Wort des Lobes kann z.B. warme und liebevolle Gefühle für den anderen hervorrufen und dabei helfen, für sexuelle Nähe in Stimmung zu kommen.

Leidenschaft kann auch durch gemeinsame Interessen verstärkt werden. Sie sind oft zu Beginn einer Partnerschaft wesentlich und wenn ein Paar sie fortführt, kann das ein Gefühl der Intimität schaffen, das hilft, alltäglichere und vielleicht langweiligere Aufgaben zu beleben.

Viele Paare, die in ihrer Beziehung die Leidenschaft vermissen, beklagen sich auch darüber, dass ihr Liebesleben uninteressant ist und einem vorgefertigten Muster folgt. Es gibt verschiedene Möglichkeiten, mit dieser Situation fertig zu werden; am besten ist es, offen für neue Wege zu sein, um sexuelles Verlangen und Gefühle auszudrücken. Mit dem Ort, dem Zeitpunkt und der Art und Weise des Liebesspiels zu experimentieren, kann die Leidenschaft in einer Beziehung ein Leben lang erhalten. Ein Paar, das z.B. fürchtet, von seinen kleinen Kindern gestört zu werden, beschränkt sein Liebesleben vielleicht auf den späten Abend und das eigene Schlafzimmer, nachdem die Kinder schlafen gegangen sind. Wenn sie die Kinder einen Tag lang bei Verwandten oder Freunden unterbringen, haben sie die Möglichkeit, den Ort zu wechseln — Badezimmer, Treppe, Wohnzimmer — und sich tagsüber zu lieben, wenn sie weniger müde sind. Für jede sexuelle Beziehung ist es belebend, den Ort des Liebesspiels zu wechseln. Beginnt ein Paar z.B. das Liebesspiel auf dem Sofa statt im Bett, kann es sich ermutigt fühlen, neue Stellungen auszuprobieren.

DIE BINDUNGSBEREITSCHAFT AUFRECHTERHALTEN

Die Bereitschaft zweier Menschen, sich aneinander zu binden, findet traditionell in der Heiratszeremonie ihren Ausdruck. Dieses Symbol hat in den letzten Jahrzehnten jedoch stark an Bedeutung verloren, auch wenn in Umfragen immer noch betont wird, dass man in seiner Beziehung die Bereitschaft zu einer langfristigen Bindung wünscht. Manche Menschen versuchen, dies auf andere Weise als durch Heirat zu demonstrieren, so z. B. durch eine eheähnliche Gemeinschaft oder Elternschaft.

Die Bindungsbereitschaft kann für eine Beziehung von

entscheidender Bedeutung sein, wenn die Partner nicht in der Lage sind, einander Intimität oder Leidenschaft zu demonstrieren. Nach der Geburt eines Kindes z. B. fehlt vielleicht die Leidenschaft, weil die Mutter Zeit braucht, um sich körperlich zu erholen. Zudem ist oft die Intimität eingeschränkt, da sich die Eltern einen beträchtlichen Teil ihrer Zeit den Bedürfnissen des Kindes widmen müssen.

Wenn beide Partner ihre Bereitschaft zeigen, die Beziehung aufrechtzuerhalten, können sie sich auf die Zukunft freuen und darauf vertrauen, dass die Partnerschaft sich trotz momentaner Einschränkungen immer noch gut entwickelt.

Um die Bindungsbereitschaft zu erhalten, ist es wichtig, den Wert der Beziehung und hier insbesondere gemeinsame Pläne für die Zukunft zu analysieren und zu diskutieren. Zur Bindungsbereitschaft gehört Ehrlichkeit, denn Geheimniskrämerei und Untreue können eine Beziehung nach und nach zerstören. Ein Paar sollte einen gemeinsam erarbeiteten Verhaltenskodex aufstellen, der die wichtigsten Bereiche, wie z. B. Treue, abdeckt. Daran sollten sich beide halten, sodass Vertrauen und Stabilität aufrechterhalten werden können.

Manche Paare haben für sich ganz individuelle Verhaltensregeln aufgestellt und tolerieren z.B. sexuelle Untreue. Die meisten Paare jedoch halten sich an Verhaltensregeln wie Treue, Ehrlichkeit und Offenheit. Es ist wichtig, diese Vereinbarungen in gewissen Abständen zu bestätigen, vor allem dann, wenn sich die Umstände ändern. So sollte man z. B. dem anderen implizit oder explizit die eigene Bindungsbereitschaft zusichern, wenn man einige Zeit getrennt voneinander verbringen muss oder ein Partner ein negatives Erlebnis wie eine Kündigung oder einen Trauerfall durchlebt hat.

WAS MACHT LANGJÄHRIGE, ERFOLGREICHE BEZIEHUNGEN AUS?

Gute, langjährig geführte Beziehungen zeichnen sich dadurch aus, dass Zuneigung und Vertrautheit bewahrt wurden. Dafür ist es unerlässlich, tolerant und aufgeschlossen, emotional flexibel und offen für Veränderungen zu sein. Paare in starren und unnachgiebigen Beziehungen vermissen oft Spontaneität. Sie verharren in der Beziehung nicht aus Verlangen, sondern oft nur aus Pflichtgefühl. Wenn Paare aufgeschlossen sind und sich an veränderte Lebensumstände anpassen können, sind sie in ihrer Beziehung meist glücklicher.

Paare, die effektiv miteinander kommunizieren, haben meist auch eine Beziehung, die es ihnen ermöglicht, mit neuen Schwierigkeiten zurechtzukommen. Wird ein Problem durchgesprochen, können die sich bietenden Möglichkeiten überprüft und eine für beide vorteilhafte Wahl getroffen werden.

In einer vertrauten Beziehung kann man sich geborgen fühlen und ist dadurch eher in der Lage, andere Lebensbereiche mit Selbstvertrauen anzugehen. Zudem wird die liebevolle Unterstützung eines Partners die geistige und körperliche Gesundheit verbessern, was wiederum zu Zufriedenheit führt.

WENN DIE LIEBE VERLOREN GEHT

Zu Beginn einer Partnerschaft müssen nicht unbedingt beide davon ausgehen, dass die Beziehung lange halten wird. Tatsächlich geben manche Menschen offen zu verstehen, dass sie keine feste Beziehung eingehen möchten. Andere jedoch hoffen auf eine langfristige Beziehung und können mit Trennungen nur sehr schlecht umgehen.

Liebe ist häufig sehr kompliziert, sie kann Paaren ebenso Glück wie Unglück bringen. Die meisten Menschen sind bereit, weniger zufrieden stellende Zeiten in einer Beziehung durchzustehen, wenn sie davon überzeugt sind, dass sie in der Zukunft dafür entschädigt werden. Paare hören auf, sich zu lieben, wenn gute und schlechte Zeiten nicht mehr im Gleichgewicht sind und die unglücklichen Momente die glücklichen bei weitem überwiegen. In dieser Situation findet man oft das, was einen Partner anfangs attraktiv machte, äußerst störend, und man hat das Gefühl, dass den eigenen Bedürfnissen nicht mehr entsprochen wird.

Das Ende einer Liebe folgt gewöhnlich einem unverwechselbaren Muster. Zunächst treten Differenzen zwischen den Partnern immer offener zu Tage. Manchmal versuchen sie, diese Differenzen beizulegen, was auch auf kurze Sicht gelingen kann. Bald schon treten jedoch neue Unstimmigkeiten auf. Das Paar vermeidet es dann häufig, miteinander zu reden, man versucht, sich auf psychologischer Ebene zu verteidigen. In diesem zweiten Stadium schieben die Partner sich oft gegenseitig die Schuld zu. So können sie die Partnerschaft aufgeben, ohne sich persönlich für das Scheitern verantwortlich zu fühlen.

Diesem Stadium folgt gewöhnlich eine Phase immer dürftigerer Kommunikation. Die beiden sprechen oft aneinander vorbei oder hören ganz auf, dem anderen Aufmerksamkeit zu schenken. In Studien zum Verhalten unglücklicher Paare wird diese Verhaltensform oft als »Mauern« bezeichnet.

NACH EINER TRENNUNG

Trennt sich ein Paar, verspüren die beiden Betroffenen zunächst oft ein Gefühl der Befreiung; Studien lassen aber den Schluss zu, dass darauf häufig Verlustgefühle und Depressionen folgen. Forschungsergebnisse enthüllen: Fast 50 Prozent der Männer und 30 Prozent der Frauen bedauern, dass sie sich scheiden lassen haben.

Forschungen zeigen darüber hinaus, dass sich Männer und Frauen von einer Trennung meist auf ganz unterschiedliche Weise erholen. Frauen kommen in der Regel schneller über eine Trennung oder Scheidung hinweg, nicht zuletzt weil sie intensivere soziale Kontakte haben. Mehrere Studien (darunter eine von Robert Hays aus dem Jahr 1989) belegen, dass Frauenfreundschaften im Allgemeinen enger, tiefer und intimer sind als Männerfreundschaften. Eine andere Studie von Roberto und Kimboko aus dem Jahr 1989 kam zu dem Ergebnis, dass enge Frauenfreundschaften oft über einen großen Zeitraum bestehen. Sie bieten Frauen daher größeren seelischen Beistand. Männer sind nach dem Scheitern einer langjährigen Beziehung erheblich anfälliger für seelische Probleme.

Außerdem gibt es vor allem bei Männern für die Erholung nach Trennungen einen Alterseffekt. Während jüngere Männer nach einer kurzen Beziehung häufig schnell wieder eine Partnerin finden, tun sich ältere Männer nach langjährigen Beziehungen oft sehr schwer, wieder eine neue Partnerschaft aufzubauen.

Persönliche Notizen:

Soziale Beziehungen unter die Lupe genommen!

Soziale Beziehungen unter die Lupe genommen!

Kapitel 7

Scheitern von Liebesbeziehungen

Zu Beginn einer Partnerschaft, wenn ein Paar frisch verliebt ist, können sich die Partner meist nicht vorstellen, dass ihre Gefühle füreinander jemals verblassen oder gar schwinden können. Eine Liebesbeziehung ist anfänglich fast immer von einem ausgesprochenen Hochgefühl oder großer Euphorie geprägt.

Dauert die Beziehung jedoch an, lässt die Idealisierung des Partners langsam nach. Anstatt ihn weiterhin zu verherrlichen, erkennt man nun vielleicht seine Stärken und Schwächen. Viele Paare kommen damit gut zurecht und werden sich immer vertrauter. Andere aber haben Probleme. Für sie hat die Partnerschaft ihren Reiz verloren, ist langweilig und leidenschaftslos. Bleiben solche Schwierigkeiten unausgesprochen und ungelöst, können sie die Bindung zerstören.

Bei manchen Beziehungen treten erst nach Jahren Probleme auf. Dies kann damit zusammenhängen, dass ungelöste Schwierigkeiten eine kritische Phase erreicht haben oder damit, dass äußere Einflüsse zu einer zunehmenden Belastung für das Paar werden. Solche Situationen können dann entstehen, wenn Krankheiten, finanzielle Engpässe oder Probleme am Arbeitsplatz auftreten, wenn die Eltern versorgt werden müssen oder wenn es zu Meinungsverschiedenheiten in der Kindererziehung kommt.

Auch unterschiedliche und unvereinbare Ziele, Vernachlässigung, Langeweile und Vertrauensbrüche führen häufig zu schwer wiegenden Beziehungsproblemen. Besonders gefährdet ist die Partnerschaft, wenn Gewalt oder übermäßiger Alkoholeinfluss im Spiel sind.

Um solche Schwierigkeiten zu lösen, ist es wichtig, ihre Ursachen herauszufinden und zu prüfen, ob eine Veränderung zum

Besseren möglich ist. Entscheidend ist eine ehrliche und offene Kommunikation und beträchtliches Engagement. Dieser Prozess lässt sich manchmal vereinfachen, indem das Paar die Hilfe einer professionellen Partnerschaftsberatung in Anspruch nimmt. Darüber hinaus gibt es auch eine ganze Reihe von Menschen, die sich in einem Teufelskreis immer wiederkehrender Verliebtheit und zerbrochener Beziehungen gefangen sehen. Sie haben Bindungsprobleme, bleiben durch unerfüllte und völlig idealisierte Wunschvorstellungen an ihre Partner allein oder werden ständig enttäuscht. Für sie ist der Aufbau einer lang dauernden Partnerbeziehung ein unerreichbarer Traumzustand. Unsere moderne Gesellschaft bietet diesen Menschen die Möglichkeit, Unterschlupf in anonymen Großstädten mit unpersönlichen Internet-Chats zu finden, und sie gibt ihnen die Gelegenheit, den Mangel an Nähe auszugleichen durch berufliches Fortkommen und materiellen Wohlstand. Auf Dauer aber leiden diese Menschen an ihrer Bindungslosigkeit und an der

Bedeutungslosigkeit, die ihre durchaus häufigen menschlichen Kontakte haben.

Wer das erkennt, kann mit professioneller Hilfe versuchen, einen Ausweg aus dieser negativen Spirale zu finden, intensive und unterstützende Partnerschaften und Liebesbeziehungen aufzubauen und so ein erfülltes und glückliches Leben zu führen.

Beziehungsprobleme

Die meisten Menschen hoffen, ihre derzeitige Beziehung möge den Langzeittest überstehen. Sie investieren so viele Gefühle, dass es schmerzlich wäre, ein Scheitern in Erwägung zu ziehen. Daher weigern sich auch viele Paare, Probleme wahrzunehmen. Allerdings hat jede Beziehung ihre spezifischen Schwierigkeiten; die Art, wie die einzelnen Paare mit ihnen umgehen, kann darüber entscheiden, ob sie das Band zwischen ihnen stärken oder letztendlich zerstören werden. Allerdings können sich die einzelnen Partner oder die Paare auch helfen lassen, um so einen Ausweg aus der Krise zu finden.

Steigende Scheidungsraten in den Industrienationen lassen darauf schließen, dass viele Menschen schnell bereit sind, eine Beziehung zu beenden, sobald Probleme auftauchen. Die höchsten Raten in Europa verzeichnen die skandinavischen Länder und Großbritannien; dort scheiterten am Ende der 90er Jahre vier von zehn Ehen. Auch Beziehungen ohne Trauschein sind Problemen ausgesetzt — in Großbritannien liegt die durchschnittliche Dauer einer eheähnlichen Gemeinschaft bei etwa drei Jahren.

Die Gründe dafür sind vielfältig: Die Erwartungen an eine Langzeitbeziehung sind höher als je zuvor und Rückschläge oder Langeweile sind dabei nicht vorgesehen. Ein weiterer Grund ist wahrscheinlich, dass die Gesellschaft Scheidungen zunehmend akzeptiert. Außerdem lässt die finanzielle Unabhängigkeit der Frauen sie leichter in eine Scheidung einwilligen, als das noch vor

30 Jahren der Fall gewesen wäre. Dies lässt sich allerdings auch positiv bewerten, denn Paare, die zusammenbleiben, sind motivierter, Lösungen zu finden.

HÄUFIGE PROBLEME

Umfragen unter Paaren bestätigen: Häufigste Streitthemen sind finanzielle Belange. Es folgen der Reihe nach persönliche Eigenarten, Kinderbetreuung, Hausarbeit, Sexualität, Beruf, Eltern bzw. Schwiegereltern und Freunde. Solche Streitereien dienen manchmal nur dazu, um generell Dampf abzulassen. Sie können jedoch auch ein Symptom für grundsätzlichere Probleme sein, z.B. unterschiedliches emotionales Engagement, verschiedene Zielsetzungen, Misstrauen oder Langeweile.

Ungleiches emotionales Engagement

Manche Paare gründen eine Beziehung auf einer unausgewogenen Basis, z.B. wenn die Liebe eines Partners nicht erwidert wird. Überraschenderweise sind viele Menschen bereit, in solch einer Beziehung zu verharren. Vielleicht haben sie Angst, den anderen zu verletzen, oder die Bewunderung steigert ihr Selbstwertgefühl. Letztendlich ist es schwierig, eine solche Verbindung aufrechtzuerhalten, weil der angebetete Partner oft das Gefühl hat, in der Falle zu sitzen, und der andere an den Qualen unerwiderter Liebe leidet und sich ausgenutzt fühlt. Paare, die in dieser Situation zusammenbleiben, werden immer wieder Beziehungsprobleme haben.

Meinungsverschiedenheiten über Ziele

Fehlen gemeinsame Ziele, kann dies zu immer wiederkehrenden und nicht zu lösenden Streitigkeiten führen. Dabei kann es sich um Themen wie Arbeits- und Karriereentscheidungen, finanzielle Arrangements oder Familiengründung handeln. Solche Probleme tauchen oft in Beziehungen auf, die auf körperlicher Anziehung beruhen. Ist diese erst einmal geschwunden, bleibt wenig übrig, worauf sich Engagement und Intimität aufbauen könnten.

Wenn ein Paar heiratet kann z.B. ein Partner Kinder haben wollen, der andere aber nicht. Vielleicht hat das Paar das Thema vor der Heirat nicht ausreichend besprochen; vielleicht sind sie sich der Ungleichheit bewusst, messen ihr aber nicht genug Bedeutung bei oder ein Partner hofft, dass der andere seine Meinung ändert. Eine so grundlegend unterschiedliche Erwartungshaltung kann die Ehe zum Scheitern bringen. Es kann auch darum gehen, inwieweit Partner bereit sind, ihre Beziehung über andere Belange zu stellen. Wenn z. B. einem Partner eine attraktive Stellung in einer weit entfernten Stadt angeboten wird, lehnt der andere es u. U. ab, umzuziehen und Eltern, Geschwister, Freunde und Karriere hinter sich zu lassen, nur um die Beziehung aufrechtzuerhalten.

Eifersucht

Viele verspüren zu Beginn einer Beziehung eine leichte Eifersucht, besonders wenn der Partner besonders beliebt ist. Diese Art der Eifersucht erscheint oft schmeichelhaft, weil man sie als Bestätigung für die Liebe des eifersüchtigen Partners betrachten kann.

Andauernde und heftige Eifersucht kann jedoch sehr destruktiv sein und beiden Partnern viel Kummer bereiten. Starke Eifersucht entspringt gewöhnlich einem geringen Selbstwertgefühl.

Vernachlässigung und Langeweile

Die meisten Paare durchlaufen in einer Beziehung auch Phasen der Langeweile. Sie haben das Gefühl, schon alles von dem anderen zu wissen, oder sie empfinden die alltäglichen Routinen als erdrückend. Eine solche Situation kann beispielsweise entstehen, wenn sich die Paare mit Freunden oder Bekannten vergleichen, die anscheinend unterhaltsameres und interessanteres Leben führen als sie selbst.

Langeweile kann zu gegenseitiger Vernachlässigung führen, weil es sich anscheinend nicht lohnt, Zeit miteinander zu verbringen. In der Folge haben beide manchmal das Gefühl, dass ihre Beziehung keine Basis mehr hat. Dieses Problem lässt sich jedoch oft durch die Suche nach neuen gemeinsamen Interessen lösen. Es ist auch möglich, das Interesse an Themen und Aktivitäten wiederaufleben zu lassen, die das Paar zu Beginn der Beziehung zusammenbrachten.

Vertrauensbruch

In jeden Beziehungen gibt es Regeln. Eine der wichtigsten in einer Partnerschaft ist Vertrauen. Vertrauen ist die Grundlage für andere Regeln, z.B. Treue, Loyalität oder das gemeinsame Hinarbeiten auf vereinbarte Ziele. Partner, die Regeln brechen, leiden an Schuldgefühlen und der Angst vor Entdeckung. Wenn ein Partner untreu gewesen ist, hängt der Fortgang der Beziehung in gewissem Maß davon ab, welcher Art die Untreue war — ob es sich z.B. um einen One-Night-Stand oder eine länger andauernde Affäre handelt. Ein gelegentliches Brechen der Regeln, z.B. das Überziehen eines vereinbarten finanziellen Rahmens, kann ein Hinweis auf nachlassendes gegenseitiges Interesse sein.

Äußere Zwänge

Oft verspüren Paare, dass von außen Druck auf ihre Beziehung ausgeübt wird. Manchmal müssen sie mit der Missbilligung von Verwandten umgehen, weil sie sich gerade diesen Partner ausgesucht haben, weil sie beschließen, ohne Trauschein zusammenzuziehen oder weil sie keine Kinder haben wollen. Auch wenn die Paare dies nicht bewusst als Zwang ansehen, stellen sie häufig fest, dass solche von außen kommenden Erwartungen ihrer Beziehung langfristig schaden.

Äußere Zwänge können sich auch in Form von Wohnproblemen, religiösen Differenzen, Krankheit, finanziellen Schwierigkeiten oder erzwungener Trennung äußern. Der auf dem Paar lastende Stress gibt beiden Partnern oft das Gefühl, dass die Beziehung scheitern muss.

Manche Paare, die sich wegen solcher Themen trennen, kommen jedoch wieder zusammen, wenn die unmittelbare Krise bewältigt ist.

PROBLEME ANGEHEN

Paare, die Schwierigkeiten haben, können stabilisierende Maßnahmen ergreifen. Dabei ist der erste Schritt anzuerkennen, dass es ein Problem gibt. Dann können die Partner versuchen, gemeinsam eine Lösung zu finden oder sich an einen Eheberater wenden.

Das Problem anerkennen

Sie sollten so früh wie möglich über problematische Themen sprechen. Dies kann Paaren helfen, ihren Gefühlen, Erwartungen und Frustrationen bereits zu Beginn einer Krise Luft zu machen. Dabei sollten die Partner wirklich den Wunsch haben, einen Weg nach vorn zu finden und bereit sein, einander zuzuhören, ohne zu werten.

Das Paar sollte unbedingt für verschiedene Lösungsansätze offen bleiben. Paare, die Schwierigkeiten kreativ und flexibel angehen können, haben erfolgreichere Beziehungen als solche, die an einem starren Verhaltensmuster festhalten. Eine engstirnige Sichtweise kann das Problem noch verschlimmern. Der Weg nach vorn ist oft eine Kombination mehrerer Lösungen. Wenn Paare ihre Eltern, Freunde und Verwandten um Rat fragen, hören sie eine Vielzahl von Standpunkten und können diese ihren eigenen Lösungsansätzen hinzufügen. Es kann sein, dass andere ähnliche Schwierigkeiten durchgemacht haben und aufgrund ihrer Erfahrungen gute Ratschläge geben können.

Eheberatung

Stellt ein Paar fest, dass es seine Beziehungsprobleme nicht allein lösen kann, hilft vielleicht eine Ehe- oder Paarberatung. Die meisten Eheberater sind dazu ausgebildet, die komplexe Paardynamik zu verstehen. Der Berater oder die Beraterin wird dem Paar helfen, die Natur seiner Beziehung als Ganzes zu beurteilen und zu erforschen, welcher Art seine Probleme sind, die Ursachen für seine Schwierigkeiten zu verstehen und mit ihnen umzugehen. Vielen Paaren hilft die Ehe- oder Paarberatung dabei, ihre Schwierigkeiten aus einem neuen Blickwinkel zu betrachten. Die Anwesenheit eines Dritten kann auch helfen, die eigenen Gefühle dem Partner gegenüber besser zu verstehen.

Sexualberatung

Stehen hinter den Eheschwierigkeiten sexuelle Probleme, die nicht auf organische Störungen zurückzuführen sind, ist eine Sexualberatung eventuell verbunden mit einer Psychotherapie angebracht. Zumeist gibt es verschiedene Wege, wie die Partner wieder zu mehr Spaß am Sex kommen, etwa die Psychoanalyse, die Verhaltenstherapie, das Sensualitätstraining, die Paartherapie oder die sexuelle Kommunikation.

Viele Psychologen sind heute der Ansicht, dass die meisten Probleme mit der Sexualität durch fehlende Kommunikation verursacht werden. Vielfach sind Menschen zu schüchtern oder schamhaft, um dem Partner mitzuteilen, was sie benötigen, um sich geliebt und glücklich zu fühlen. Oder sie haben Angst vor Zurückweisung, wenn sie intime Details ansprechen.

Probleme der sexuellen Kommunikation sind häufig in der Unerfahrenheit der Partner zu suchen. Das bedeutet, die Partner sind nicht in der Lage, die Sprache, die Gestik und vor allem die Körperreaktionen des Partners zu erkennen und zu deuten. Dieses Problem betrifft vor allem Männer. Sie sollten in der Therapie mit nonverbaler Kommunikation, Gestik, Umarmungen und leichter Zurückhaltung umgehen lernen. Hilfreich dabei sind gemeinsames Schwimmen, Tanzen oder auch die Einübung von Entspannungstechniken, die den Weg zu größerer körperlicher und seelischer Harmonie ebnen. Umgekehrt sollten Frauen lernen, ihre Bedürfnisse zu äußern, also den ersten Schritt zu tun und zu sagen, was sie mögen.

Auf diese Weise wird zwischen den Partnern langsam wieder Vertrauen aufgebaut und die Kommunikation von eher unverfänglichen Themen auf die heiklen Bereiche gelenkt. Denn beim Sex sollten nicht nur die Genitalien eine Rolle spielen.

Scheidungsberatung

Ist der Wille, die gemeinsame Beziehung fortzuführen, nicht mehr vorhanden, ist nur noch Trennung oder Scheidung möglich. Meist ist dies schon für die Erwachsenen kein leichter Schritt, sondern mit oft jahrelangen Traumatisierungen verbunden. Die ehemaligen Partner sollten versuchen, z.B. in finanziellen Belangen, einen fairen Umgang miteinander zu pflegen. Sind auch Kinder betroffen, so sollten die Eltern unbedingt einige allgemeine Spielregeln beachten.

Es ist für ein Kind nicht unbedingt schädlich, in einer Scheidungsfamilie aufzuwachsen — entscheidend ist der Umgang der Eltern mit der Trennung. Sie müssen ihre Streitigkeiten und Meinungsverschiedenheiten hinter die Interessen des Kindes stellen. Der erste Schritt bei der Aufgabe, Kindern dabei zu helfen, eine Scheidung zu bewältigen, besteht darin, sie mit den neuen Anforderungen vertraut zu machen. Kindern sollte auf eine altersgerechte Art geholfen werden zu verstehen, was Trennung und Scheidung für die Familie bedeuten und welche Auswirkungen die Scheidung für sie haben wird. Für die Eltern gilt: Halten Sie Ihr Verhältnis zu dem früheren Partner so harmonisch wie möglich. Ziehen Sie

Kinder nicht in Auseinandersetzungen mit hinein. Arbeiten Sie in allen Fragen, die Ihre Kinder betreffen, mit Ihrem früheren Partner zusammen und sichern Sie sich die Unterstützung von Menschen in Ihrem Umkreis und wenn nötig von Fachleuten.

Leider sind dies in den meisten Fällen fromme Wünsche, denn die Wirklichkeit sieht anders aus. Kinder werden allzu oft als Waffe gegen den Partner eingesetzt, so beispielsweise, wenn ein Partner den anderen des sexuellen Missbrauchs an den Kindern bezichtigt.

Persönliche Notizen:

Soziale Beziehungen unter die Lupe genommen!

Untreue

Häufig beschränkt sich Untreue auf einen One-Night-Stand, der dem Partner nicht gestanden wird und für die Beziehung keine weit reichenden Folgen hat. Länger andauernde Affären jedoch können ein Hinweis auf tiefer sitzende und hartnäckige Beziehungsprobleme sein. In jedem Fall müssen alle Beteiligten den Schwierigkeiten ins Gesicht sehen und versuchen, mit der Situation fertig zu werden. Obwohl Untreue von den meisten Menschen als falsch angesehen wird, ist sie in fast allen monogamen Gesellschaften weit verbreitet.

Unter Untreue versteht man gemeinhin einen Vertrauensbruch in einer Beziehung. Der Partner ist »betrogen« worden. Eine 1994 in Großbritannien gemachte Umfrage bei 20000 Menschen zeigte, dass 83 Prozent der Befragten der Meinung waren, dass Untreue »immer oder fast immer falsch« sei. Dennoch ist zu vermuten, dass Untreue weit verbreitet ist. Ein US-amerikanischer Bericht von 1994, »The Social Organisation of Sexuality« (Die soziale Organisation der Sexualität), enthüllte, dass 26 Prozent der befragten Männer und 21 Prozent der befragten Frauen zugaben, irgendwann untreu gewesen zu sein.

Untreue tritt in verschiedenen Formen auf und hat viele Ursachen. Diejenigen, die im »ewigen Dreieck« gefangen sind (das aus dem untreuen und dem betrogenen Partner und dem oder der Geliebten besteht), sehen die Situation meist nur aus ihrem Blickwinkel. Kommt eine Affäre ans Tageslicht, müssen die Partner einer Langzeitbeziehung — vielleicht mithilfe einer Therapie — versuchen, das verlorene Vertrauen wiederherzustellen oder aber akzeptieren, dass die Zerrüttung unvermeidlich ist.

DER UNTREUE PARTNER

Wenn es sich nur um eine zufällige körperliche Begegnung handelt, glaubt der untreue Partner oft, wenig Schaden anzurichten, weil es sich um eine rein sexuelle Affäre handelt und sein Partner den Seitensprung wahrscheinlich nicht entdecken wird. Bei längeren Affären wird die Untreue oft mit Beziehungsproblemen gerechtfertigt.

Gründe für Untreue

Meist kommt es zu einer rein körperlichen Beziehung, wenn einem Partner die sexuelle Erfüllung fehlt, oder wenn er sich ein aufregenderes Sexualleben wünscht. In manchen Fällen ist ein Partner weniger an Sex interessiert oder gehemmter als der andere. Es kann auch sein, dass die Leidenschaft mit der Zeit abgekühlt ist und ein Partner daher andernorts nach sexueller Befriedigung sucht. Manche Affären sind auch nur ein Versuch, sich zu beweisen, dass man beim anderen Geschlecht noch ankommt. Bei Menschen mittleren Alters kann dies ein Zeichen für die Midlifecrisis sein.

Wenn nicht nur Sex der Grund für Untreue ist, sondern auch Gefühle im Spiel sind, begründet der untreue Partner sein Verhalten oft mit mangelnder Zuwendung von Seiten des Partners oder mit allgemeiner Unzufriedenheit in der Beziehung. Manche Affären sind sogar darauf angelegt, entdeckt zu werden, entweder, um eine langjährige Beziehung zu beenden oder um zu demonstrieren, dass man unzufrieden ist. Manchmal weiß der Partner von der Untreue des anderen und ist damit einverstanden. Hierfür gibt es verschiedene Gründe, zu denen z. B. Behinderungen oder ein schwach ausgeprägter Sexualtrieb bei einem der Partner gehören können.

Entscheidung treffen
Manchmal ist der untreue Partner zwischen zwei Menschen, an denen ihm anscheinend gleich viel liegt, hin- und her gerissen. Dann hält er meist beide Beziehungen aufrecht, bis ihn eine Krise zwingt, sich für eine Seite zu entscheiden. Oft entdeckt der andere Partner die Liebesbeziehung und stellt ein Ultimatum. Auch wenn eine Affäre verborgen gehalten wird, verursacht die Geheimnistuerei extremen Stress und stört die Intimität. Untreue Partner müssen sich zunächst darüber klar werden, welche Funktionen eine Affäre für sie erfüllt. Wenn der untreue Part die emotionale Motivation für eine Affäre versteht, kann er vielleicht eher Herr einer Situation werden, die die Gefühle aller Beteiligten verletzen kann.

DER BETROGENE PARTNER
Wer erfährt, dass sein Partner eine Affäre hat, fühlt sich in der Regel schockiert, wütend, verraten und unsicher. Wenn die Partnerschaft gerettet werden soll, muss der oder die Betrogene versuchen, die Gründe für die Liebesbeziehung zu verstehen, bevor irgendwelche Entscheidungen über die Zukunft getroffen werden.

Die Gründe verstehen

Meist können sich Partner eher mit einer flüchtigen Affäre abfinden als mit Untreue, die mit tieferen Gefühlen verbunden ist. Es kann schmerzlich sein, die mögliche Motivation für die Untreue zu untersuchen, da man nicht selten Mängel in der Beziehung eingestehen muss. Es ist oft leichter, die Affäre für eine vorübergehende Verirrung zu halten oder der dritten Person alle Schuld zu geben. Trotzdem glauben Eheberater, dass Partner offen und ehrlich miteinander sprechen müssen, wenn für die Beziehung noch Hoffnung bestehen soll.

Eine Entscheidung treffen

Wenn die Untreue aufgedeckt wurde, muss man entscheiden, ob man dem Partner vergeben und die Probleme gemeinsam lösen will oder ob man die Beziehung beenden möchte. Die Entscheidung hängt meist davon ab, wie stark die Partnerschaft ist, ob es eine offensichtliche Lösung gibt oder nicht und ob man bereit ist, einen solchen Vertrauensbruch zu verzeihen.

DIE ODER DER GELIEBTE

Die dritte Person, die in eine Affäre verwickelt ist, ist die oder der Geliebte. Sie oder er hat oft das Gefühl, emotional in der Luft zu hängen und muss für die Liebesbeziehung meist beträchtliche Opfer bringen.

Gründe für Untreue

Manchmal beginnen allein Stehende eine Affäre, weil sie sich nicht auf eine Beziehung einlassen wollen und glauben, dass ein rein sexuelles Verhältnis mit jemandem, der schon in einer langjährigen Partnerschaft lebt, ihnen ihre Freiheit erhält. Oft glauben sie jedoch auch, dass die Bereitschaft des Partners, sich auf eine Affäre einzulassen, ein Zeichen für ein baldiges Ende der Erstbeziehung ist.

Eine Entscheidung treffen

Wenn es sich um eine flüchtige, rein sexuelle Affäre handelt, glaubt die oder der Geliebte manchmal, dass kein Schaden entsteht, solange die Untreue nicht ans Licht kommt. Der Hauch des Geheimnisses, der die Beziehung umweht, trägt vielleicht noch zu ihrer Attraktivität bei. Wenn die oder der Geliebte sich allerdings gefühlsmäßig in der Affäre engagiert, kann die Geheimniskrämerei eine komplizierte Mischung von Gefühlen wie Wut, Traurigkeit, Schuld und Isolation hervorrufen.

Der oder die Geliebte muss auf die Entscheidung des untreuen Partners warten. Manche Geliebte fühlen sich versucht, das Thema zu forcieren, indem sie den anderen Partner von der Untreue in Kenntnis setzen. Das kann jedoch ebenso leicht zum Ende der Affäre wie zum Ende der Partnerschaft des Paars führen. Wie die anderen Betroffenen sollten auch die Geliebten ehrlich einschätzen, was ihre Gründe für die Beziehung und was ihre Bedürfnisse sind. Viele haben Schwierigkeiten damit, sich in einer Beziehung emotional wohl zu fühlen, die nur zeitweise und heimlich gelebt werden kann. Auch wenn die Geliebten das Gefühl haben, ein Abbruch der Beziehung sei das Beste, ist das oft schwer umzusetzen.

Persönliche Notizen:

Soziale Beziehungen unter die Lupe genommen!

Misshandlungen in Beziehungen

Misshandlungen in Beziehungen betreffen in den meisten Fällen Frauen. Etwa zwei Drittel der gewalttätigen Angriffe auf Frauen werden von Männern begangen, die sie gut kennen. Nur etwa fünf Prozent aller gewalttätigen Angriffe gehen von Frauen aus. Da jedoch die Dunkelziffer recht hoch liegt, ist das volle Ausmaß von Misshandlungen in Beziehungen nur schwer abzuschätzen.

Misshandlungen gleich welcher Art schaffen ein Klima von Sorgen und Furcht, das über kurz oder lang die Beziehung zerstört. Das Opfer muss wissen, wie es Hilfe finden und sich befreien kann.

FORMEN DER MISSHANDLUNG
Es gibt seelische und körperliche Misshandlungen. Sie schaden der Beziehung und dem Opfer auf unterschiedliche Weise.

Seelische Misshandlungen
Seelische Misshandlungen finden gewöhnlich in Form von Kritik und Psychoterror statt, eine ernste und nicht zu unterschätzende Angelegenheit. Viele Psychologen sind der Meinung, seelische Misshandlungen seien genauso, wenn nicht noch schädlicher wie körperliche. Sie ziehen sich über einen langen Zeitraum hin und schwächen systematisch die Selbstachtung des Anderen. Sie können darüber hinaus den Weg für körperliche Misshandlungen ebnen. Opfer seelischer Misshandlungen glauben manchmal, sie hätten diese verdient.

Körperliche Misshandlungen

Wiederholte körperliche Misshandlungen wie Schlagen oder Schubsen können eine verheerende Erfahrung sein. Zusätzlich zu den Schmerzen und möglichen Verletzungen lebt das Opfer meist auch in ständiger Angst, etwas zu tun oder zu sagen, das einen weiteren Angriff provozieren könnte, was wiederum eine Form seelischer Misshandlung ist. Partner zögern oft, häusliche Misshandlungen anzuzeigen, solange sie noch in der Beziehung leben; entweder weil sie Vergeltungsmaßnahmen fürchten oder weil sie meinen, die Partnerschaft sei noch zu retten. In solchen Fällen zeigen sie körperliche Misshandlungen erst an, wenn eine Trennung unvermeidbar geworden ist.

HILFE SUCHEN

Die Opfer sollten lernen zu erkennen, wann sie Hilfe brauchen und wissen, wo sie diese Hilfe konkret und schnell bekommen.

Erkennen, dass man Hilfe braucht

Viele Opfer meinen, dass sie sich mit den Misshandlungen abfinden müssen, um die Beziehung aufrechtzuerhalten. Bei den folgenden Anzeichen sollte ein Misshandlungsopfer jedoch dringend Hilfe suchen:
- Die Misshandlungen finden fortgesetzt statt und folgen einem vorhersehbaren Muster. Es kommt z.B. regelmäßig zu Angriffen, wenn der Partner stark getrunken hat, oder auf Gewalttätigkeiten folgen Entschuldigungen, die zu Kritik werden und wieder in Gewalt münden.

- Andere Familienmitglieder, besonders Kinder, zeigen Anzeichen von Kummer und Aggressivität.
- Die fortgesetzten Misshandlungen wirken sich auf die geistige und körperliche Gesundheit des Opfers aus. Man hat das Gefühl, verrückt zu werden, hat Angst, seine Meinung zu äußern und fühlt sich in der Situation gefangen.
- Das Opfer fürchtet um seine eigene Sicherheit oder um die anderer im Haus.

Wo Hilfe zu bekommen ist
Psychologische Hilfe ist für Missbrauchsopfer oft von großer Bedeutung. Freunde und Verwandte leisten zwar wertvollen seelischen Beistand; in vielen Fällen jedoch hat das Opfer das Gefühl, dass die Botschaften des Misshandelnden mehr Gewicht haben als die anderer Menschen. Das kann die Genesung behindern und das Selbstwertgefühl weiter zerstören. Psychologen, Ärzte und Berater können Hilfe leisten.

Viele Opfer körperlicher Misshandlungen erhalten erst Hilfe, wenn die Polizei gerufen wurde oder wenn sie ärztlich behandelt werden müssen. Einige Länder sind inzwischen dazu übergegangen, gewalttätige (Ehe-) Partner strafrechtlich zu verfolgen, und zwar unabhängig davon, ob das Opfer sich entschließt, Anzeige zu erstatten.

Wenn auch der misshandelnde Partner sein Verhalten als Problem erkennt, kann der Hausarzt einen passenden Berater oder Therapeuten empfehlen. Die örtlichen Sozialdienste oder Frauenzentren können oft Hilfe, Ratschläge und, falls nötig, eine Unterkunft bieten. In ganz Europa gibt es viele Selbsthilfegruppen, Nottelefone und karitative Einrichtungen, die Menschen mit gewalttätigen Partnern beistehen; viele Länder haben auch Zufluchtsorte (z.B. Frauenhäuser), die Opfern und ihren Familien Schutz und Sicherheit bieten.

SICH BEFREIEN

Wer sich aus einer Beziehung, in der Misshandlungen an der Tagesordnung sind, befreien will, muss sich zunächst einmal klar machen, dass niemand, unter keinen Umständen, verdient, von seinem Partner angegriffen zu werden. Es braucht großen Mut, um einen gewalttätigen Partner zu verlassen; manchmal hilft es Opfern, sich einer Selbsthilfegruppe anzuschließen oder sich einer Beratung oder Therapie zu unterziehen, die das Selbstwertgefühl stützt und kräftigt. Wenn man sich wirklich lösen will, muss man auf die Reaktionen des Partners vorbereitet sein und mit ihnen umgehen können.

Mit der Reaktion des misshandelnden Partners umgehen

Zunächst gilt es, dem Täter klar zu machen, dass sein Verhalten unannehmbar ist, und deutlich Konsequenzen zu ziehen, z. B. durch Trennung. Das Opfer sollte auf eine Vielzahl möglicher Reaktionen vorbereitet sein: Manche Täter versprechen, mit den Misshandlungen aufzuhören; andere reagieren mit Gewalt oder Nötigung oder mit scheinbarer Gleichgültigkeit (was wiederum in sich selbst eine Form seelischer Misshandlung ist); wieder andere greifen auf emotionale Erpressung zurück und verweisen auf die Auswirkungen, die eine Trennung beispielsweise auf die Kinder haben könnte.

Praktische Dinge

Das Opfer kann einen Anwalt zu Rate ziehen, der unter Umständen versucht, eine einstweilige Verfügung gegen den gewalttätigen Partner zu erwirken. Dadurch kann er gezwungen werden, für eine bestimmte Zeit aus der gemeinsamen Wohnung auszuziehen. Außerdem sollten Türschlösser ausgewechselt werden und man sollte einen Freund oder ein Familienmitglied bitten, für die Zeit der Trennung einzuziehen.

Sollte sich das Opfer entscheiden, die Beziehung weiterzuführen, muss es dem Täter klar machen, dass es bei ersten Anzeichen für erneute Gewalt sofort die Polizei rufen wird.

Persönliche Notizen:

Mit Zurückweisung umgehen

Es gehört zu den schmerzvollsten Erfahrungen im Leben, jemanden kennen zu lernen, sich in ihn zu verlieben, dann aber von ihm abgewiesen zu werden. Die Abwehr von Gefühlen kann sich negativ auf die Hoffnungen, Pläne und das Selbstwertgefühl eines Menschen auswirken und starke Traurigkeit und Depressionen hervorrufen. Wer Zurückweisungen als Teil der Partnersuche akzeptiert und versucht, sie nüchtern und sachlich zu sehen, kommt leichter über die Folgen hinweg.

Abhängig von der Beziehung gibt es verschiedene Arten unerwiderter Gefühle. Am besten versucht man, Zurückweisung in einem konstruktiven Kontext zu sehen und sein Selbstwertgefühl nicht dadurch negativ beeinflussen zu lassen.

ARTEN DER ZURÜCKWEISUNG

Manche Formen der Zurückweisung richten mehr Schaden an als andere. Wer verliebt ist, fordert eine »Abfuhr« manchmal absichtlich heraus und trägt keinen echten emotionalen Schaden davon, weil er in gewisser Weise erwartet — oder sogar beabsichtigt —abgewiesen zu werden. Für jemanden, der am Anfang einer Beziehung steht oder in einer langjährigen Partnerschaft lebt, können unerwiderte Gefühle dagegen viel folgenschwerer sein.

Vernarrtheit

Die meisten Teenager durchlaufen eine — allgemein als »Schwärmerei« bekannte — Phase der Vernarrtheit. Oft handelt es sich dabei um einen beliebten Fernseh-, Pop- oder Sportstar, manchmal auch um einen Lehrer oder einen Freund der Familie, den sie bewundern. Diesen Schwärmereien ist gemeinsam, dass das Objekt der Begierde unerreichbar ist. Man vermutet, dass diese Art der Verliebtheit dazu dient, etwas über erwachsene Gefühle des Verlangens zu lernen. Der junge Mensch kann so auf sicherem Weg sexuelles Begehren erleben, weil die Chance auf ein wirkliches Zusammentreffen mit dem Objekt seiner Fantasie sehr gering ist. Der Teenager riskiert keinen emotionalen Schaden, weil sein Schwarm ihn zurückweist, es ist eine Art Generalprobe für die Gefühle, die zu erwachsenen Beziehungen gehören. Mit der Zeit werden die Schwärmereien für die Teenager langweilig und sie gehen Beziehungen mit Gleichaltrigen ein.

Schwärmereien bei Erwachsenen entstehen oft, wenn der Liebende das Objekt seiner Zuneigung idealisiert: Man hält den anderen für perfekt. Die begehrte Person ist gewöhnlich jemand, den man für unerreichbar hält, weil er schon eine Beziehung hat oder sich in anderen gesellschaftlichen Kreisen bewegt. Die Schwärmerei kann gerade deshalb wachsen und sich entwickeln, weil man die wirkliche Person nie kennen lernt: Der Liebende kann sich die Vision der Perfektion, die er erschaffen hat, erhalten, ohne dass diese durch die Realität korrigiert wird.

Gelegentliche Schwärmereien sind oft Teil des Erwachsenenlebens. Wenn jemand jedoch ständig in unerreichbare Partner vernarrt ist, vermeidet er womöglich echte Beziehungen, weil es ihm an Selbstwertgefühl mangelt oder weil er keine emotionale Bindung aufbauen kann.

Unerwiderte Liebe

Die Gefühle, die mit unerwiderter Liebe einhergehen, sind der Vernarrtheit sehr ähnlich; der Hauptunterschied ist, dass einseitigen Gefühlen meist eine kurze Beziehung mit der begehrten Person vorausgeht. Wenn diese endet, kann der Liebende den starken Gefühlen, die er dem Geliebten gegenüber empfindet, manchmal nicht aufgeben. Er idealisiert die Verbindung und weigert sich, die Faktoren anzuerkennen, die zu ihrem Ende führten.

Zurückweisung in festen Beziehungen

Viele Partnerschaften enden in gegenseitigem Einvernehmen, weil beide Partner der Meinung sind, dass die Beziehung nicht mehr funktioniert. Wenn jedoch ein Partner vom anderen zurückgewiesen wird, ist das emotional ein traumatisches Erlebnis und für den Zurückgewiesenen schwer zu akzeptieren.

Der andere Partner verspürt manchmal Schuldgefühle, Wut oder Traurigkeit, weil sich seine Gefühle dem anderen gegenüber geändert haben, und versucht dann die Tatsache zu verbergen, dass keine Liebe mehr vorhanden ist. Manchmal hat er jemand anderen kennen gelernt oder kann vielleicht bestimmte Verhaltensweisen des anderen nicht mehr ertragen (z.B. Alkoholsucht). Bisweilen geben Menschen auch einfach Langeweile dafür an, dass sie für den Partner keine Gefühle mehr hegen.

Der zurückweisende Partner spricht manchmal abfällig über den anderen, um das Ende der Beziehung zu rechtfertigen. Das wirkt sich gewöhnlich negativ auf das Selbstwertgefühl des Zurückgewiesenen aus; dieser versucht womöglich, sein Aussehen oder sein Verhalten erheblich zu verändern, um den anderen zurückzugewinnen. Solche Strategien scheitern in der Regel, weil sie das grundlegende Problem in der Beziehung nicht angehen.

MIT ZURÜCKWEISUNG UMGEHEN

Sich von einer Zurückweisung zu erholen, kann ein langwieriger Prozess sein. Das vordringliche Ziel ist es, das Selbstwertgefühl wieder aufzubauen, damit sich die Erfahrung nicht negativ auf die Fähigkeit des Betreffenden, neue und erfüllende Beziehungen einzugehen, auswirkt. Die folgenden Schritte können hilfreich sein:

- Nutzen Sie unterstützende Netzwerke. Freunde und Familie können helfen, die Zukunft positiver zu sehen. Das gilt besonders, wenn sie den Betreffenden ermuntern, alte Hobbys wieder aufzunehmen oder mit einem neuen anzufangen. Das Selbstwertgefühl des Betroffenen auf anderen Gebieten sollte gestärkt werden.
- Vermeiden Sie es, die Zurückweisung »global« zu sehen. Sie sollten versuchen, sie nur auf bestimmte Punkte des eigenen Verhaltens oder Charakters zu beziehen, nicht auf Ihr ganzes Selbst.
- Denken Sie darüber nach, warum die Beziehung auseinander gegangen ist. Manchmal vermeidet der zurückgewiesene Partner, die Verantwortung für seinen Anteil am Scheitern der Beziehung zu übernehmen. Überlegen

Sie, wie Sie in Zukunft anders mit Beziehungen umgehen können.
- Wenn das Gefühl der Zurückweisung anhält und von Depressionen begleitet wird, ziehen Sie in Betracht, eine Therapeutin oder einen Berater zu konsultieren.

Treten solche Zurückweisungen wiederholt auf, sollte man sich fragen, ob dahinter nicht ein bestimmtes Muster zu finden ist. Manchmal sind es Skripts aus der Vergangenheit, die einen dazu bringen, solch eine immer wiederkehrende Enttäuschung selbst zu provozieren. In solchen Fällen ist es am besten, in aller Ruhe zu untersuchen, welche Gemeinsamkeit im eigenen Verhalten bei all diesen Zurückweisungen zu Tage tritt. Auch hier kann die professionelle Hilfe eines Therapeuten bei der Suche nach selbstzerstörerischem Verhalten sehr nützlich sein.

Persönliche Notizen:

Wissen, wann man gehen muss

Auch wenn eine Beziehung gescheitert zu sein scheint, ist es oft schwierig, sich zur Trennung zu entschließen. Im Allgemeinen fürchten sich die Menschen davor, eine falsche Entscheidung zu treffen und erkennen zu müssen, dass ihr jahrelanges emotionales Engagement nicht ausgereicht hat, um die Beziehung lebendig zu halten. Hier kann es helfen, mit Freunden und Verwandten zu sprechen oder sich professionellen Rat zu holen. Viele Menschen haben außerdem Angst, nach einer Trennung soziale Kontakte zu verlieren und einsam zu sein.

Manchmal zeigt sich nur allzu deutlich, dass eine Beziehung wahrscheinlich nicht aufrechterhalten werden kann. Viele Menschen brauchen Hilfe, um ihre Beziehung zu retten; andere vielleicht, um den Mut zu finden, den anderen zu verlassen. In manchen Kulturen wird die Scheidung als Bruch mit der Tradition oder Religion betrachtet und manchmal entziehen Freunde und Familie dem betroffenen Paar ihre Unterstützung. Dann scheint die Situation ausweglos zu sein.

DIE MÖGLICHKEITEN PRÜFEN

Wenn Sie erwägen, sich von Ihrem Partner zu trennen, sollten Sie sich noch einmal Vor- und Nachteile Ihrer Beziehung deutlich machen. Anschließend sollten Sie alle Auswirkungen einer Trennung oder Scheidung auf beide Partner und auf eventuell vorhandene Kinder durchdenken.

Die Beziehung beurteilen

Viele Menschen finden es schwierig zu beurteilen, ob die Beziehung es wert ist, gerettet zu werden. Überraschenderweise konsultieren Menschen in solch einer Situation einen Anwalt, nicht weil sie sich endgültig zu einer Trennung entschlossen haben, sondern weil sie einen Rat möchten.

Viele Menschen sind sehr pessimistisch, wenn es darum geht, ob eine Beziehung gerettet werden kann. Eine Beratung kann auch dann hilfreich sein, wenn sich das Paar bereits getrennt hat. Nicht selten finden die Partner wenig später wieder zusammen.

Beide Partner sollten sich Zeit nehmen, um gründlich über ihre Beziehung nachzudenken, und überlegen, was sie von der Beziehung erhoffen, ob diese ihren Erwartungen entspricht und ob sie ihnen auch in Zukunft entsprechen kann. Hier einige Punkte, die man erwägen sollte:

- Anziehung: Finden beide einander attraktiv? Kommt der Partner im Vergleich mit anderen gut weg?
- Intimität: Vertrauen sich beide einander an? Fühlen sie sich leicht verletzbar, wenn sie miteinander über emotionale Bedürfnisse sprechen?
- Sexuelle Erfüllung: Sind beide mit ihrer sexuellen Beziehung zufrieden? Lassen sich ihre Bedürfnisse vereinbaren?
- Kommunikation: Sprechen sie oft miteinander und hören dem anderen aufmerksam zu, ohne ihn zu unterbrechen? Gibt es oft Meinungsverschiedenheiten?
- Gegenseitige praktische Unterstützung: Kooperieren sie im Alltag oder hat einer der Partner das Gefühl,

dass er die ganze Verantwortung für die praktischen Dinge zu tragen hat?
- Ehrlichkeit und Vertrauen: Hält jeder den anderen für ehrlich und vertrauenswürdig?
- Zuneigung und Rücksichtnahme: Zeigen die Partner einander ihre Zuneigung und respektieren beide die Bedürfnisse des anderen?
- Engagement: Glauben beide, dass die Beziehung verbessert werden kann oder haben sie das Gefühl, dass sie vollkommen gescheitert ist?

Wenn beide eine klarere Vorstellung darüber gewonnen haben, wie gesund ihre Beziehung ist, können sie entscheiden, ob sie sie allein wiederaufbauen wollen, eine Eheberatung einschalten oder eine Trennung in Erwägung ziehen.

Die Auswirkungen einer Trennung oder Scheidung beurteilen

Wer in einer problematischen Beziehung lebt, muss zwischen der Aufgabe, die Beziehung zu retten, und den wahrscheinlichen Konsequenzen einer Trennung oder Scheidung abwägen. Hier sind einige der vordringlichsten Fragen:
- Verantwortung als Eltern: Gibt es Kinder, müssen die Partner in der Fürsorge für die Kinder kooperieren.
- Finanzielle Überlegungen: Die anstehenden finanziellen Angelegenheiten können juristische Probleme und zusätzlichen persönlichen Kummer verursachen. Eine Scheidung lässt oft einen, in der Regel die Frau, oder beide Partner finanziell deutlich schlechter dastehen.
- Seelischer Kummer: Der Schmerz über den Verlust einer Liebesbeziehung kann Stress, Depressionen und

manchmal auch stressbedingte körperliche Erkrankungen verursachen.

ALTERNATIVEN ZUR TRENNUNG

Wenn ein Paar seine Beziehung fortsetzen möchte oder noch unentschlossen ist, kann eine Beratung hilfreich sein. Es ist auch möglich, eine vorübergehende Trennung in Erwägung zu ziehen. Für manche Paare ist der beste Weg, die Beziehung auf einer radikal veränderten Basis weiterzuführen.

Eheberatung

Wenn ein Paar sich noch nicht darüber im Klaren ist, ob eine Trennung oder Scheidung richtig ist, kann ein Berater ihm helfen,
- seine Beziehung zu beurteilen und zu entscheiden, ob sie wieder aufgebaut werden kann;
- zu erkennen, was zur Rettung der Beziehung notwendig ist;
- zu verstehen, was schiefgegangen ist, wenn die Beziehung nicht mehr zu retten ist.

Es ist ratsam, sich für die Dauer der Beratung so zu verhalten, als ob die Beziehung noch bestünde: d.h. nicht mit anderen auszugehen, sich nicht zu trennen (wenn sie das nicht schon getan haben) und keine Schritte im Hinblick auf eine Scheidung zu unternehmen, z.B. einen Anwalt zu konsultieren.

Trennung auf Probe

Beide Partner sollten wissen, was eine Trennung auf Probe bewirken soll. Sie sollten Grundregeln festlegen, wie z.B., ob und wie oft sie einander sehen, ob sie sich mit anderen treffen können, und wie lange die Trennung dauern soll.

Im Idealfall sollte eine Trennung auf Probe beiden Partnern Gelegenheit geben, über ihre Beziehung nachzudenken. Sie kann aber auch verhindern, dass die betreffenden Themen diskutiert werden und so der Beziehung noch mehr schaden. Ein wesentlicher Beitrag zur Verhinderung einer Trennung sind offene Gespräche, weil das die Intimität zwischen den Partnern fördert.

Eine »parallele« Beziehung

Für manche Paare ist die Aussicht auf eine Scheidung und ihre emotionalen und finanziellen Konsequenzen viel schlimmer, als die Beziehung weiterzuführen, wie schlecht diese auch sein mag. In solchen Fällen beschließen Paare manchmal, weiterhin zusammenzuleben jedoch nach neuen Regeln, die es ihnen gestatten, ein recht glückliches und erfülltes Leben zu führen. So ein Arrangement ist nicht für jeden geeignet, kann aber bei schwer wiegenden finanziellen Problemen eine geeignete Lösung sein.

Persönliche Notizen:

Soziale Beziehungen unter die Lupe genommen!

Trennung und Scheidung

Wenn eine Beziehung in die Brüche geht, ist das meist sehr schmerzvoll. Untersuchungen haben ergeben, dass getrennt Lebende im Vergleich zu Menschen in ähnlichen Situationen, z.B. Hinterbliebene, besonders anfällig für psychische Probleme sind. Die Belastung lässt sich lindern, wenn das eigene Vorgehen ruhig geplant wird und negative Gefühle zwischen den ehemaligen Partnern auf ein Mindestmaß beschränkt bleiben. Sind Kinder vorhanden, sollten die Partner nach Möglichkeit beide ihren elterlichen Pflichten nachgehen.

Viele Paare empfinden eine Trennung oder Scheidung als persönliche Niederlage. Soziale, kulturelle und religiöse Aspekte können die persönliche Situation noch zusätzlich kompliziert machen. Forschungen zeigen, dass es viele Menschen bedauern, sich für eine dauerhafte Trennung entschieden zu haben, wobei Männer die Scheidung eher bereuen als Frauen. Das liegt oft daran, dass Paare häufig schon in einem sehr frühen Stadium ihrer Trennung einen Anwalt zu Rate ziehen und dann ihren Entschluss, sich scheiden zu lassen, überstürzen, anstatt in Ruhe erst einmal alle Punkte durchzugehen. Daher ist es empfehlenswert, die juristischen Aspekte einer Scheidung zuerst einmal zurückzustellen und in aller Ruhe gemeinsam zu überlegen, wie nun weiter vorgegangen werden kann. Eine Paarberatung kann scheidungswilligen Partnern helfen; außerdem gibt es Selbsthilfegruppen, die mit Rat und Tat zur Seite stehen.

Wenn ein Paar die Trennung und Scheidung mit so wenig Bitterkeit wie möglich hinter sich bringt, wird es den Partnern eher gelingen, einen sauberen Schlussstrich zu ziehen, und ungelöste Probleme werden zukünftige Beziehungen nicht überschatten. Ist die Trennung und Scheidung endgültig, muss das ehemalige Paar sein Verhältnis neu definieren.

MIT TRENNUNG UND SCHEIDUNG ZURECHTKOMMEN

Paare müssen ihrem eigenen Wohlbefinden zuliebe einen Weg finden, mit der Trennung zurechtzukommen. Dabei sollten so wenig Konflikte und Animositäten wie möglich hervorgerufen werden. Eine Trennung ist oft ein langwieriger Prozess, bei dem sich viel Wut, Eifersucht und Groll aufstauen können. Wenn Paare beschließen, sich zu trennen, beherrschen diese Emotionen das Verhältnis zueinander, trüben ihr Urteilsvermögen und machen beide Partner bekümmert und ängstlich.

Oft sind die Paare in ihren Plänen und Gefühlen auch hin- und hergerissen. Eine Scheidung oder eine vollständige Trennung scheint zunächst die beste Lösung zu sein; andererseits verspüren sie das Verlangen, die Beziehung am Leben zu erhalten. Dies macht es den Paaren oft schwer, klare Gedanken über ihre Zukunft zu fassen und die notwendigen Schritte einzuleiten.

Entscheidungen über die Kinder und ihre Betreuung, über Finanzen und gemeinsames Eigentum werden manchmal impulsiv getroffen und basieren oft auf dem Verlangen, den anderen zu bestrafen, anstatt das Beste für die Partner und die Kinder erreichen zu wollen. Paare können den Schmerz, der mit dem Ende einer Beziehung verbunden ist, lindern, indem sie sich ihren Emotionen stellen, sie nicht einfach am anderen ausleben und damit die Trennung für den Partner sowie die Kinder so leicht wie möglich machen.

Wie man mit Emotionen fertig wird
Aus psychologischer Sicht ähnelt eine Trennung und Scheidung einem Trauerfall: Jeder der Beteiligten muss mit dem Verlust fertig werden und Trauerarbeit leisten. Dabei werden typische Stadien — Schock, Ungläubigkeit, Depression und Traurigkeit, Wut und schließlich Anpassung — durchlaufen.

Manche Psychologen raten, eine Trennung eher als eine Reise, denn als abgeschlossenes Ereignis zu empfinden. Die Reise beginnt mit der Desillusionierung über die Beziehung; negative Gefühle tauchen auf und werden vielleicht zum ersten Mal anerkannt. Als Näch-stes kommt die allmähliche, aber fortschreitende Verschlechterung der Beziehung. Darauf folgen die gefühlsmäßige Loslösung und räumliche Trennung. Wenn die Trennung oder Scheidung vollzogen ist, braucht man Zeit, die Beziehung zu betrauern. Die Reise ist beendet, sobald man nicht mehr von seinen Gefühlen hinsichtlich des Ex-Partners oder der Trennung beherrscht wird. Manche Menschen durchleben auch eine Phase, die als »zweiter Frühling« bekannt ist. Sie stürzen sich in neue Aktivitäten und Beziehungen. In dieser Zeit beschließt man häufig, seine bisherige Lebensweise zu ändern oder sich selbst neu zu definieren.

Sich eine Scheidung als Reise vorzustellen kann nach Meinung von Therapeuten dabei helfen, die komplexen Emotionen zu begreifen, die man dabei empfindet. Es ist ganz normal, dass sich zwei Menschen, die sich trennen, an ganz verschiedenen Punkten der Reise befinden. So merkt der eine beispielsweise gerade erst, dass etwas in der Beziehung nicht stimmt, während der andere sich bereits von seinem Partner bzw. von seiner Partnerin gelöst hat (so dass er zumindest in emotionaler Hinsicht die Beziehung schon verlassen hat). Ebenso kann ein Partner noch den Verlust einer Beziehung betrauern, während der andere sich schon von der Trennung erholt hat und eine neue Verbindung eingegangen ist.

Im Idealfall durchlaufen beide Partner gleichzeitig die einzelnen Stadien der Reise, aber dies ist eher die Ausnahme als die Regel. Manchmal muss ein Partner dem anderen Gelegenheit geben »aufzuholen«. In der Praxis kann das bedeuten, mit dem Einreichen der Scheidung zumindest solange zu warten, bis der Partner den Bruch der Beziehung verarbeiten konnte. Der »Aufholprozess« wird durch Zeit und ehrliche Gespräche erleichtert.

Wer eine Scheidung oder Trennung erlebt, muss sich selbst Zeit geben, seelischen Schmerz zu fühlen und auszudrücken. Hierbei kann es helfen, mit dem Partner oder Ex-Partner, vertrauenswürdigen Freunden und Verwandten zu sprechen, ein Tagebuch zu führen oder sich in Scheidungsberatung oder -therapie zu begeben. Wenn man auf diese Weise lernt, seine Emotionen zu verstehen, kommt man oft auch in anderen Lebensbereichen, beispielsweise im Beruf und im Familienleben, besser zurecht. Die Fähigkeit, eigene und fremde Emotionen zu verstehen, ist Teil eines umfassenden Konzepts, das der Psychologe Gardner als soziale Intelligenz bezeichnet hat. Soziale Intelligenz wird in der Kindheit erworben, aber auch Erwachsene können sich diese Fähigkeiten beibringen und auf diese Weise ihr Leben deutlich bereichern.

Die seelische Belastung der Kinder mindern
Wenn sich ein Paar zur Trennung oder Scheidung entschließt, brauchen die Kinder in dieser Situation besondere Aufmerksamkeit: Viele Kinder haben Schwierigkeiten, mit den jetzt stattfindenden Veränderungen fertig zu werden. Kleinere Kinder fallen oft in Kleinkindverhalten zurück, lutschen am Daumen, nässen ins Bett oder werden unsicherer und »klammern«. Größere Kinder werden manchmal streitlustig, mürrisch oder verschlossen.

Studien lassen darauf schließen, dass Kinder getrennt lebender oder geschiedener Eltern schlechtere schulische Leistungen zeigen, eher mit dem Gesetz in Konflikt kommen und im späteren Leben eher zu Depressionen und Beziehungsproblemen neigen. Elterliche Streitigkeiten bei der Scheidung tragen erheblich zu Problemen in der Kindheit bei.

Es gibt jedoch einige Möglichkeiten, Kindern dabei zu helfen, mit einer Trennung fertig zu werden, und vieles weist darauf hin, dass die Kinder den Bruch vollkommen überwinden können, auch wenn sie im Moment sehr betroffen sind. Trennung und Scheidung bedeuten für Kinder noch keine Schädigung an sich. Das Wohl der Kinder hängt ganz unmittelbar vom Verhalten der Eltern ab.

Eltern sollten vor allem mit ihren Kindern sprechen und ihnen helfen zu verstehen, was vor sich geht. Sagen Sie Ihrem Kind so klar und einfach wie möglich, warum Sie und Ihr Partner sich trennen. Sie könnten z.B. sagen,

»wir machen einander nicht mehr glücklich, und wir denken, unser Leben würde besser verlaufen, wenn wir voneinander getrennt sind«.

Es ist wichtig, dass ihr Kind von Ihnen und nicht aus anderer Quelle von der anstehenden Trennung erfährt. Sie und Ihr Partner sollten so ruhig wie möglich mit Ihren Kindern sprechen. Wenn das Paar in dieser Phase kooperiert, ist es in der Zukunft häufig leichter, als Eltern weiterhin zusammenzuarbeiten.

Wenn Sie Ihren Kindern mitteilen, dass Sie und Ihr Partner einander nicht mehr lieben, müssen Sie ihnen auch versichern, dass nicht alle Liebesbande scheitern. Sie könnten erklären, dass die Beziehung zwischen zwei Erwachsenen sich sehr von der Beziehung zwischen Eltern und Kindern unterscheidet. Sagen Sie ihnen, dass Sie sie weiterhin lieben werden, was immer auch geschieht. Kinder reagieren auf elterliche Trennungen oft, als würden sie selbst verlassen. Manchmal haben sie sogar das Gefühl, die Trennung beschleunigt zu haben. Sagen Sie Ihren Kindern, dass sie in keiner Weise verantwortlich oder gar schuld sind und dass keineswegs Unartigkeit oder schlechtes Benehmen von ihrer Seite zu der Trennung geführt hat.

Unabhängig davon, wie wütend, bitter oder verletzt Sie sich fühlen, Sie sollten Kinder auf keinen Fall ermuntern, während und nach der Trennung Partei zu ergreifen. Wenn Ex-Partner schon nicht positiv übereinander sprechen können, sollten sie sich zumindest neutral äußern. Auch wenn sie vielleicht das Gefühl haben, in der Beziehung versagt zu haben, muss das nicht bedeuten, dass sie keine guten Eltern sein können. Beide Partner können die Chancen für glückliche Beziehungen erhöhen, indem sie einander positiv darstellen.

Wenn der Ex-Partner gewalttätig war, ist es für den Misshandelten oft unmöglich, positiv zu bleiben. In diesem Fall kann es hilfreich sein, sich im Gespräch mit den Kindern auf praktische Details zu beschränken. Schildern Sie, was Sie unternommen haben und weiter unternehmen werden, um sich um sie zu kümmern und sie zu beschützen. Ermutigen Sie ihre Kinder, offen über ihre Gefühle gegenüber dem gewalttätigen Elternteil zu sprechen.

Kinder profitieren davon, wenn sie wissen, was im Lauf der Trennung geschieht. Erklären Sie z.B., dass Ihr Partner in eine andere Wohnung ziehen wird und dass sie ihn regelmäßig dort besuchen können. Falls möglich, geben Sie Ihren Kindern einen Zeitplan für die zu erwartenden Ereignisse an die Hand, aber machen Sie möglichst keine Versprechungen, die Sie nicht halten können.

Manche Paare einigen sich darauf, die Kinder abwechselnd zu betreuen. Diese Situation scheint zwar für alle Beteiligten die beste Lösung zu sein, aber die Kinder, die jedes Wochenende umziehen müssen, kann dies ziemlich verstören. Das lässt sich mildern, wenn die Eltern zusammenarbeiten und dem Bedürfnis der Kinder nach Beständigkeit im täglichen Leben höchste Wichtigkeit beimessen. Denken Sie daran: Wenn Sie als Eltern gemeinsam die Verantwortung für die Scheidung übernehmen, werden Ihre Kinder auf lange Sicht wesentlich besser mit den Tatsachen zurechtkommen.

DIE BEZIEHUNG NEU DEFINIEREN

Nach der Trennung durchlaufen Paare meist eine Phase, in der sie sich unschlüssig sind, wie sie miteinander umgehen sollen. Am Ende einer langjährigen Beziehung ist es ganz normal, starke und manchmal widersprüchliche Emotionen zu haben.

Für manche Paare ist es am besten, am Ende ihrer Beziehung einen klaren Schlussstrich zu ziehen und weitere Kontakte möglichst zu vermeiden. Bei anderen, besonders wenn Kinder im Spiel sind, zieht sich diese Phase länger hin. Sie kann Jahre in Anspruch nehmen. Im Idealfall sollte die Beziehung freundschaftlich sein. In manchen Fällen entwickelt sich sogar eine enge Freundschaft. In anderen Fällen haben Ex-Partner weiterhin eine sexuelle Beziehung.

Eine freundschaftliche Beziehung

Wenn sich ein Paar zur Trennung entschlossen hat, sind meist viele praktische Erwägungen zu berücksichtigen. Wer soll z.B. ausziehen? Wer soll das Sorgerecht für die Kinder erhalten? Wie soll das gemeinsame Eigentum aufgeteilt werden? Welche finanziellen Arrangements müssen getroffen werden? Die besten Resultate werden erzielt, wenn die Partner eine freundschaftliche Beziehung aufrechterhalten und ruhig miteinander sprechen können. Das ist besonders wichtig, wenn Kinder betroffen sind. Freundschaftliche Verhandlungen zu Beginn der Scheidung können auch den Weg für eine spätere harmonische Beziehung ebnen.

Wer sicherstellen will, dass zwei Menschen einander freundlich gesonnen bleiben, kann z. B. auf Mediation zurückgreifen — eine Form der Verhandlung, in der ein

Dritter, der Mediator, Menschen dabei hilft, einen Streit beizulegen. Viele wohltätige und professionelle Organisationen bieten Hilfe an. Auch wenn Sie sich gegen ein solches Verfahren entscheiden sollten, können die folgenden Fähigkeiten Ihnen helfen, mit Ihrer Beziehung umzugehen:
- Schließen Sie den Gedanken an eine Schlacht, in der der eine gewinnt und der andere verliert, von vornherein aus. Suchen Sie Lösungen, mit denen Sie beide leben können.
- Konzentrieren Sie sich auf Gemeinsamkeiten, z. B. den Wunsch, dass die Kinder so gut wie möglich versorgt sind.
- Einigen Sie sich mit Ihrem Partner auf einen ehrlichen Informationsaustausch. Auf lange Sicht ist das Zurückhalten von Informationen, die sich auf gemeinsame Entscheidungen auswirken, kontraproduktiv.
- Einigen Sie sich darauf, sich um gemeinsame Entscheidungen zu bemühen und sich daran zu halten.

Freundschaften mit Ex-Partnern

Auch nach dem Entschluss zur Trennung kann man die Gegenwart des anderen immer noch als angenehm empfinden. In diesem Fall bleibt man befreundet und unterstützt einander beim Aufbau eines neuen Lebensabschnitts. Das Phänomen der »Netzwerke nach Scheidungen« ist bei Psychologen seit Beginn der 90er Jahre anerkannt und wird untersucht. So wurde festgestellt, dass im Gegensatz zum Stereotyp der verärgerten Verlassenen eine erhebliche Anzahl von Paaren nach ihrer Trennung unterstützende Freundschaften miteinander schließt. Eine Studie im Jahr 1990 untersuchte mehrere solcher Freundschaften — in einem Fall machte der frühere Ehemann einer Frau sogar die Fotos bei ihrer Hochzeit mit einem neuen Partner.

Eine Studie über geschiedene Eltern aus dem Jahr 1994 zeigte, dass sich Paare, die sich selbst als »gute Freunde« bezeichneten, erfolgreich die Kindererziehung teilten, ein- bis zweimal pro Woche miteinander sprachen und den anderen nach seiner Arbeit, seinen Freizeitaktivitäten und seinem Gemütszustand befragten. Sie besprachen auch Themen wie persönliche Finanzen, Pensionspläne und Arrangements für die alten Eltern. Manche Ex-Partner erwiesen sich gegenseitig Gefälligkeiten, z.B. eine Einladung zum Essen gegen Reparaturen im Haushalt. Einige Paare erzählten einander von ihren neuen Liebesbeziehungen.

Es ist wohl eine Vielzahl von Faktoren, die darüber entscheiden, ob ein Paar nach der Trennung befreundet sein kann oder nicht. Zu ihnen gehören eine einvernehmliche Scheidung (oder zumindest eine nicht feindselige Scheidung), Anpassungsfähigkeit und persönliche Reife sowie eine Beziehung, die ursprünglich auf Freundschaft basierte.

Die Freundschaft zum Ex-Partner birgt Vor- und Nachteile. Ein Vorteil ist, dass das ehemalige Paar viel übereinander weiß. Daher können die ehemaligen Partner Themen und Probleme besprechen und dabei die Gedanken, Handlungen und Motivationen des anderen nachvollziehen.

Ein möglicher Nachteil ist die Auswirkung der Freundschaft auf neue Liebesbeziehungen oder Kinder aus der Beziehung. Neue Partner fühlen sich oft durch den ehemaligen Partner bedroht. In dieser Situation muss man überzeugend versichern, dass die alte Beziehung kein romantisches Revival erleben wird.

Die Kinder geschiedener aber befreundeter Eltern profitieren meist davon, dass keine Konflikte vorhanden sind, aber manchmal hoffen sie auch darauf, dass ihre Eltern wieder zusammenkommen. Man muss ihnen sagen, dass die Beziehung ihrer Eltern zwar freundschaftlich ist, es jedoch keine Hoffnung auf Versöhnung gibt. Um Missverständnissen vorzubeugen, sollte man der Freundschaft zwischen den früheren Partnern klare Grenzen setzen. So kann sich ein ehemaliges Paar z.B. zu festen, vorher verabredeten Zeiten treffen, anstatt sich willkürlich zu besuchen.

Liebesbeziehungen mit Ex-Partnern

Manchmal haben getrennte Partner in der frühen ambivalenten Phase der Trennung noch eine sexuelle Beziehung. Das ist recht verbreitet und reflektiert die widersprüchlichen Bedürfnisse nach Trennung und Intimität, die ein erst kurz getrenntes Paar oft verspürt. Eine sexuelle Beziehung läuft meist langsam aus, wenn einer oder beide sich mit dem Scheitern der Beziehung abgefunden haben.

Andere Paare halten ihre sexuelle Beziehung länger aufrecht, weil ihre Trennung hauptsächlich auf äußere Einflüsse zurückzuführen war und nicht darauf, dass zwischen ihnen keine emotionale Bindung mehr bestand. Berufliche oder finanzielle Schwierigkeiten, Arbeitslosigkeit oder Probleme mit Kindern oder Verwandten z. B. können Paare so sehr belasten, dass sie die Trennung als einzig mögliche Lösung sehen. Wenn ihre Gefühle im Kern allerdings noch lebendig sind, kann ihre Beziehung manchmal wieder neu aufleben.

Wer zum Ex-Partner eine Liebesbeziehung unterhält, ist vor dem Alleinsein des Singledaseins geschützt. Wenn das Paar lange zusammen war, dient die fortgesetzte Liaison oft als emotionaler Schutz gegen Fehlschläge mit neuen sexuellen Beziehungen. Es ist oft schwierig, zu einem relativ Fremden eine intime Beziehung herzustellen, nachdem man einige Jahre in einer liebevollen Beziehung gelebt hat. Die fortdauernde sexuelle Beziehung erweist sich für manche Paare als Verteidigungsstrategie: Sie kehren zurück zu der Nähe, die das Zusammensein mit jemand Sicherem und Bekanntem mit sich bringt, wenn die Alternativen (allein zu sein oder neue Beziehungen einzugehen) Angst einflößen. Durch eine sexuelle Beziehung mit einem Ex-Partner ist man manchmal in der Vergangenheit » festgefroren « und kann keinen Neuanfang in Angriff nehmen.

Persönliche Notizen:

Der Neubeginn

Für viele Menschen ist das Ende einer Beziehung eine leidvolle Erfahrung und auch der Gedanke an einen Neubeginn mit einem anderen Partner ist nicht immer eine ermutigende Aussicht. Den richtigen Zeitpunkt für eine neue Beziehung muss jeder für sich selbst finden. Dabei wirkt sich die Art der Trennung sicherlich auch darauf aus, wie leicht jemand von vorn beginnen kann. Dennoch sollte man der Zukunft immer positiv entgegensehen, um wieder glückliche und liebevolle Beziehungen eingehen zu können. Dafür ist es wichtig, mit der vergangenen Beziehung innerlich abgeschlossen zu haben.

Manche Menschen tun sich mit einem Neubeginn leichter als andere — wie leicht, das hängt unter anderem auch vom Alter sowie von der Dauer und der Art der vorangegangenen Beziehung (und wie sie endete) ab. Ein junger Mensch hat nach dem Scheitern einer kurzen Beziehung mit dem Anknüpfen einer neuen meist weniger Probleme als ein älterer Mensch, der eine langjährige Partnerschaft hinter sich hat. Zudem zeigen sich hier auch große Unterschiede zwischen den Geschlechtern, wobei es Frauen häufig leichter fällt, neue Bindungen einzugehen. Jeder aber hat bei einem Neubeginn andere Probleme, wobei z. B. der Tod des Partners eine besondere Belastung ist.

SIND SIE BEREIT FÜR EINEN NEUBEGINN?
Will man eine neue Beziehung aufbauen, sollte vermieden werden, dass es wegen unbewältigter Probleme

aus zuvor gescheiterten Beziehungen zu Belastungen der neuen Partnerschaft kommt:
- Haben Sie das Gefühl, mit Ihrem Ex-Partner noch einmal reden zu müssen?
- Würden Sie gern einen neuen Partner haben, nur um Ihren Ex-Partner eifersüchtig zu machen?
- Haben Sie Angst, einen neuen Partner kennen zu lernen, weil es Ihnen wie ein Betrug an Ihrem Ex-Partner vorkäme?
- Hoffen Sie jemanden kennen zu lernen, der Ihrem Ex-Partner ähnelt?
- Spielt Ihr Ex-Partner noch eine beherrschende Rolle in Ihren Gedanken und Gesprächen?
- Haben Sie das Gefühl, dass niemand je Ihrem Ex-Partner das Wasser reichen könnte?

Probleme der Hinterbliebenen

Der Beginn einer neuen Beziehung nach dem Tod des Partners kann ein Symbol für eine völlig neue Art des Denkens und Fühlens sein. Der Hinterbliebene sagt praktisch: »Ich bin bereit, das Risiko einzugehen, jemand anderen zu lieben.« Er sieht sich meist einer Vielzahl von Bedenken gegenüber, wenn die Beziehung funktionieren soll.

Manche Hinterbliebenen müssen zuerst das Gefühl überwinden, den Verstorbenen zu betrügen. Sie haben oft Schuldgefühle, wenn sie eine neue Beziehung beginnen und glauben, ihre tiefe Zuneigung für den Verstorbenen zu verleugnen oder zu verunglimpfen, wenn sie sich neu binden.

Psychologisch gesehen ist die Fähigkeit, nach dem Tod eines Partners eine neue Partnerschaft einzugehen, ein Zeichen dafür, dass der Betreffende sich mit dem Tod abgefunden hat. Wer der vergangenen Beziehung jedoch mit gemischten Gefühlen gegenübersteht, hat vermutlich nicht das genügende Selbstvertrauen, sich erneut zu binden.

Problematisch wird es auch, wenn der Hinterbliebene den neuen Partner mit dem Verstorbenen vergleicht. War die vorangegangene Beziehung glücklich, hat der Hinterbliebene oft das Gefühl, dass niemand mit dem Verstorbenen mithalten kann und der neue Partner wird es immer schwer haben, da er sich ständig mit dem idealisierten Toten messen muss. Um für eine neue Beziehung bereit zu sein, benötigt es neben Zeit auch eine bewusste und aktive Aufarbeitung der alten Partnerschaft. Dazu reicht es meist nicht aus, nur einige Zeit verstreichen zu lassen, um Abstand zu gewinnen, sondern man sollte sich mit der Partnerschaft und mit sich selbst auseinandersetzen, notfalls sogar mit professioneller Hilfe.

Probleme nach einer Scheidung oder Trennung

Wer eine gescheiterte Beziehung hinter sich hat, leidet oft an geringem Selbstwertgefühl, besonders wenn nicht er es war, der den Trennungsprozess eingeleitet hat. Dies kann dazu führen, dass man sich äußerst defensiv verhält, wenn es zu einer neuen Beziehung kommt. Solches Verhalten kann sich in vielerlei Art und Weise äußern — paradoxerweise manifestiert es sich oft als Aggression —, zu groß ist oft die Angst vor einem erneuten Scheitern der Beziehung und weiterem seelischem Schmerz.

Zu Beginn einer Beziehung haben Menschen oft Angst davor, dem neuen Partner zu viel von sich selbst zu offenbaren. Auch dies, so Experten, liegt an einem geringen Selbstwertgefühl. Wer eine gescheiterte Beziehung hinter sich hat, fürchtet häufig, der Partner verliere sein Interesse, wenn er das verborgene wahre Ich sieht.

Menschen mit geringem Selbstwertgefühl reagieren übersensibel auf Kritik. Vielfach glauben sie auch nur, dass sie kritisiert oder zurückgewiesen werden, weil sie dieses Verhalten von vornherein erwarten. Die Reaktion auf diese vermeintliche Ablehnung ist dann manchmal eine »vorbeugende« Kritik am anderen. Einige Menschen haben das Gefühl, eine Situation eher unter Kontrolle zu haben, wenn sie kritisch oder feindselig sind. Auch wenn daraufhin die Beziehung scheitert, haben sie zumindest das Gefühl, nicht verletzt werden zu können.

SICH AUF DEN NEUBEGINN VORBEREITEN

Für den Neubeginn ist es besonders wichtig, sich selbst Zeit zu geben, um sich vom Verlust der vorangegangenen Beziehung zu erholen und das Selbstwertgefühl wieder aufzubauen. So kann man eine neue Beziehung wieder mit Selbstvertrauen angehen. Außerdem sollte man versuchen, frühere Fehler nicht zu wiederholen und festlegen, was man von der neuen Beziehung und dem neuen Partner erwartet.

Erholen Sie sich in Ruhe

Die Trauer um den Verlust einer wichtigen Beziehung, sei es durch Todesfall oder Trennung, kann geraume Zeit in Anspruch nehmen. Oft braucht es Jahre, bis man bereit ist, sich auf eine neue ernste Beziehung einzulassen. Zum Trauern gehören viele ganz unterschiedliche Gefühle, beispielsweise Wut, Schuld, Traurigkeit und Depressionen. Es ist wichtig, all diese Gefühle so offen wie möglich auszuleben, anstatt zu versuchen, sie zu unterdrücken. Sie sind zwar schmerzlich und unangenehm, aber nur wer sie zulassen kann, wird die Trennung schließlich überwinden.

Manchen Menschen hilft professioneller Rat, um den Verlust zu verarbeiten. Wenn Sie mit einem Therapeuten ihre Gefühle besprechen, fällt es Ihnen vielleicht leichter, die Trennung zu überwinden.

Das Selbstwertgefühl wieder aufbauen

Das Sprichwort, dass »man sich selbst lieben muss, damit man von anderen geliebt wird«, gilt besonders für Menschen, die den Beginn einer neuen Beziehung wagen wollen. Damit sie funktionieren kann, muss man sich seiner eigenen Bedürfnisse und Identität sicher sein.

Ihr Selbstwertgefühl kann sowohl durch tiefer gehende Beziehungen zu Freunden und der Familie als auch durch Ihre Arbeit wachsen. Versuchen Sie, so viele Entscheidungen wie möglich allein zu treffen. Wenn Sie bislang daran gewöhnt waren, Ihren Partner zu jedem Aspekt Ihres Lebens zu befragen, kann das Treffen eigener Entscheidungen Ihr Selbstvertrauen steigern. Versuchen Sie auch, sich neue Ziele zu setzen sowohl auf kurze wie auf lange Sicht.

Wiederholungen vermeiden

Manche Menschen wiederholen in Beziehungen immer wieder dieselben Fehler. Solche Muster können ihre

Ursache in der Kindheit haben oder in einem Verhaltensmodell aus früheren Beziehungen.

Hat man sich langsam von dem Trennungsschmerz erholt, sollte man eine ehrliche Abrechnung darüber vornehmen, was schief gegangen ist. Versuchen Sie, auch Ihren Anteil am Scheitern der Beziehung zu erkennen, anstatt Ihrem Ex-Partner die ganze Schuld zu geben. Stellen Sie fest, was Sie gern anders gemacht hätten. Erinnern Sie sich, wie Sie mit Meinungsverschiedenheiten und Konflikten umgegangen sind, und fragen Sie sich, ob es andere oder bessere Wege der Kommunikation gibt. Wenn Sie herausfinden, was Sie an sich selbst ändern möchten oder was Sie in Zukunft gern anders machen würden, können Sie es vermeiden, Fehler aus der vergangenen Beziehung zu wiederholen.

Bedürfnisse feststellen

Betrachten Sie die Beziehungen, die Sie in der Vergangenheit hatten, als »Lernbeziehungen« und benutzen Sie sie, um zu entscheiden, was Sie künftig wollen und was nicht. Manche Psychologen empfehlen, eine Liste von grundlegenden Mindestanforderungen aufzustellen. Diese können größere Lebensziele wie »mein künftiger Partner muss Kinder haben wollen« umfassen oder einfach den Wunsch nach Liebe und Treue ausdrücken.

Wenn Ihre Liste sehr lang und detailliert ist, sollten Sie vielleicht nochmals genau überprüfen, wo Ihre Prioritäten in einer Beziehung liegen. Achten Sie dabei darauf, dass die Liste nicht nur ein Rückgriff auf sehr individuelle Eigenschaften Ihres Ex- Partners ist.

Neubeginn nach einer Krise

Viele Menschen beschließen nach einer Krise in der Partnerschaft, sich für eine gewisse Zeit zu trennen und gehen erst einmal eigene Wege. Nicht immer bedeutet dies auch das Aus für die Beziehung, wenn bestimmte Regeln dabei eingehalten werden.

Wichtig ist, vor einem Neuanfang mit dem alten Partner die Gefühle und die Attraktivität gründlich zu prüfen. Die Partner müssen sich gegenseitig liebenswert und anziehend finden. Ein Neubeginn ohne emotionale Bindung und erotischen Reiz ist zum Scheitern verurteilt.

Dann sollten die Partner jeder für sich Bilanz ziehen und sich die Frage beantworten, was ihm ohne den anderen fehlt und ob und warum er oder sie unzufrieden ist. Man sollte sich offen die Gründe für Konflikte eingestehen, die häufig lauten: Langeweile, Alltagstrott und Gleichgültigkeit.

In einem nächsten Schritt sollten sich beide Partner die Frage beantworten, welchen Anteil jeder einzelne an dieser Krise hat. Dies dient dazu, gegenseitigen Vorwürfen vorzubeugen und neue Konflikte schon im Keim zu ersticken.

Dann erfolgt ein offenes Gespräch. Beide Partner ziehen Bilanz und besprechen Veränderungswünsche. Suchen Sie in jedem Fall nach kreativen neuen Lösungsmöglichkeiten, vielleicht mit einem neutralen Partner wie einer Eheberatungsstelle. Vielleicht hapert es an der Kommunikation und Sie sollten in solchen Gesprächen in jedem Fall Schuldzuweisungen und Vorhaltungen vermeiden. Vermitteln Sie Ihrem Partner durch Ich-Botschaften Ihre Wünsche, Sorgen und Ärgernisse.

Vereinbaren Sie in einem nächsten Schritt ganz konkrete Veränderungen: Ziele, Aktivitäten, Termine. Gemeinsamkeiten sowie gegenseitige Rücksichtnahme und Aufmerksamkeiten können wieder Schwung in eine Beziehung bringen.

Und dann sollten Sie immer wieder Zwischenbilanz ziehen. Versuchen Sie objektiv und gerecht zu sein und arbeiten Sie Ihren Anteil am gemeinsamen Misslingen oder Gelingen der Partnerschaft heraus.

Persönliche Notizen:

Soziale Beziehungen unter die Lupe genommen!

Soziale Beziehungen unter die Lupe genommen!

Literaturnachweis

- **Bildungsjournal Frühe Kindheit: Emotionalität & soziale Beziehungen** von Edith Ostermayer von Cornelsen Verlag Scriptor
- **Das Spiel sozialer Beziehungen: NLP und die Struktur zwischenmenschlicher Erfahrung** von Lucas Derks und Nils-Thomas Lindquist von Klett-Cotta /J. G. Cotta'sche Buchhandlung Nachfolger
- **Der 8. Weg: Mit Effektivität zu wahrer Größe** von Stephen R. Covey
- **Die 7 Wege zur Effektivität für Familien. Prinzipien für starke Familien (Gabal Management): Prinzipien für starke Familien** von Stephen R. Covey
- **Die 7 Wege zur Effektivität: Prinzipien für persönlichen und beruflichen Erfolg** von Stephen R. Covey, Angela Roethe und Ingrid Proß-Gill
- **Die Erzieherin-Kind-Bezi... Zentrum von Bildung und Erziehung** von Prof. Dr. Lieselotte Ahnert, Dr. Fabienne Becker-Stoll, Ingeborg Becker-Textor u~ 460 ~nd Gertrud Ennulat von Cornelsen Verlag Scriptor
- **Die Wirkung sozialer Beziehungen** von Ludwig Stecher von Juventa
- **Gleichaltrige Kinder und ihre sozialen Beziehungen** von Julia-Doreen Metzner von Grin Verlag

- **Grenzen, Nähe, Respekt: Auf dem Weg zur kompetenten Eltern-Kind-Beziehung** von Jesper Juul und Alken Bruns von rororo
- **Hallo Tarzan!: Durch bessere Kommunikation zu einer glücklichen Beziehung. Die Power-Connections** von Gigi Tomasek und Birgit Engel von wunderlich
- **Ich will bleiben, aber wie?: Neuanfang für Paare. Ein Beziehungs-Check** von Mira Kirshenbaum und Martina Georg von Scherz Verlag, Frankfurt
- **Inszenierung und Dramaturgie sozialer Beziehungen in Daily Talks: Eine qualitative Inhaltsanalyse am Beispiel von "Vera am Mittag"** von Anja Kroll von VDM Verlag Dr. Müller
- **Internetsucht: Auswirkungen virtueller Identitäten auf soziale Beziehungen unter Betrachtung des "Flow-Effekt"** von Sabrina Stiller von Grin Verlag
- **Kindernetzwerke: Soziale Beziehungen und soziale Unterstützung in Familie, Pflegefamilie und Heim** von Frank Nestmann, Julia Günther, Steve Stiehler und Karin Wehner von Dgvt-Verlag
- **Lebensphase Jugend: Eine Einführung in die sozialwissenschaftliche Jugendforschung** von Klaus Hurrelmann
- **Meine Beziehung zu mir selbst** von Kurt Tepperwein von Moderne Verlagsgesellschaft mvg

- **Mit zerbrochenen Flügeln: Kinder in Borderline-Beziehungen** von Manuela Rösel von Starks-Sture
- **Ökonomische Zwänge und menschliche Beziehungen: Soziales Verhalten im Kapitalismus** von Klaus Ottomeyer von Lit Verlag
- **Parasoziale Beziehungen: Hinwendung zu Personen aus dem Fernsehen unter Berücksichtigung von Rezipientenpersönlic... und realen sozialen Beziehungen** von Sabine Géhri von Suedwestdeutscher Verlag für Hochschulschriften
- **Psychologie sozialer Beziehungen** von Horst Heidbrink, Helmut E. Lück und Heide Schmidtmann von Kohlhammer
- **Soziale Beziehungen im Lebenslauf: Lehrbuch der sozialen Entwicklung** von Ulrich Schmidt-Denter von Beltz Psychologie Verlags Union
- **Soziale Beziehungen und Effekte im Unterricht: Empirische Studie: Einflüsse der sozialen Beziehungen im Unterricht auf Motivation, Fähigkeitsselbstkonzept und Leistung bei Kindern und Jugendlichen** von Manfred R. Pfiffner von Suedwestdeutscher Verlag für Hochschulschriften
- **Soziale Beziehungen und Wohlbefinden in der Schule: Zusammenhänge zwischen Befindlichkeit und sozialer Interaktion am Beispiel des Modells zum schulischen Wohlbefinden** von Reto Müller von Grin Verlag
- **Soziale Beziehungen von Sexualopfern: Eine Sekundäranalyse zu den Auswirkungen sexuel-

ler Übergriffe von Anne Röder von Akademische Verlagsgemeinschaft München
➢ **Sozialpsychologie des Internet. Die Bedeutung des Internet für Kommunikationsprozesse, Identitäten, soziale Beziehungen und Gruppen.** von Nicola Döring von Hogrefe-Verlag
➢ **Soziologie. Der Blick auf soziale Beziehungen** von Ansgar Stracke-Mertes von Vincentz Network GmbH & C
➢ **Spiele der Erwachsenen: Psychologie der menschlichen Beziehungen** von Eric Berne und Wolfram Wagmuth von rororo
➢ **Wesen und Grundsätze der helfenden Beziehung in der Sozialen Einzelhilfe** von Felix Biestek von Lambertus-Verlag

WER WIR SIND

SOS KINDERDORF
Jedem Kind ein liebevolles Zuhause

VORWORT

Im Erwachsenenalter zeigt sich, wie wir aus unserer Kindheit entlassen wurden. Das Wie ist entscheidend und hilft uns im Leben oder hindert uns am Leben. Was prägt uns? Verletzungen und Verlust oder Liebe und Respekt. Obwohl wir alle wissen, dass in der Kindheit die Weichen gestellt werden, werden Kinder ignoriert, manipuliert, missbraucht und allein gelassen.

Wir als SOS-Kinderdorf verpflichten uns dem Wohlergehen von Kindern – oft „ein Kinderleben lang" – und der Stärkung von Familien und Gemeinden, um der sozialen Verwaisung von Kindern zuvorzukommen.

Es ist eine denkbar schwierige und zugleich bereichernde Aufgabe, als Organisation für verlassene, Not leidende, seelisch und körperlich verletzte Kinder eine ausgleichende Kraft zu sein, sie in Krisensituationen aufzufangen, individuell zu fördern und... gut aus der Kindheit ins Erwachsenenleben zu führen.

Mit unserer Tradition als Organisation ist es wie mit dem Kind und dem Erwachsenen. Die Anfänge von SOS-Kinderdorf prägten und prägen die weitere Entwicklung, aber im Prozess des „Großwerdens" ist die Gegenwart der Gradmesser für unser Handeln und die Zukunft die Herausforderung. In dieser Verbindung zwischen Tradition und Gegenwart, von Professionalität und Mitgefühl, bewegt sich SOS-Kinderdorf in seiner Verantwortung für Tausende Kinder und Jugendliche.

Das Leitbild von SOS-Kinderdorf nennt die Rahmenbedingungen, unsere Motivation und unseren Anspruch, um an einer echten gesellschaftlichen Veränderung zugunsten von Kindern weltweit mitzuarbeiten. Das ist die Vision, der wir uns Schritt für Schritt annähern wollen - um Kindern zu ihrer Kindheit und zu ihrem Wachsen zu verhelfen durch eine Familie, durch Liebe, Respekt und Sicherheit.

HELMUT KUTIN
PRÄSIDENT

UNSERE WURZELN
WER WIR SIND

Das erste SOS-Kinderdorf wurde 1949 von Hermann Gmeiner in Imst, Österreich, gegründet. Sein Anliegen war es, in Not geratenen Kindern zu helfen – Kindern, die durch den Zweiten Weltkrieg ihr Zuhause, ihre Sicherheit und ihre Familie verloren hatten. Dank der Unterstützung zahlreicher Spender(innen) und Mitarbeiter(innen) ist unsere Organisation stetig gewachsen und hilft nun Kindern weltweit.

Wir sind als unabhängige, nicht-staatliche soziale Entwicklungsorganisation für Kinder aktiv. Wir achten unterschiedliche Religionen und Kulturen und wirken in Ländern und Gemeinden, wo unser Einsatz einen Beitrag zur Entwicklung leisten kann. Wir arbeiten im Sinne der UN-Konvention über die Rechte des Kindes und setzen uns auf der ganzen Welt für diese Rechte ein.

Mit dem Konzept des SOS-Kinderdorfes war unsere Organisation ein Pionier familiennaher Langzeitbetreuung von verwaisten und verlassenen Kindern.

Die Mutter
Jedes Kind kann auf eine tragfähige Beziehung bauen

Die SOS-Kinderdorf-Mutter baut zu jedem ihr anvertrauten Kind eine enge Beziehung auf und bietet ihm die Geborgenheit, Liebe und Stabilität, die jedes Kind braucht. Sie ist für ihren Beruf fachlich geschult, lebt in einem von ihr geführten Haushalt mit ihren Kindern und unterstützt sie in ihrer Entwicklung. Sie kennt und achtet die familiäre Herkunft, die kulturellen Wurzeln und die Religion jedes Kindes.

Die Geschwister
Familiäre Bindungen entstehen

Mädchen und Buben verschiedener Altersstufen leben als Geschwister zusammen, wobei leibliche Geschwister immer gemeinsam in einer SOS-Kinderdorf-Familie aufwachsen. Diese Kinder und ihre Mutter entwickeln eine emotionale Bindung, die ein Leben lang hält.

Dieses Konzept basiert auf vier Prinzipien

Das Haus
Jede Familie schafft ihr eigenes Zuhause

Das Haus ist das Zentrum des Familienlebens – mit seiner unverwechselbaren Atmosphäre, seinem Rhythmus und seinen Gewohnheiten. Unter seinem Dach genießen die Kinder ein echtes Gefühl der Geborgenheit und des Dazugehörens. Kinder wachsen gemeinsam auf, lernen miteinander und teilen sowohl Pflichten und Aufgaben als auch alle Freuden und Sorgen des Alltags.

Das Dorf
Die SOS-Kinderdorf-Familie ist Teil der Gemeinschaft

SOS-Kinderdorf-Familien bilden zusammen eine Dorfgemeinschaft, die ein unterstützendes Umfeld für eine glückliche Kindheit bietet. Die Familien tauschen Erfahrungen aus und helfen sich gegenseitig. Sie sind in die Nachbarschaft integriert und leisten ihren Beitrag zur lokalen Gemeinde. In der Familie, im Dorf, in der Gemeinde lernt jedes Kind, sich aktiv in die Gesellschaft einzubringen.

UNSERE VISION
WAS WIR FÜR DIE KINDER DIESER WELT WOLLEN

Jedes Kind
wächst in einer Familie auf –
geliebt, geachtet und behütet.

475

Jedes Kind
wächst in einer Familie auf

Die Familie ist das Herz der Gesellschaft. In ihr findet jedes Kind Geborgenheit und das Gefühl des Dazugehörens. In der Familie bekommen Kinder Werte vermittelt, teilen Verantwortung und entwickeln lebenslang anhaltende Beziehungen. Sie bildet ein solides Fundament, auf das die Kinder ihr Leben bauen können.

Jedes Kind
wird geliebt

Durch Liebe und Anerkennung können seelische Wunden heilen und Vertrauen entstehen. Die Kinder lernen, an sich und andere zu glauben. Mit diesem Selbstvertrauen kann jedes Kind sein eigenes Potenzial erkennen und verwirklichen.

Jedes Kind
wird geachtet

Jedes Kind wird gehört und ernst genommen. Kinder werden in Entscheidungen, die ihr Leben betreffen, einbezogen und ermutigt, ihre eigene Entwicklung maßgeblich mitzugestalten. Das Kind wächst geachtet und in Würde auf, als geliebtes und anerkanntes Mitglied seiner Familie und seiner Gesellschaft.

Jedes Kind
wird behütet

Kinder werden vor Missbrauch, Vernachlässigung und Ausbeutung geschützt und im Fall von Naturkatastrophen und Kriegen in Sicherheit gebracht. Unterkunft und Nahrung, medizinische Versorgung und Bildung – die Grunderfordernisse für eine gesunde Entwicklung – stehen allen Kindern zur Verfügung.

UNSER AUFTRAG
WAS WIR TUN

Wir geben in Not geratenen Kindern eine Familie, wir helfen ihnen, ihre Zukunft selbst zu gestalten, und wir tragen zur Entwicklung ihrer Gemeinden bei.

Wir geben
in Not geratenen Kindern eine Familie

Wir setzen uns für Kinder ein, die verwaist oder verlassen sind oder deren Familien nicht in der Lage sind, für sie zu sorgen. Wir geben diesen Kindern die Möglichkeit, dauerhafte Beziehungen innerhalb einer Familie aufzubauen.

Unser familienorientierter Ansatz beruht auf vier Prinzipien: Jedes Kind braucht eine Mutter und wächst am natürlichsten mit Geschwistern in einem eigenen Haus innerhalb der Atmosphäre eines Dorfes auf.

Wir helfen ihnen,
ihre Zukunft selbst zu gestalten

Wir ermöglichen es Kindern, gemäß ihrer eigenen Kultur und Religion zu leben und sich aktiv am Leben ihrer Gemeinde zu beteiligen.

Wir helfen Kindern, ihre individuellen Fähigkeiten, Interessen und Begabungen zu erkennen und zu entfalten.

Wir stellen sicher, dass Kinder die Erziehung und Ausbildung erhalten, die sie brauchen, um erfolgreich ihren Beitrag zur Gesellschaft leisten zu können.

© Katerina Ilievska

Wir tragen zur Entwicklung ihrer Gemeinden bei

Wir sind Teil der Nachbarschaft und fördern die soziale Entwicklung der verletzlichsten Mitglieder der Gesellschaft - der Kinder und Jugendlichen.

Wir betreiben Einrichtungen und Programme zur Stärkung der Familien, um zu verhindern, dass Kinder verlassen werden.

Wir arbeiten gemeinsam mit Mitgliedern der Gemeinden daran, Schulbildung und Gesundheitsversorgung sicherzustellen und in Krisensituationen zu helfen.

> "Wir müssen unsere Kraft für das einsetzen, was wir verändern können. Das haben uns die vergangenen Jahrzehnte gelehrt."
>
> — *Helmut Kutin*

UNSERE WERTE
WAS UNS STARK MACHT

Unsere Organisation basiert auf zentralen Überzeugungen, die die Eckpfeiler unseres Erfolges sind. In dem Bemühen, unserem Auftrag gerecht zu werden, sind es folgende Werte, die unser Handeln, unsere Entscheidungen und Beziehungen bestimmen:

> *"Alle unsere Bemühungen um das ve*
> *auch als Beitrag zum Frieden verst*

Mut
Wir setzen Taten

Wir haben die herkömmlichen Methoden der Fremdunterbringung von Kindern in Frage gestellt und sind weiterhin Vorreiter für innovative Konzepte der Kinderbetreuung. Wir helfen Kindern, die niemanden haben, an den sie sich wenden können. Geleitet von Mitgefühl und Optimismus werden wir nicht aufhören, Fragen zu stellen, zu lernen und uns für Kinder auf der ganzen Welt einzusetzen.

Verantwortung
Wir engagieren uns langfristig

Wir haben es uns zur Aufgabe gemacht, Kindern zu einem besseren Leben zu verhelfen. Dazu pflegen wir dauerhafte Beziehungen zu unseren Freunden und Spendern, unseren Mitarbeiter(innen) und den Gemeinden, in denen wir tätig sind. Wir glauben, dass wir durch unser langfristiges Engagement eine nachhaltige positive Wirkung erzielen können.

> ene Kind müssen letztlich
> werden."
> *Hermann Gmeiner*

Vertrauen
Wir glauben aneinander

Wir glauben an unsere Fähigkeiten und Möglichkeiten. Wir unterstützen und respektieren uns gegenseitig und schaffen ein Umfeld, in dem wir mit Zuversicht an unsere Aufgaben herangehen können. Das in uns gesetzte Vertrauen ermutigt uns, Erfahrungen zu teilen und voneinander zu lernen.

Verlässlichkeit
Wir sind solide Partner

Seit 1949 haben wir mit Spendern, Regierungen und anderen Partnern, die uns in unserer Zielsetzung unterstützen, eine Vertrauensbasis aufgebaut. Unser oberstes Gebot ist es, durch einen hohen Betreuungsstandard das Wohlergehen der Kinder zu gewährleisten. Dabei verpflichten wir uns, alle Mittel und Ressourcen umsichtig und verantwortungsbewusst einzusetzen.

Umschlagfotos: © Iván Hidalgo, SOS Archiv, Christian Martinelli, Nusrin Somchat

SOS-Kinderdorf International
Hermann-Gmeiner-Str. 51
A-6020 Innsbruck - Austria

www.sos-kinderdorfinternational.org